本书出版获吉林师范大学特博项目基金资助

鼓楼史学丛书·区域与社会研究系列

王亚民 著

清末乡村管理思想历史演变研究

Research on Historical Transformation of Rural Management Thought in Late Qing Dynasty

中国社会科学出版社

图书在版编目（CIP）数据

清末乡村管理思想历史演变研究/王亚民著．—北京：中国社会科学出版社，2016.6

ISBN 978－7－5161－8156－0

Ⅰ.①清…　Ⅱ.①王…　Ⅲ.①乡村－行政管理－思想史－研究－中国－清后期　Ⅳ.①D691.7

中国版本图书馆 CIP 数据核字(2016)第 099821 号

出 版 人　赵剑英
责任编辑　宋燕鹏
特约编辑　王　潇
责任校对　张依婧
责任印制　李寡寡

出　　版　中国社会科学出版社
社　　址　北京鼓楼西大街甲 158 号
邮　　编　100720
网　　址　http://www.csspw.cn
发 行 部　010－84083685
门 市 部　010－84029450
经　　销　新华书店及其他书店

印　　刷　北京金瀑印刷有限责任公司
装　　订　廊坊市广阳区广增装订厂
版　　次　2016 年 6 月第 1 版
印　　次　2016 年 6 月第 1 次印刷

开　　本　710×1000　1/16
印　　张　12.5
插　　页　2
字　　数　211 千字
定　　价　45.00 元

凡购买中国社会科学出版社图书，如有质量问题请与本社营销中心联系调换
电话：010－84083683

序　一

亚民于厦门大学博士毕业后先到吉林师范大学工作，2012 年入北京师范大学历史学院博士后流动站工作，选择与我合作。他在厦大是学社会史专业的，博士论文做的也是这方面的选题。入站后，他提出将来的出站报告题目《清末乡村管理思想历史演变研究》，自然同样是社会史方面的。而我自己和所在的近现代史研究中心，多年从事的研究却偏重在近现代思想文化史，社会史实非所长。好在博士后流动站中导师与博士后的关系，不同于指导博士生，彼此是合作的关系，导师的作用并不显得那么重要；同时，思想文化史与社会史尤其是社会管理思想史方向，毕竟有相通之处，故彼此的合作还是愉快与有成效的。

亚民是位好学深思而又谦逊厚道的年轻人。他重视老师们提的意见，大纲一改再改。他在职，平时教学任务不少，却能随时与老师保持联系，几次风尘仆仆赶到北京，就是为了听取老师们的修改意见，给大家留下了深刻的印象。这与某些在职博士后的疏懒，形成鲜明对照。

清末乡村变革，既是十分复杂的问题，同时也是前景广阔的研究领域。尽管现有的研究成果已经不少，但需要进一步探讨的问题更多。亚民的这本《清末乡村管理思想历史演变研究》，是在他的出站报告基础上修改而成的。这也是他在清代乡村研究领域迄今出版的第三本书。这样，他先后从人物个案、知县群体、管理思想三个视角，对清代乡村社会进行了系统和深入的探讨，时间上也从清初延伸至了清末，所取得的成果也有助于丰富学界已有的研究。这既反映了他的勤奋，同时说明他在本领域开始初步形成自己的视野与见识，从而为今后的持续发展奠定了基础。

学术研究永无止境，亚民还年轻，不必求速成，希望能更加重视理论修养与基本功的提升。相信他能百尺竿头，更进一步。

郑师渠

2015年11月1日于京师园

序　二

王亚民博士出生于乡间，攻读博士研究生期间，便沉潜于乡村社会管理问题的研习。2007年获得博士学位，2009年便由光明日报出版社出版了他的第一本专著《蓝鼎元乡村治理思想与实践研究——乡村善治的历史解读》，以解剖个案的方式，将蓝鼎元这个海疆知县置于清代乡村治理的大框架下，比较其与内陆地区知县的同与异，无疑丰富了学界对中国传统社会知县群落的印象。知县所面对的自然环境不同，文化发展水平不同，民风土俗亦多有差异，知县能否在任上创造业绩，铺就晋升之阶，能否赢得民心，树立正气，都时常流传在世人的口碑里，也时常隐藏于官员个人文集的字里行间。蓝鼎元为文明留下了《鹿洲全集》，以此为基础所做的研究便特具实证性，也能做到言之有据，言之有物。

就职于吉林师范大学之后，王亚民博士继续思索传统乡村治理是否可为现代新农村建设提供直接的历史资源问题。他总结出传统社会知县治理乡村，具有“直接临民”的色彩，却也多给予乡村社会极大的自主性，这便给乡村社会治理留足了“自域”空间。他搜集解读了叶春及、于成龙、李成林、陈盛韶、柳堂等人的个人文集，考察知县在内陆、沿海不同县域社会治理中的活动幅度与作用领域，或许处于王朝的不同时期，处于政治、经济、文化发展水平的不同阶段，加上知县个人的秉性、心态乃至人生际遇，都对其实践产生影响，把知县放到乡村社会史的视域内，呈现的历史镜像便仪态万方，韵趣无穷。《清代知县与乡村管理资料整理与研究——乡村社会史研究理论与方法的思考》于2013年9月由吉林大学出版社出版，与前一本书相比，该书的学术理路与理论思考都已臻于一个更高的层次。

如今，《清末乡村管理思想历史演变研究》书稿又呈现到了我的书案上。如果说第二本专著是作者视野的横向拓展，这第三本专著则是作者跟随北京师范大学郑世渠教授做博士后研究并深得郑先生真传而做的纵向拓深。这种纵向的延展可以使作者经历由传统时代向近现代民族国家这一理论体系的巨大嬗变，经历近代知县是恪守祖训抑或是师夷从夷的道路抉择的价值判断，“宪政”“自治”“善政”“善治”等概念层出不穷，每一位理论家依据自己的理解对上述概念作出自己的诠释，每一位实践者亦依据自己的感悟绘制着自己乡村治理的蓝图，都说时势造英雄，其实其中或多有人无法自持，被历史形成的大潮裹挟而去，使清末社会整体呈现出一种“西化”的走势。于是，清代前中期乡村治理思想渐渐臻于传统社会管理的最高峰，清代后期乡村社会管理思想则融入了若干西式的话语，尽管仍有若干“托古改制”的伪装，但其传统的精髓在遗失，传统与西式的斗争一直在胶着，这个过程或被理解为激进与保守的斗争，革命与反革命的斗争，学术阵营、政治阵营林立，晚清、民国社会多元的分野、纷乱的交替让人有些茫然，乃至不知所措。如今，历史场景已经远去，超越政治派别，立足于更全面的角度，做冷静的学理思考或许更能给我们以警醒，也更能为我们照亮未来的通路。

我相信，亚民博士的思考正是循着这样的路径前行的，祝愿他更加专注也更能挖掘出深邃的历史内涵，以呼应我们这个文化自信的时代。

是为序。

王日根

2015年9月26日于厦门大学书室

目　　录

绪　论

由于经历了漫长而发达的农业文明，由于广大而分散的乡村始终是整个社会管理的重心所在，我国传统乡村管理思想不仅历史悠久、内容丰富，而且富有自身特点与发展的内在路径。然而近代以来，伴随着西方工业文明的强力推进，东方与西方、传统与现代两种思想体系逐渐展开了全面碰撞。鉴于传统中国在这场思想文化交锋与交融中的弱势地位，这种史无前例的时代大潮对近代中国社会产生了强烈冲击，引发了一场思想文化变革，乡村管理思想的近代演变即是其一，且集中体现在清朝末年（1875—1911 年）这一关键性历史阶段。

一　研究价值

近代中国乡村社会变迁研究有多种路径，拙著就“清末乡村管理思想历史演变”的视角试做探讨。清朝末年，我国传统乡村管理思想经历了从“牧民”到自治，从乡里自治到乡镇自治，从孝治到法治，从“专权治理”到“分权而治”的历史性演变。目前的晚清思想史领域，尽管学界已经从法律思想史、社会思想史、政治制度史等视角进行了颇有深度的研究，但是有关这一历史问题专门而系统的研究仍然较为薄弱。

社会主义新农村建设的今天，村民自治建设成绩斐然的同时，也遇到了一系列难以破解的问题。毋庸讳言，破除历史发展的瓶颈，取得社会主义村民自治建设的成功，离不开西方乡村管理文化的择取与改造，离不开村民自治实践的摸索与经验总结，同时也离不开我国乡村管理传统文化的哺育与现代转换。而汲取传统乡村管理资源，实现传统与现代的有机对接，则首先有赖于对历史传统的正确解读。为此，从管理思想史研究出发，拙著拟就“清末传统乡村管理思想历史演变”进行整体性考察与通贯性研究，进而寻求社会主义村民自治的学理依据，揭示其深层次的历史启示，尝试性地提出“统域”与“自域”的理论假设，总结性地提出“三层治理机制”，预测与把握其未来走势。

二 动态综述

近几十年来的清史研究领域，伴随着乡村社会史与行政管理史研究的齐头并进，以及大清史编修工程的全面推进，清代乡村社会管理方面的成果也逐渐增多。鉴于此，笔者拟从实践与思想两个方面，简要描述清代乡村社会管理研究的总体态势，以彰显清代乡村管理思想研究的不足。

（一）乡村社会管理实践研究

学界对清代乡村社会管理实践的研究，已经是蔚为大观，笔者仅从以下三个方面略做梳理。

首先，综合与专门研究。

目前的清代乡村社会管理研究领域，专门研究已经是硕果累累，综合研究较为薄弱，代表性成果如下。

·综合性研究成果方面

《中国乡村：十九世纪的帝国控制》一书，通过对清朝19世纪控制体制的综合研究，认为这一制度无疑是有作用的，然而，19世纪整个乡村控制制度蜕化为例行公事。[①]《蓝鼎元乡村治理思想与实践研究》一书认为，幕友时期，蓝鼎元初步总结与发展了我国传统乡村治理思想；知县时期，其乡治实践成为传统善治的典范。[②]

《清代地方乡村治理的传统特征》一文认为，在官权、族权、绅权、封建教化权的合治下，民权被严重压抑，这一切构成了清代乡村治理的传统特征。[③]《乡约·保甲·族正与清代乡村治理》一文指出，维护社会治安性质的

① 萧公权：《中国乡村：十九世纪的帝国控制》，摘自肖俊：《萧公权：会通中西古今的学术典范》，《学术界》2004年第5期。

② 王亚民：《蓝鼎元的乡村治理思想与实践研究》，光明日报出版社2009年版。

③ 陈绍方：《清代地方乡村治理的传统特征》，《晋阳学刊》2006年第3期。

保甲、进行教化的乡约与传统赋役征收和乡村管理体系的乡长互相结合渗透，且出现“族正”“族约”的“族保”系统。[①]《清代归绥地区的基层组织与乡村社会》一文指出，佐领、乡屯、牌甲等官方制度与民间的社，这两套基层组织制度最后合二为一，被乡村民众在日常生活中认可和遵循。[②]

·专门性研究方面

乡村社会宗族方面，《清代族田与基层社会结构》一书，认为家庭、家族、宗族、乡族是基层社会的实体而极具独立性和自治性，充分肯定了民间组织在基层社会管理中的积极作用。[③]《宗族组织在乡村控制中的运作逻辑》一文认为，徽州宗族通过族权的政权化、集体记忆与文化权力的运作逻辑，维护了徽州乡村社会的合作与秩序。[④]《清代江南宗族在乡村社会控制中的作用》一文认为，虽然宗族活动也呈现出与政府不相协调的一面，但清廷选择宗族组织作为控制江南乡村社会的主要辅助力量，保持了江南乡村社会的长期稳定发展。[⑤]《清代闽西客家的乡族自治传统——〈培田吴氏族谱〉》一文认为，培田吴氏的各大支派和社团组织，对乡族公共事务和公益事业实行了有效的管理；清末新政期间成立的培田公益社，取代了乡约的行政职能，实现了从家族自治向地方自治的历史转型。[⑥]

乡村社会群体方面，《论清代绅士在国家农村治理中的角色变迁》一文认为，由于社会变迁和国家政策的调整，以及农村社会中皇权和绅权的此消彼长，绅士在清帝国农村治理中的角色经历了由抵制者到合作者，再到背叛者的转变，这种转变对清朝政府的农村控制以至国家统治都产生了至关重要的影响。[⑦]《清代乡地职役人员问题考辨》一文认为，清代乡地人员的设置大致分为基层与地方二级，在乡村社会中乡地人员有时充当领袖，办理本地自治性事务，承担一些重要社会职能，这种体制的运作必然导致整个统治机制的

① 常建华：《乡约·保甲·族正与清代乡村治理》，《华中师范大学学报》2006年第1期。
② 田宓：《清代归绥地区的基层组织与乡村社会》，《中国社会历史评论》2008年第9卷。
③ 张研：《清代族田与基层社会结构》，中国人民大学出版社1991年版。
④ 张金俊：《宗族组织在乡村控制中的运作逻辑》，《江西社会科学》2011年第2期。
⑤ 张金俊：《清代江南宗族在乡村控制中的作用》，《安徽师范大学学报》2006年第3期。
⑥ 郑振满：《清代闽西客家的乡族自治传统》，《学术月刊》2012年第4期。
⑦ 龙天贵：《论清代绅士在国家农村治理中的角色变迁》，《广西社会科学》2012年第7期。

腐化和经济社会的危机。[①]《论清代乡约职能演变的复杂性》一文指出，清代乡约的职能演变不仅导致乡约类型和行政型乡约功能的多样化，而且引起教化型乡约和行政型乡约在同一地区并存，清代乡约职能演变的复杂性，既反映了清代乡约在基层社会中的适应性，又体现了清代国家控制基层社会方式的灵活性，清代的国家权力正是通过乡约灵活多变的职能向乡村社会深层渗透。[②]《清代基层社会的地保》一文认为，清代地保的职能大体经历了从弭盗安民到全面承值乡里差役的演变，清代地保的设置使清政府对基层社会的控制进一步强化。[③]《清代华北乡村"社首"初探》一文认为，社首是清代华北民间自治组织——社的领导者，可以分为长期任职的执年社首和短期的督工社首，社首身份较为复杂，多为普通社民，社首在村落里主持春祈秋报、管理社费、维修庙宇、息讼止争、协调村际关系，权力几乎触及华北乡村的全部生活。[④]《略论清代广东乡村的乞丐及其管治》一文认为，乡村保甲、乡约是管理乞丐的主要力量，地方士绅是推动乡村乞丐管理的重要力量。[⑤]《生态环境的恶化与乡村社会控制——以清代徽州的棚民活动为中心》一文认为，外地棚民破坏了徽州农村的生态环境，清代徽州乡村社会和官方联合开展的驱禁棚民运动取得了预期效果。[⑥]

乡村社会组织方面，《清代赋役制度变革后的地方基层组织》一文指出，清代中期以后，乡—村结构构成了地方基层的主要组织形式，国家通过乡村职役掌控村庄和农户。[⑦]《明清山西碑刻里的乡约》一文认为，清代山西乡约成为一级乡村行政组织，与地方共同维护村社秩序。[⑧]《清代徽州宗族社会的组织控制》一文认为，清代徽州宗族借助自身的文化权力获得了乡村社会组织控制的权力，维持了徽州乡村社会的稳定、有序与和谐。[⑨]《清代、民国晋

① 魏光奇：《清代乡地职役人员问题考辨》，《北京师范大学学报》（社会科学版）2013年第1期。
② 段自成：《论清代乡约职能演变的复杂性》，《求是学刊》2013年第2期。
③ 刘道胜：《清代基层社会的地保》，《中国农史》2009年第2期。
④ 姚春敏：《清代华北乡村"社首"初探》，《清史研究》2013年第1期。
⑤ 倪根金、陈志国：《略论清代广东乡村的乞丐及其管治》，《清史研究》2006年第2期。
⑥ 谢宏维：《生态环境的恶化与乡村社会控制》，《中国农史》2003年第2期。
⑦ 孙海泉：《清代赋役制度变革后的地方基层组织》，《河北学刊》2004年第6期。
⑧ 常建华：《明清山西碑刻里的乡约》，《中国史研究》2010年第3期。
⑨ 张金俊、王文娟：《清代徽州宗族社会的组织控制》，《安徽师范大学学报》2010年第2期。

中地区的村社》一文指出，村民由于共同信仰和地缘关系建构起村社，村社兼具民间信仰组织和村落自治组织的双重属性，普遍存在于各个村落，虽然规模大小不等，但它具有特别重要的地位和职能。①

乡村社会权力方面，《团正与乡村社会的权力结构》一文认为，作为地方军事化的产物，团正的出现改变了乡村社会既有的权力结构。②《晚清保甲制的历史演变与乡村权力结构》一文认为，传统意义上的国家与社会的较量，在晚清却形成王朝权力在乡村控制的相对“萎缩”，这成为清王朝提升专制国家权力向乡村延伸的主要动因。③《清代北方官办乡约与绅衿富民的关系》一文认为，在清代北方乡约行政组织化过程中，官府限制绅衿富民对乡约事务的干预，以便维持乡村政治生态的平衡。④《清代萍乡许真君信仰的发展与乡村权力格局的演变》一文指出，清溪万寿宫创建时参与者的社会身份构成，是明末清初社会权力结构多元化的结果；清中叶以后，万寿宫管理权由多姓到一族的变化，则是科举、家族等因素导致社会权势转移的集中体现。⑤

乡村社会制度方面，《略论清代乡约领导保甲的体制》一文认为，清代实行乡约领导保甲体制的主要目的，是加强对人民的思想统治，但后来在许多地方逐渐被乡约与保甲互不统属的体制所取代。⑥《清代河州穆斯林乡约制度考述》一文指出，清代河州乡约制度的推行，对于废除明代以来河州地区实行的世袭里长制有着积极的意义，对于建立一个兼容宗教、行政于一体的管理体系亦有着重要意义。⑦《清代“乡地”制度考略》一文认为，清中期以后的乡地制度，反映出中国政治发展中国家组织逐渐向乡村社会延伸的趋势。⑧《清代乡里调解制度研究》一文指出，乡里调解是一种具有半官方性质的调解

① 王守恩：《清代、民国晋中地区的村社》，《晋阳学刊》2014 年第 5 期。

② 梁勇：《团正与乡村社会的权力结构》，《中国农史》2011 年第 2 期。

③ 王先明、常书红：《晚清保甲制的历史演变与乡村权力结构》，《史学月刊》2000 年第 5 期。

④ 段自成：《清代北方官办乡约与绅衿富民的关系》，《河南大学学报》2007 年第 5 期。

⑤ 李平亮、赵鹏飞：《清代萍乡许真君信仰的发展与乡村权力格局的演变》，《宗教学研究》2014 年第 4 期。

⑥ 段自成：《略论清代乡约领导保甲的体制》，《郑州大学学报》1998 年第 4 期。

⑦ 武沐、陈云峰：《清代河州穆斯林乡约制度考述》，《西北师大学报》2006 年第 5 期。

⑧ 魏光奇：《清代“乡地”制度考略》，《北京师范大学学报》2007 年第 5 期。

制度，至清代已发展成以基层社会乡村教化与治安维护机构为主体的稳定调解模式。[①]《清以来的乡村医疗制度》一文认为，清代以来的乡村医疗变迁表明，国家日渐承担了为民众提供医疗救助的职责，这是卫生现代性的体现；但是，国家在这个角色的扮演中总是出现偏差与谬误，或者以卫生为工具赢得统治的合法性并加强对乡村的控制，或者只为民众提供微不足道的医疗服务。[②]

在乡村社会控制方面，《晚清县以下基层行政官署与乡村社会控制》一文认为，尽管巡检司署等是重要的基层官署，但太平天国以来，绅董依赖团练局所等非正式机构成为乡村社会的主要支配者。[③]《从清代保甲的社会控制看会党的滋生动因》一文指出，清中后期，保甲制不断被破坏而无以担当对会党的控制功能。[④]《清代徽州宗族社会的道德控制》一文认为，清代徽州宗族通过教化的、权化的道德，孝化与神化糅合的道德，以及对道德越轨者的惩罚，实现了对乡村社会的有序控制。[⑤]

乡村社会信仰与教化方面，《碧霞元君信仰与华北乡村社会：明清时期泰山香社考论》一文指出，明清时期香社组织和进香仪式臻于完备，出现了为香社和香客进香活动服务的各种设施，且自明末开始征收香税。[⑥]《明清时期赣南客家地区的风水信仰与政府控制》一文认为，地方政府对风水信仰的矛盾态度，实质上高度统一于对乡村的控制。[⑦]《知县蓝鼎元与乡村社会的教化》一文，从县官职责出发，结合时代背景，就言传身教、司法宣教、学校教育、绅耆的注重与妇女的教化四个方面，探讨了知县蓝鼎元对乡村社会的教化。[⑧]《绅士阶层与清代乡村社会教化》一文指出，清代，绅士肩负着实施

① 陆娓：《清代乡里调解制度研究》，《求索》2013 年第 11 期。

② 许三春：《清以来的乡村医疗制度》，南开大学 2012 年博士论文。

③ 贺跃夫：《晚清县以下基层行政官署与乡村社会控制》，《中山大学学报》1995 年第 4 期。

④ 潮龙起：《从清代保甲的社会控制看会党的滋生动因》，《云南社会科学》2006 年第 3 期。

⑤ 张金俊：《清代徽州宗族社会的道德控制》，《安徽师范大学学报》2007 年第 6 期。

⑥ 叶涛：《碧霞元君信仰与华北乡村社会》，《文史哲》2009 年第 2 期。

⑦ 李晓方、温小兴：《明清时期赣南客家地区的风水信仰与政府控制》，《社会科学》2007 年第 1 期。

⑧ 王亚民：《知县蓝鼎元与乡村社会的教化》，《中国社会历史评论》第 8 卷，天津古籍出版社 2007 年版。

教化的具体职责，成为官民之间联系的具体纽带。[①]《师道立则善人多：论清代乡村塾师的教化实践》一文指出，清代的乡村塾师通过教育化俗、乡言化俗、礼仪化俗、惩恶扬善等方面的教化实践，一定程度上起到了化民成俗的作用。[②]

乡村社会水利与灾害方面，《清末晋南乡村社会的水利管理与运行》一文，通过对水利组织结构、权限、内部关系、选举换届、经费来源等的研究，复原了清朝末年该地区乡村社会水利的管理与运行状况。[③]《水资源环境变迁与乡村社会控制》一文认为，在水资源环境严重恶化的情况下，就清代汉中地区乡村社会控制而言，官府力量似乎又显得重要起来。[④]《明清皖江流域乡村水旱灾害及应对研究》一文指出，该区域自然灾害以水旱为主，以水灾为巨；明清皖江流域劳动人民为地区开发和江河治理，进行了艰苦卓绝的斗争，特别是皖江流域的乡村人民从趋利避害到兴利除害，为区域社会经济的发展做出了积极贡献。[⑤]

乡村社会自治方面，《清代禁赌活动中的乡村自治》一文指出，赌风盛行影响到了正常的清代乡村秩序，乡村社会因而开展了禁赌活动，它带有较强自治性，禁赌的主导者是村社而非官府，既以官府为依靠，又自主行事。[⑥]《清代徽州家政与乡族社会的善治》一文，主要从家政着手，探讨徽州家族的组织化及其教化体系建设，并以此说明徽州乡族社会的治理情况。[⑦]《清末乡村自治立法的百年回顾与启迪》一文指出，清末实行地方自治的重要基础在于乡村，为此，晚清政府相继颁布了数部规范乡村自治的法律，开启了中国乡村自治立法的历史先河，虽然清末乡村自治立法有着不可避免的历史局限性，但仍然对后世包括现代中国村民自治立法产生了影响。[⑧]《清末民初江南

① 龙永斌：《绅士阶层与清代乡村社会教化》，《理论界》2012 年第 11 期。

② 蒋成：《师道立则善人多：论清代乡村塾师的教化实践》，《船山学刊》2014 年第 1 期。

③ 周亚、张俊峰：《清末晋南乡村社会的水利管理与运行》，《中国农史》2005 年第 3 期。

④ 佳宏伟：《水资源环境变迁与乡村社会控制》，《史学月刊》2005 年第 4 期。

⑤ 王艳红：《明清皖江流域乡村水旱灾害及应对研究》，安徽师范大学 2014 年博士论文。

⑥ 朱文广：《清代禁赌活动中的乡村自治》，《华南农业大学学报》（社会科学版）2014 年第 4 期。

⑦ 胡中生：《清代徽州家政与乡族社会的善治》，《安徽大学学报》（哲学社会科学版）2013 年第 2 期。

⑧ 刘志鹏：《清末乡村自治立法的百年回顾与启迪》，《古今农业》2013 年第 4 期。

县以下地方自治区域的划分》一文指出，清末吴江县新设置的镇、乡自治区域，大体是以传统乡镇志中市镇的界域范围为基础，并联合一定的周边乡村地域划分而成，其间市镇区域传统发挥了关键性作用。[①]《简论清末乡村自治文化的培育》一文指出，清朝末年，尽管存在着诸多历史局限，但是乡村教育的初步普及、自治人才的培养、自治宣传与自治研究，为乡村自治的推行奠定了一定基础，对于今天村民自治建设不乏借鉴。[②]

乡村社会生活方面，《清前期豫北农村郭氏族人日常生活述略》一文指出，清代前期，郭氏族人在救济乡人、保卫乡里、文化建设等方面发挥了重要作用，特别是郭氏族人致力于宣传儒家伦理道德，对豫北乡村社会影响尤其显著。[③]《清代存留养亲与农村家庭养老》一文指出，清代存留养亲的制度逻辑在于当时的养老问题几乎都由家庭来承担这一事实，这一特性在清朝少有变化，甚至时至今日，农村家庭依然是养老这一社会问题的最重要承担者。[④]

在清代乡村社会管理研究领域，综合性研究成果较少，专门性研究成果则蔚为大观，这也许与综合性研究较难把握有关，这方面的研究必须有一个较长时期的积累。

其次，区域研究。

依据学界习惯性认同，研究区域姑且划分为七个：华北、华东、华中、华南、西南、西北、东北。鉴于地域的广大，笔者仅就代表性论著予以介绍，以粗略展示清代乡村管理区域研究状况。

其一，华北地区。《华北村治：晚清和民国时期的国家与乡村》一书认为，在华北地区乡村社会的治理实践中，国家政权与乡村社会之间还有讲求实效而相互依赖、合作的一面。[⑤]《文化、权力与国家：1900—1942年的华北农村》一书，以华北乡村为研究对象，探讨了国家权力如何通过诸如商业团

① 游欢孙：《清末民初江南县以下地方自治区域的划分》，《中国历史地理论丛》2015年第1期。

② 王亚民：《简论清末乡村自治文化的培育》，《吉林师范大学学报》2015年第3期。

③ 申红星：《清前期豫北农村郭氏族人日常生活述略》，《农业考古》2015年第3期。

④ 周祖文：《清代存留养亲与农村家庭养老》，《近代史研究》2012年第2期。

⑤ ［美］李怀印：《华北村治：晚清和民国时期的国家与乡村》，中华书局2008年版。

体、宗教、神话等种种渠道来深入社会底层。①

《晚清及民国时期华北村庄中的乡地制》一文认为，乡地制度使当地的权力格局，既区别于华北自耕农社会，又不同于华南强大的士绅、宗族统治，应视作这一历史时期国家与乡村关系的第三种形态。②《清代华北乡村治理研究——以顺天府宝坻县乡保制为例》一文认为，宝坻县官府只影响到士绅、乡保，而乡保则直接统治着村民，这种模式在很大程度上保证了地方社会能够存在自主与自治的可能性。③《明清时期华北宗族的发展——以山西洪洞刘氏为例》一文认为，明清时期山西洪洞刘氏通过进一步加强宗族建设，使宗族组织化、宗族经济增强。④《清代华北宗族与乡村社会秩序的建构》一文认为，在清代华北乡村社会，宗族活动普遍存在于社会生活的各个领域，在处理民众纠纷的过程中，州县官重视发挥乡村宗族的作用，华北宗族在维护乡村社会秩序的过程中发挥着重要作用。⑤

《清代华北的农业经营与社会构造》一文指出，日本以往的明清经济史研究，通常以地主佃农制研究为重点，大都局限于长江三角洲地带，但这种租佃关系并不普遍适合于全国的社会构造；在华北地区，即使到了民国时期，土地所有与农业经营也没有完全分离，地主制并未成为明清中国社会的普遍基础。⑥《清代华北的蝗灾与社会控制》一文指出，现出版的清宫档案中不但有大量关于水利的奏折，还有更大量的水旱灾害和各地有关雨雪情况的报告，这说明政府已在密切地关注农业生产的许多方面以便实施抗灾举措；蝗灾的监控只是众多农业管理方面中的一个，其危害程度不但与政府的管理程度密切相关，甚至与治乱周期有关。⑦《论清代华北农业的粗放经营》一文指出，清代华北农村人口的增长率低于全国平均水平，人地关系和地权关系的矛盾也没有江南等地区突出，因此，导致清代华北地区农村经济落后肯定还有更

---

① ［美］杜赞奇：《文化、权力与国家：1900—1942 年的华北农村》，江苏人民出版社 2003 年版。

② ［美］李怀印：《晚清及民国时期华北村庄中的乡地制》，《历史研究》2001 年第 6 期。

③ 任吉东：《清代华北乡村治理研究》，《历史档案》2007 年第 2 期。

④ 常建华：《明清时期华北宗族的发展——以山西洪洞刘氏为例》，《求是学刊》2010 年第 2 期。

⑤ 王洪兵：《清代华北宗族与乡村社会秩序的建构》，《东北师大学报》（哲学社会科学版）2014 年第 6 期。

⑥ ［日］足立启二：《清代华北的农业经营与社会构造》，《中国农史》1989 年第 1 期。

⑦ 王建革：《清代华北的蝗灾与社会控制》，《清史研究》2000 年第 2 期。

重要和更深层的制约因素，其中，从生产力层面考察就是粗放经营的结果。[①]

《清代中叶直隶地区乡村管理体制》一文认为，清代中期以后，乡村职役出现行政化发展趋势，国家政权与乡村社会的结合比以前更加紧密。[②]《清代直隶的里社与乡地》一文指出，由于频繁的人口流动和土地产权变更，清代里社组织和功能均较明代发生很大变化，且雍、乾以后渐趋废弛；与此同时，由地方和自然村两级组成的乡地组织形成，它与里社之间存在着历时态沿革和共时态并存的复杂关系，从长时段角度看，里社的衰落和乡地的产生反映了秦汉以后国家日益强固、社会日益散弱的社会结构变化趋势。[③]《清代直隶的差摇》一文指出，清代各地差摇均具有相对稳定的规章，其摊派方式可以分为通过特定户籍供应某项特定差摇、按里甲摊派、按村庄摊派和在州县范围内统一按地亩摊派四种，差摇摊派方式的变化，还往往伴随着乡地组织的产生和取消绅户免差特权的改革。[④]《清代直隶地区的水患和治理》一文指出，有清一代，直隶水患甚为频繁，严重地影响了农业生产发展，同时也直接威胁着清廷漕运和京师安全；因此，清代统治者对直隶水患治理较为重视，特别是清前期，直隶各地水利事业较为兴盛，众多水利工程对于防治水患产生了积极作用。[⑤]《近代获鹿县乡村治理模式浅析》一文认为，近代获鹿县乡村中存在多元化组织结构，是一种既非官治社会又非伦理社会的、处于国家和乡村社会之间的关系结构。[⑥]

《试论清代山西“摊丁入地”的几个问题》一文指出，清代山西“摊丁入地”赋役制度改革在全国时间最长，长达近一个半世纪，清政府在对待山西“摊丁入地”的问题上，采取具体情况具体对待的政策，不仅较顺利地完成了具有重大历史意义的赋役制度改革，而且为后世改革提供了重要借鉴。[⑦]《分水之争：公共资源与乡土社会的权力和象征》一文，通过分析太原晋祠、介休源神庙和洪洞广胜寺，试图显示乡土社会内部错综复杂的权力关系，以及

① 徐浩：《论清代华北农业的粗放经营》，《清史研究》2000年第1期。

② 孙海泉：《清代中叶直隶地区乡村管理体制》，《中国社会科学》2003年第3期。

③ 魏光奇：《清代直隶的里社与乡地》，《中国史研究》2000年第1期。

④ 魏光奇：《清代直隶的差摇》，《清史研究》2000年第3期。

⑤ 李辅斌：《清代直隶地区的水患和治理》，《中国农史》1994年第4期。

⑥ 任吉东：《近代获鹿县乡村治理模式浅析》，《天津社会科学》2005年第6期。

⑦ 王金香、程永平：《试论清代山西“摊丁入地”的几个问题》，《中国农史》1996年第3期。

为协调这一关系而逐步确立和完善的制衡性制度。[①]《清代山西旱灾规律及防治技术》一文指出，面对严重的旱情，清代山西官民在长期的农业实践中，采用各种技术措施积极应对，包括兴建水利工程、采用防旱耕作技术以及引进和种植抗旱农作物，在一定程度上减轻了旱灾所带来的危害。[②]《清末民初晋东南“干草会”事件及其所反映的山西基层社会》一文指出，“干草会”事件，是当时社会动荡、基层控制力减弱、清末新政中加征新捐税等多个客观条件下产生的一场民变，实际上是基层民众“反近代化”的一种行为，同时也暴露了国家权力中空后，士绅与基层社会出现了严重冲突，使得传统乡村关系逐渐瓦解。[③]

《试论清代与民国时期我国对内蒙古西部地区甘草资源的开发》一文指出，康熙三十一年实行的“开边”政策诱发了第一次汉民入蒙高潮；光绪二十八年的“贻谷放垦”与民国二十三年的“移民实边”，使大批汉民无限制地涌进内蒙古西部地区，使这一地区的甘草资源得到了充分的开发，为这一地区经济发展和城市建设起到了巨大的推动作用。[④]《清末“移民实边”政策初探》一文指出，作为“移民实边”政策的主要内容，“土地丈放”在内蒙古的实施，涉及诸如牧地破坏、水利建设、乡村建设、农牧矛盾等问题。[⑤]《清陕西内蒙古“黑界地”的由来与发展研究》一文指出，由于道光年间，各旗黑界地私垦严重，道光十八年（1838）谕旨严禁私垦，派员严查，自此，各旗黑界地在法律上作为独立的地域一直存在，直至清末贻谷开垦。[⑥]

其二，华东地区。《论清代江南宗族法的经济职能》一文指出，清代宗族法普遍具有经济职能，作为调整宗族内部经济关系的主要法律依据，在社会经济发展过程中起到重要作用；在以江苏、浙江、安徽等地为主的江南地区，

① 赵世瑜：《分水之争：公共资源与乡土社会的权力和象征》，《中国社会科学》2005 年第 2 期。

② 邹文卿、高策：《清代山西旱灾规律及防治技术》，《科学技术哲学研究》2013 年第 6 期。

③ 翟一帜、岳谦厚：《清末民初晋东南“干草会”事件及其所反映的山西基层社会》，《中北大学学报》2013 年第 1 期。

④ 卫斯：《试论清代与民国时期我国对内蒙古西部地区甘草资源的开发》，《中国农史》1995 年第 1 期。

⑤ 铁山博：《清末“移民实边”政策初探》，《历史教学》1991 年第 12 期。

⑥ 吴承忠、韩光辉、舒时光：《清陕西内蒙古“黑界地”的由来与发展研究》，《西南民族大学学报》（人文社会科学版）2014 年第 5 期。

宗族法的经济职能尤其显著。[①]《清代江浙地区农田水利的经营与管理》一文指出，清代江浙地区农田水利的管理方式多样，主要有官办、民办和官督民办三种，在兴办农田水利的实践中，逐渐形成了一系列行之有效的维护和管理制度，对于维护农田水利正常的功能起到了重要的作用。[②]《论清代江浙地区水利经费筹措与劳动力动用方式》一文指出，清代江浙地区，水利经费筹措有着诸种形式，包括官府对水利直接的财政投资、官府向民间的贷款投资、民间诸种形式的水利集资；农田水利劳动力的动用方式有三种，其一是徭役的派拨，其二为按田出夫，业食佃力，这是征集水利劳动力的最主要方式，其三为募雇制。[③]《清代太湖流域水利建设述论》一文指出，清代对太湖流域的水利建设丝毫不逊于前朝，康、雍、乾三朝治理规模更是一代超过一代，治理包括太湖泄水主道、塘浦圩田及江浙海塘，卓有成效的治理是太湖流域经济繁荣的保障，也是清朝国力强盛的表现。[④]《清代闽浙苏地区的义田制度及当代启示》一文指出，义田是我国古代民间社会救助的表现形式之一，为稳定当时社会秩序起到了极其有效的作用，清政府在法律上确定了义田的地位，这促进了当时江苏、福建和浙江地区义田的兴盛，清代的义田制度为我国当前社会救助发展起到正面的启示，鼓励社会参与、注重生活文化和健全法律体系。[⑤]

《清代台湾之乡治》一书认为，清政府对台湾乡村社会的统治以稳定海疆为目的，并未进行深入治理。[⑥]《官府、宗族与天主教》一书认为，在地方官府严厉禁教的历史情形下，当地不少传统宗族接受了天主教信仰，由此使天主教在福安县乡村社会扎根、发展。[⑦]《清代台湾民间械斗与清政府的对策》一文指出，清代历朝统治者采取劝谕、镇压、制定防范章程和整顿吏治等措施加以制止和防范，但由于清政府政治及吏治日趋腐败，以及台湾地方官员

① 朱勇：《论清代江南宗族法的经济职能》，《中国经济史研究》1987 年第 4 期。

② 熊元斌：《清代江浙地区农田水利的经营与管理》，《中国农史》1993 年第 1 期。

③ 熊元斌：《论清代江浙地区水利经费筹措与劳动力动用方式》，《中国经济史研究》1995 年第 2 期。

④ 潘清：《清代太湖流域水利建设述论》，《学海》2003 年 6 期。

⑤ 陈秋云：《清代闽浙苏地区的义田制度及当代启示》，《社会科学家》2004 年第 4 期。

⑥ 戴炎辉：《清代台湾之乡治》，联经出版事业股份公司 1979 年版。

⑦ 张先清：《官府、宗族与天主教：17—19 世纪福安乡村教会的历史叙事》，中华书局 2009 年版。

"积习疲玩"，"械斗"愈演愈烈，到了近代，闽粤移民才停止"械斗"，和高山族人民一起抗击外国侵略者，显示了中华民族所固有的民族凝聚力。[①]《论垦首制对清代台湾社会结构演变之影响》一文指出，垦首制下的佃人在经过数年经营之后，其经济地位改善使之有能力把一部分土地再出租，于是，因垦首制而产生了三个不同的层次：大租主—小租主—现耕佃人；由此我们得出这样一个结论，在清代台湾地区，社会的阶层化有助于减少社会动乱。[②]《从契约文书看清代台湾竹堑社的土著地权问题》一文指出，清代台湾平埔族在和汉人移民的接触中，引进了汉人移民的地权观念、租佃习俗和农耕模式，使平埔族群内的生活发生了巨大变化；以竹堑社为例，利用土地文书，研究这一变化的进程和由此产生的平埔族社群内部的贫富分化。[③]《清朝台湾农业定居社会的基层自治》一文指出，在清代后期，台湾已建设成为与大陆基本趋于一致的农业定居社会，随着清朝边防形势的紧张，清朝对台湾地区的政策也渐从消极变为积极，但总体上看，清朝对台湾地区基层的管理仍属消极；因此，现实问题，加上历史原因，清朝台湾地区基层形成了自己的一套自治体系。[④]《百年鱼塭：清代东石蔡氏在台湾的鱼塭经营》一文指出，清代台湾地区的鱼塭经营有多种股权形式，一种为长期合股经营，另一种是在此基础上演变出来的更为复杂的股权形式，如蔡氏经营的北中横塭就有塭底份（大税）、塭佃份（小税）、现耕塭份，以及承包者再行转贌的塭份等，这些不同层面的权力，既与土地经营有某种关联或类似性，同时也有自身特点。[⑤]

《清代福建义田与乡治》一文指出，用义田形式兴办了一系列社会救济事业、社会慈善事业和社会教化事业，维护了封建自给自足的自然经济的稳定，延缓了社会的阶层分化和职业分化；用义田形式吸取了社会上富户的财产，缓和了社会两极矛盾，因而抑制了新因素的成长；此外，义田的发展还可以补充封建官府的不足。[⑥]《试论清政府治理福建民间械斗的措施》一文指出，

---

① 季云飞：《清代台湾民间械斗与清政府的对策》，《台湾研究集刊》1998 年第 4 期。

② 刘建青：《论垦首制对清代台湾社会结构演变之影响》，《福建论坛》1999 年第 3 期。

③ 周翔鹤：《从契约文书看清代台湾竹堑社的土著地权问题》，《台湾研究集刊》2003 年 2 期。

④ 李姝：《清朝台湾农业定居社会的基层自治》，《现代台湾研究》2010 年第 4 期。

⑤ 杨彦杰：《百年鱼塭：清代东石蔡氏在台湾的鱼塭经营》，《台湾研究集刊》2013 年第 6 期。

⑥ 王日根：《清代福建义田与乡治》，《中国社会经济史研究》1991 年第 2 期。

清代民间械斗是困扰福建地区的一个严重社会问题，为防止发生械斗，平时由各级官员、基层组织人员对民众进行劝诫，发生械斗之后，通常由地方官员出面召集地方人士及械斗双方进行调解，如若调解不成则由政府派兵弹压，严厉惩处械斗案犯。①《清代福建分征县丞与钱粮征收》一文指出，清代福建省出现了一类特殊的由县丞征收钱粮的方式，分征县丞具有钱粮征收重责，分征县丞辖区相对独立，福建省还存在着驻守于县城之外的分守县丞，二者的主要区别在于是否有钱粮之责。②

《清代民间纠纷调解的规则与秩序——以徽州私约为中心的解读》一文指出，清代乡土社会存在着三种层次的纠纷调解，即民间调解、州县官方调处，以及介于官方与民间之间的半官方性质调解；清代乡土社会的民间纠纷调解呈现在我们面前的是，国家法与乡土社会规则之间的一种既相冲突又相融合的矛盾统一的和谐秩序。③《清代宗族“保甲乡约化”的开端——雍正朝族正制出现过程新考》一文，通过解析新发现的福建、浙江总督觉罗满保的两篇奏折以及朱批等资料，探讨了族正制出现的过程，并确定了族正具有宗族保甲乡约化的属性，进而阐发了对于明清宗族特点以及宋代以后基层社会体系发展历史趋势的看法。④《清代徽州的民间合约与乡村治理》一文认为，在国家法控制架构内，民间合约是协助封建国家有效治理乡村社会的一种重要形式。⑤《清代徽州宗族维护血缘秩序的主观努力》一文认为，上述伪冒篡宗行为，在某种程度上是清代徽州境内宗族之间激烈的生存竞争状态的一种反映，清代徽州宗族维护血缘秩序的主观努力是一直存在的。⑥《清代前期徽州图甲制的调整》一文指出，现存都图文书《黟县花户晰户总簿录》与其他资料，展现了清代前期黟县增图的时空进程，及在这一过程中小姓、地方大族与官府之间的博弈，同时，黟县大量存在的寄庄户、佃户和邻县移民等人群，使

① 陈金亮：《试论清政府治理福建民间械斗的措施》，《求索》2009 年第 11 期。

② 胡恒：《清代福建分征县丞与钱粮征收》，《中国社会经济史研究》2012 年第 2 期。

③ 春杨：《清代民间纠纷调解的规则与秩序——以徽州私约为中心的解读》，《山东大学学报》（哲学社会科学版）2008 年第 2 期。

④ 常建华：《清代宗族“保甲乡约化”的开端——雍正朝族正制出现过程新考》，《河北学刊》2008 年第 6 期。

⑤ 郑小春：《清代徽州的民间合约与乡村治理》，《安徽大学学报》2009 年第 1 期。

⑥ 朱平、陈琪：《清代徽州宗族维护血缘秩序的主观努力》，《安徽史学》2012 年第 3 期。

得该县在户籍管理上区分为花户和晰户两种，部分晰户构成了嘉庆增图的基础。[①]《论清代乡村公共秩序的形成与维护——以新出徽州禁约合同为视角》一文指出，从禁约合同的议定来看，乡村公共秩序的形成主要是在宗族、乡绅、地保、文会、乡约、会社等地方权威人物或组织的倡导下，由血缘和地缘范围内的民众集体协商后，通过特定仪式以成文的形式公之于众，乡村公共秩序的维护主要有赖于民众的力量对违禁者实施精神或物质性的惩罚，必要时借助官府的权威，从而在官民互动中达致一种结构上的均衡。[②]

《清代前期江西赣南地区的押租制研究》一文指出，作为押租制发展的典型地区，江西赣南地区的押租制在清代前期取得了长足发展，它对佃农的剥削引起了广大佃农的激烈反抗，这无疑是消极的、反动的，而押租制对永佃权的促进，对田皮即土地使用权和田骨即土地所有权的分离与瓦解所起到的促进作用，无疑又是积极的、进步的。[③]《清代江西的家族、乡绅与义仓》一文指出，广仁庄为新城县中田镇的两大家族倡导建立的乡族义仓，乡绅们通过控制广仁庄而实现对基层社会的控制，但仍离不开官府的监督；通过对广仁庄的研究，可以看出政府对地方的管理由垂直控制转向地方协调。[④]《试析清代江西宗族的自治机制》一文认为，清代江西的宗族有着一套很完备的自治机制，而乡绅掌控着这套自治机制，从而控制着农村社会的稳定发展。[⑤]《清代江西乡绅与乡村社会治理》一文认为，清代江西的地方官员切实执行了朝廷的乡村治理方略，清代江西的乡绅们积极配合地方官员在乡村设立族正制，并积极主动将康熙皇帝的“上谕十六条”、雍正皇帝的“圣谕广训”的核心思想，具体化为家训、族规等具体条规，以约束、化导、塑造族人。[⑥]

《明清时期山东农村集市中的牙行》一文指出，牙行的出现是经济发展到一定阶段的产物，是市场扩大、交换频率增加的必然结果，对市场的正常运行有着不可忽视的作用，而牙行存在的弊端则是牙行本身的作用所必然带来

① 黄忠鑫：《清代前期徽州图甲制的调整》，《清史研究》2013 年第 2 期。

② 陈云朝：《论清代乡村公共秩序的形成与维护——以新出徽州禁约合同为视角》，《中国农业大学学报》（社会科学版）2014 年第 3 期。

③ 卞利：《清代前期江西赣南地区的押租制研究》，《中国农史》1998 年第 3 期。

④ 衷海燕：《清代江西的家族、乡绅与义仓》，《中国社会经济史研究》2002 年第 4 期。

⑤ 施由明：《试析清代江西宗族的自治机制》，《江西社会科学》2008 年第 12 期。

⑥ 施由明：《清代江西乡绅与乡村社会治理》，《中国农史》2015 年第 2 期。

的负面影响；同时，中央和地方政府也出台了相应的管理措施。[①]《略论英租威海卫时期威海乡村的社会控制》一文认为，20世纪初期的中国乡村，国家政权在某些方面的加强导致自身的削弱和控制的失败。[②]《从墓地、族谱到祠堂：明清山东栖霞宗族凝聚纽带的变迁》一文指出，明中叶前后，山东栖霞地区墓地系统在宗族整合方面发挥主导作用；入清以后，族谱迅速在民间普及；清中叶以来，祠堂延续并超越墓地系统，成为宗族活动的公共空间；栖霞宗族收族方式的变更，是参与宗族活动的人群变更以及社会经济发展的结果。[③]《宗族与乡村社会"自治性"研究——以明清苫山村落为中心》一文认为，明清时期，山东东阿县苫山村落中的不同宗族组织不断加强宗族建设，通过人们认同与遵守的伦理规范及制度，维护着村落的自治性特质。[④]《清代山东农业改制述论》一文指出，随着清代山东人口的增长，迫使小农不得不设法实现土地资源的优化配置，在农业生产中发展了以麦豆复种为主的二年三熟制，这一制度虽然形成于明末清初，但直到清中期以后才逐渐发展成熟，除了充足的劳动力因素外，作物的搭配模式发挥了重大的作用。[⑤]

《明清江南巨镇王江泾镇的社会经济结构》一文指出，明代以来就是由镇来统辖近邻乡村，标志着明清以来县以下行政管理体制的变化。[⑥]《清末反户口调查风潮与政府合法性危机——以江苏为中心的考察》一文指出，政府执政能力欠缺、苛政积重难返、官绅行径丑劣、乡民防范心理过度等，是乡民采取集体行动的重要因素。[⑦]《晚清田赋加派与基层社会管理格局变动——以江苏"积谷捐"为中心》一文指出，官府主动调整策略，将强制带征的积谷捐称作民捐，并要求地方绅士参与仓储管理，但所谓的绅办实属官督绅办，备荒仓储仍由官府掌控，官督绅办管理模式的兴起反映出晚清基层社会管理

① 陈丽娟、王光成：《明清时期山东农村集市中的牙行》，《安徽史学》2002年第4期。

② 张志超：《略论英租威海卫时期威海乡村的社会控制》，《山东大学学报》2005年第4期。

③ 王日根、张先刚：《从墓地、族谱到祠堂：明清山东栖霞宗族凝聚纽带的变迁》，《历史研究》2008年第2期。

④ 吴欣：《宗族与乡村社会"自治性"研究——以明清苫山村落为中心》，《民族研究》2010年第1期。

⑤ 程方：《清代山东农业改制述论》，《齐鲁学刊》2010年第3期。

⑥ 陈学文：《明清江南巨镇王江泾镇的社会经济结构》，《浙江学刊》2008年第5期。

⑦ 樊翠花、池子华：《清末反户口调查风潮与政府合法性危机——以江苏为中心的考察》，《江苏社会科学》2009年第5期。

格局的变动趋势，官督绅办的管理模式加重了民众负担，是清末反地方自治及绅民冲突事件层出不穷的重要原因。[①]《清末民国士绅与江苏近代农业技术的推广》一文指出，在引进和推广西方近代农业技术的过程中，江苏的士绅们创办了各种农业公司，改变了传统的农业经营管理方式，而这些农业公司的创办，较之个人普及推广农业技术更具备有利条件，虽然不久以后，这些公司有的破产，但它们促进了近代农业技术在江苏的普及和推广，这对推动江苏传统农业的近代化有着重要意义。[②]《清代雍正时期江苏赋税钱粮积欠之清查》一文指出，大规模的清查直接成果明显，起获了各地里书实收钱粮的底簿，一定程度上堵塞了经承册书诓骗、侵蚀业户税粮的作弊渠道，各地后来普遍实行版图法以清户口，顺庄法以征钱粮，较大程度地解决了税积欠的问题，但从本质上说，清查查出和处理的问题仍长期严重存在。[③]

《清代浙江地区水利纠纷及其解决的办法》一文指出，官府在处理水利纠纷过程中暴露出其评估的不公正性，因而没能在多大程度上缓和这种矛盾冲突；地方绅衿势力的兴起，在解决农村水利纠纷活动中起了非常重要的作用，他们凭借声望、地位，组织农田水利建设，制定和监督执行水利乡规民约，合理分配水资源，调解水利纠纷。[④]《清代嘉兴府争田述论》一文指出，清代三县的争田经过四次结案，处置结果仍是照旧额征课，不过，中央承认了三县都有丈缺田地，于是，嘉善县转而请求豁除丈缺田地的虚粮，并最终在同治年间得到批准。[⑤]《试析清代上海找价契约现象》一文，以《清代上海房地契档案汇编》为第一手资料，借助 SPSS 软件整理了清代上海地区找价契约的特征，发现《汇编》中存在大量民间私立的找价契约，探讨了这一现象存在的根源。[⑥]

其三，华中地区。《明清两湖地区基层组织与乡村社会研究》一书，以里甲、保甲、团练等乡村基层组织为切入点，着力探讨中国传统国家权力向基

① 黄鸿山：《晚清田赋加派与基层社会管理格局变动——以江苏“积谷捐”为中心》，《史学月刊》2015 年第 1 期。

② 胡茂胜：《清末民国士绅与江苏近代农业技术的推广》，《农业考古》2015 年第 1 期。

③ 范金民：《清代雍正时期江苏赋税钱粮积欠之清查》，《中国经济史》2015 年第 2 期。

④ 熊元斌：《清代浙江地区水利纠纷及其解决的办法》，《中国农史》1988 年第 3 期。

⑤ 刘文华：《清代嘉兴府争田述论》，《古今农业》2009 年第 4 期。

⑥ 郑松洁：《试析清代上海找价契约现象》，《法治与社会》2013 年 9 月（下）。

层社会的渗透、基层社会中的国家权力、基层社会与国家权力的互动关系等相关问题。[①]《清代两湖平原的社仓建设》一文指出，清代两湖平原的社仓建设受到自然条件和社会环境等方面的制约，其发展进程并非一帆风顺，而带有明显的时段性；对它的考察，可从一个侧面反映出清代社仓制度的发展演变及其在基层社会的具体实践。[②]《清代两湖土家族乡村社会变迁的历史考察》一文认为，随着乡村社会秩序建构主体的分化，国家不得不主动或被动地利用民间的权威资源进行统治，国家权力在乡村社会遭到削弱和消解，土家族地区的乡村社会再次呈现出自治的倾向。[③]《清代康熙年间两湖地区土地清丈与地籍编纂》一文指出，这些清丈既有算手、弓手、图长、区正等专业组织，亦广泛动员了户长、湾长、地方生员等乡土资源；在清丈的州县，一般都进行了丈量册、鱼鳞册、归户册等地籍的编纂，这些赋役册籍构成基层赋税征收过程中实征册的主体，并与朝廷的赋役全书互为表里。[④]《赋役制度与政区边界——基于明清湘鄂西地区的考察》一文指出，在解决田土纠纷、赋役规避等问题的过程中，州县政区确定了它在省级以下行政管理体系中的主体地位，成为该层级政区改革的发展趋势。[⑤]

《明清移民与鄂西南少数民族地区乡村社会变迁研究》一书，以鄂西南少数民族地区明清移民和乡村社会为研究对象，在文献梳理以及田野调查的基础上，对明清移民和乡村社会变迁的过程及其相互关系进行了比较深入的探讨，就移民在中华民族多元一体格局形成过程中的作用进行了深入研究。[⑥]《社会动荡与清代湖北乡村中的寨堡》一文指出，随着白莲教起义的爆发、地方团练的兴起，寨堡制度更加严密。[⑦]《清代鄂西南土家族地区乡村社会的边缘化》一文认为，清代中后期，政治上国家控制的弱化、民族心理意识的回

---

① 杨国安：《明清两湖地区基层组织与乡村社会研究》，武汉大学出版社 2004 年版。

② 白丽萍：《清代两湖平原的社仓建设》，《武汉大学学报》（人文社会科学版）2006 年第 1 期。

③ 吴雪梅：《清代两湖土家族乡村社会变迁的历史考察》，《光明日报》2009 年 12 月 8 日，第 012 版。

④ 杨国安：《清代康熙年间两湖地区土地清丈与地籍编纂》，《中国史研究》2011 年第 4 期。

⑤ 孟凡松：《赋役制度与政区边界——基于明清湘鄂西地区的考察》，《中国历史地理论丛》2012 年第 2 期。

⑥ 杨洪林：《明清移民与鄂西南少数民族地区乡村社会变迁研究》，中国社会科学出版社 2013 年版。

⑦ 杨国安：《社会动荡与清代湖北乡村中的寨堡》，《武汉大学学报》2001 年第 5 期。

归、交通的衰落与经济中心的偏离，使土家族地区乡村社会走向边缘化。[①]《国家、民间权威、族群：清代民族边缘地区乡村社会的权力关系——以鄂西南土家族地区为中心的考察》一文指出，清初国家强化了对这一区域乡村社会的控制，清代中后期，随着民间权威和族群在社会秩序建构中力量的加强，国家权力日益被地方性知识所销蚀；三者在地方社会秩序的建构中，构成相互依存而又相互矛盾的统一体，并处于动态的变化过程之中，共同完成了这个区域的历史变迁。[②]《明清河泊所赤历册研究——以湖北地区为中心》一文指出，赤历册是明清时期河泊所对所属渔户业甲的编排、具体办课水域以及承担的课额等内容进行记录的征税册籍，功能类似于里甲系统的黄册；在湖北地区，承担管理渔户等任务的河泊所设置最早亦且最多，所属渔户数量最多，形成一套隶属于州县而又相对独立的管理体系，赤历册正是这一管理体系运行的核心所在。[③]《论嘉庆朝白莲教起事中的湖北基层社会士绅角色》一文指出，地方防御体系中士绅参与地方管理的权限比非战时期有了明显的增加，士绅成为实际上的管理者；太平天国起义期间，士绅通过团练而彻底控制了基层社会，白莲教战事期间，地方士绅的角色已经发生变化，他们已经迈出了向地方精英转化的第一步。[④]

《试论清代“屯政”对湘西苗族社会发展的影响》一文指出，举办“屯政”，其主观目的在于“寓兵于农”“以苗养苗”“以苗制苗”，恢复并加强对湘西“苗疆”的统治，从当时的情况来看，确实也收到了一定的效果。[⑤]《清末新政时期的兴农措施——以“湖南地方自治白话报”为中心的考察》一文指出，清末新政时期是一个思变求新的时代，为了振兴农业，官方和民间采取了许多改良进步的措施，如建立农业组织，“兴办农业公司”，举办展会活动，推广农业技术，鼓励开垦荒地等，这些举措给传统农业带来了新生，推

① 吴雪梅：《清代鄂西南土家族地区乡村社会的边缘化》，《华中师范大学学报》2009年第6期。

② 吴雪梅：《国家、民间权威、族群：清代民族边缘地区乡村社会的权力关系——以鄂西南土家族地区为中心的考察》，《中南民族大学学报》（人文社会科学版）2009年第1期。

③ 徐斌：《明清河泊所赤历册研究——以湖北地区为中心》，《中国农史》2011年第2期。

④ 狄鸿旭：《论嘉庆朝白莲教起事中的湖北基层社会士绅角色》，《理论界》2014年第4期。

⑤ 伍新福：《试论清代“屯政”对湘西苗族社会发展的影响》，《民族研究》1983年第3期。

动了农业生产的商品化和市场化。[①]《明清乡村士绅之“懿行”研究——以湖南邵阳为中心》一文指出，明清邵阳士绅以“信义”精神积极参与地方公共事务，如对贫困人群在灾荒时捐资相救，平常时亦予以周济；或因家资雄厚捐资建学馆和助学子，推动了本地文教事业的发展；还兴修水利设施，建造道路桥梁，不屈权贵替人申冤，调解邻里纠纷，不取不义之财，出资减少乡邻差役，襄助官府承担征取公务等，展现了他们在新时期的乡土情怀。[②]

《晚清时期河南地权分配蠡测》一文指出，河南地主阶级扩张其经济力量和增殖田产的主要途径，依然是旧式的地租积累，因此在前述种种政治、经济、社会新因素的影响下加速分解和分化，在地权分配上出现降减态势不足为怪。[③]《论光绪年间河南的民间救济》一文指出，民间救济的特点表现为乡绅成为衔接官方、江南义绅及民众的桥梁，施赈手段的多样性和有效性，救济程度的区域差异性，救济范围以亲族和邻里乡村为主；以乡绅为主体的民间救济在维持灾时地方秩序的正常运行上功不可没，但相对于沿海地区，河南民间力量则较为薄弱。[④]《清雍正朝田文镜对河南市集空间管理刍议》一文指出，清前期河南市集的发展对以保甲制度为基础建立社会秩序的传统体制提出了挑战，雍正年间河南巡抚田文镜发布了一系列政令，力图对市集发展加以控制，但是当地商店主乃至乡约地保并没有给予积极配合，这些政令亦没有在实践中被贯彻。[⑤]《国家漕运与地方水利——明清豫北丹河下游地区的水利开发与水资源利用》一文指出，保障小丹河入卫济漕的最大水量，必须限制九道堰民渠的灌溉用水，这样丹河下游地方农业灌溉用水和国家漕运用水始终处于矛盾之中，最终产生了官三民一的用水规章。清中后期，随着漕运用水形势的变化，官三民一之法也要随之调整，甚至一度得不到执行。[⑥]

---

① 金志朋：《清末新政时期的兴农措施——以“湖南地方自治白话报”为中心的考察》，《农业考古》2014 年第 1 期。

② 吴佐美、薛政超：《明清乡村士绅之“懿行”研究——以湖南邵阳为中心》，《学理论》2014 年第 9 期。

③ 王天奖：《晚清时期河南地权分配蠡测》，《史学月刊》1993 年第 6 期。

④ 苏全有、闫喜琴：《论光绪年间河南的民间救济》，《天府新论》2005 年第 4 期。

⑤ 曹斌：《清雍正朝田文镜对河南市集空间管理刍议》，《史学月刊》2009 年第 7 期。

⑥ 程森：《国家漕运与地方水利——明清豫北丹河下游地区的水利开发与水资源利用》，《中国农史》2010 年第 2 期。

《清代河南农业土地利用与作物种植》一文指出，清代河南地区通过改良土壤、提高土地的利用效率、扩大粮食和经济作物的生产，形成了一定的土地利用及种植作物特色；而且，结合提高农业产量实施的土壤改造、粪肥倍收法、兴修水利、改造低产田等措施，使河南地区农业土地开发与利用无论是在做法还是技术上都具有一定的先进性。①

其四，华南地区。《清代两广耕作制度与粮食亩产的地域差异》一文，试对广东、广西二省耕作制度和粮食亩产的地域差异做些探索，以期有助于清代耕作制度和粮食亩产问题的深入研究。②《明清时期华南地区乡村聚落的宗族化与军事化》一文认为，伴随着乡村围寨的构筑和乡族武装力量的崛起，乡族势力尤其是宗族力量，逐渐成为乡村社会中非常成熟的支配力量。③《华南民族地区乡村土地典卖中的中保人——以清代至民国时期为中心》一文指出，清代至民国时期，华南民族地区乡村土地的典当和买卖中保人普遍存在，中保人通过在土地典卖中介绍作保，领取报酬。中保人的来源多样化，与土地典卖双方联系密切，在介绍双方认识、评估土地价格、监督典卖进程以及担保交易实现等方面发挥了不可替代的作用。④《论晚清民国的岭南宾兴组织与基层秩序——基于广西玉林地区的历史考察》一文指出，清末民初，广西玉林州及其“五属”地区，地方乡绅先后建起10多间宾兴馆；作为近代民间的“自组织”机构，在助学助教之外，宾兴馆更是岭南乡绅重新分割基层权力、新移民群体实现“落籍”起家、地方官员重建官民纽带，以及宗族势力重新集结的理想平台。⑤

《清代广东地区图甲制中的“总户”与“子户”》一文指出，图申制下纳税程序与明代里甲制的不同，决定了图甲制中的“总户—子户”关系，也与明代“里长—甲首”关系完全不同；税粮征纳程序不是经由图甲系统逐层上

① 李华欧：《清代河南农业土地利用与作物种植》，《历史档案》2015年第3期。

② 周宏伟：《清代两广耕作制度与粮食亩产的地域差异》，《中国农史》1995年第3期。

③ 饶伟新：《明清时期华南地区乡村聚落的宗族化与军事化——以赣南乡村围寨为中心》，《史学月刊》2003年第12期。

④ 陈铮、李云：《华南民族地区乡村土地典卖中的中保人——以清代至民国时期为中心》，《古今农业》2013年第2期。

⑤ 杨天保：《论晚清民国的岭南宾兴组织与基层秩序——基于广西玉林地区的历史考察》，《广西社会科学》2014年第8期。

纳，意味着在同一图甲内开立户口的不同社会群体之间的关系，并不与它们的户籍在图甲中的位置直接对应，而只取决于他们在现实中的社会地位和势力。[①]《晚清广东的“公局”》一文认为，广东普遍设立的公局，后来演变为士绅控制乡村社会的常设权力机构，使清朝统治得以延伸到县以下基层社会。[②]《清末广东的盗匪问题与政府清乡——从社会治理看清朝统治的末势》一文指出，盗匪威胁民众的生命财产安全，造成社会动荡，不少人也卷入革命党人发动的反清起义，危及当权者的统治，清政府当局推行严厉的清乡政策，效果却并不明显；清末，广东匪患的严重化以及政府治理上的疲软处境，为我们进一步理解清末社会及清政府垮台的社会基础提供了更广的视角。[③]《清代珠江三角洲的水事纠纷及其解决机制研究》一文指出，民间社会与国家都试图通过相应的机制来化解各类水事纠纷，以控制事态恶化，总的来说，清代，在乡绅、家族等地方权势力量的支持下，国家通过各种途径，基本上能够对基层社会实施有效控制，而在国家无力控制的灰色区域，民间则采取械斗等方式以武力解决水事纠纷。[④]《清末香山的乡约、公局》一文，主要利用清末广东香山县地方刊物《香山旬报》，着重讨论香山公局在诉讼、缉捕事务中官绅、官民、绅民关系等问题。[⑤]《清代珠三角的里社与乡村组织》一文认为，桑园围及其周边地区的里社，在明代里甲组织崩溃之后，仍然被继续保留并在清代大量涌现出新的里社，在地方上发挥基层组织的作用，不过，由于赋役制度的变化和地方开发进程的影响，里社也呈现出不规则的结构。[⑥]

《明清时期广西对水稻品种资源的开发和利用》一文指出，明清时期广西对水稻品种已有比较科学的黏、粳、糯和早稻、中稻、晚稻等类型的划分，在对水稻优良品种的选择、保持和引进，对不同水稻品种的适应性和生长期、

---

① 刘志伟：《清代广东地区图甲制中的“总户”与“子户”》，《中国社会经济史研究》1991 年第 2 期。

② 邱捷：《晚清广东的“公局”——士绅控制乡村基层社会的权力机构》，《中山大学学报》2005 年第 4 期。

③ 何文平：《清末广东的盗匪问题与政府清乡——从社会治理看清朝统治的末势》，《中山大学学报》（社会科学版）2008 年第 1 期。

④ 衷海燕：《清代珠江三角洲的水事纠纷及其解决机制研究》，《史学集刊》2009 年第 6 期。

⑤ 刘志伟：《清末香山的乡约、公局》，《中山大学学报》（社会科学版）2010 年第 3 期。

⑥ 李晓龙：《清代珠三角的里社与乡村组织》，《中山大学研究生学刊》（社会科学版）2012 年 2 期。

播种期、收获期的认识和利用，对优质稻种的开发等方面都达到了较高的水平。[①]《土民、客人与乡绅：万历至乾隆的黄姚社会》一文，以府江流域昭平县黄姚街为中心，将该社区的构建置于区域变动的大背景下展开讨论，力图理解在此过程中，土民、客人在具体的历史场景中如何透过变革祭祀系统、重述祖先故事以确立其社会地位。[②]《清中后期村落联盟的形成及其对地方社会的意义》一文指出，明清时期的浔州府地区，村落联盟在清中后期成为地方进行乡村整合的重要形式。[③]《风水、宗族与地域社会的构建》一文，试图以清代广西昭平县黄姚街的风水演变为个案，分析府江流域社会在逐步整合至王朝权力体系的过程中，当地民众围绕着开户立籍、地方团练等重大历史问题，如何透过空间观念的不断重述来创造与组织其社会生活。[④]《"化外"与"化内"交织：清末广西龙脊壮族习惯法的权力结构》一文指出，民族乡土社会仍然处于化外与化内的抗衡过程之中，在此基础上形成的民族习惯法也呈现出化外与化内交织的特征，以清末广西龙脊壮族习惯法族权为主导、王权作威慑、家权来配合的三位一体权力结构就是这一特征的具体体现，我们在看到中国古代法律发展的主流——儒家化的同时，也不能忽视少数民族地区习惯法的非儒化特征。[⑤]《明清时期广西土司地区的里甲制度研究》一文，通过对官方和民间历史文献的梳理，证实明清时期的广西土司地区推行了里甲法，建立了里甲组织，深入探讨了土司地区里甲制度的区域特征、里甲组织与传统村落的关系，以及里甲长与官府的关系，作者认为，里甲制度对土司地区基层行政体系与社会治理模式的变迁产生了深刻的影响。[⑥]

《清代海南黎族的土地典卖契刻》一文指出，由于清代海南黎族土地契刻保存完整的不多，我们尚未见到明确写着典卖田面的契刻，固然，有的完整契刻没有写应纳钱粮数目，那或许是典卖田面契刻，或许是别种情况，但是

① 覃乃昌：《明清时期广西对水稻品种资源的开发和利用》，《广西民族研究》1997 年第 2 期。

② 麦思杰：《土民、客人与乡绅：万历至乾隆的黄姚社会》，《民族研究》2010 年第 2 期。

③ 唐晓涛：《清中后期部落联盟的形成及其对地方社会的意义》，《清史研究》2010 年第 3 期。

④ 麦思杰：《风水、宗族与地域社会的构建》，《社会学研究》2012 年第 3 期。

⑤ 王小龙、李冰：《"化外"与"化内"交织：清末广西龙脊壮族习惯法的权力结构》，《广西民族研究》2014 年第 2 期。

⑥ 李小文、胡美术：《明清时期广西土司地区的里甲制度研究》，《广西民族大学学报》（哲学社会科学版）2014 年第 4 期。

人们使用“粮田”一词专指某种田地，以区别另外一种“非粮田”，这已显示出土地所有权开始分解的事实。[①]《清代海南的“黎乱”和清朝政府的“治黎”政策》一文指出，清代“黎乱”频繁，特别是黎、汉人民在反对封建统治过程中结成了战斗友谊，从而成为清朝政府的心腹之患，为了平息“黎乱”，清廷在海南施行剿抚并举的政策，通过清政府在海南的“治黎”政策，不难看出清代边疆政策之一斑。[②]《明清时代南海疍民的分层流动与社会身份重构》一文指出，明清交替之际，南海疍民为摆脱自身的“贱民”命运，进行身份重构，琼州海峡北部水域疍民多采取武力方式，而其南部地区疍民多以诉讼方式进行；因所采取的方式不尽相同，在国家政策、地方习俗和疍民之间长时段的互动过程中，该群体产生明显的分层，海北的疍民身份日益固化，海南疍民则向“编户齐民”的方向发展。[③]

其五，西北地区。《清代西北地区的农业垦殖政策与生态环境变迁》一文指出，清代不同阶段管理层采取的具有传统延续性的发展农业经济的垦殖政策及其实施，使这一地区的农牧业经济有了较大的发展，但也导致了这里原本脆弱的生态环境失衡；沙漠化加剧，水土流失加重，生产成本提高，投入加大，恶性循环，经济再度陷入贫困。[④]《清代西北地区农业开发与农牧业经济结构的变迁》一文指出，清代在西北地区实施农业开发的过程中，主要采取移民实边、兴修水利、调拨生产工具、推广农业生产技术和农作物优良品种等措施，解决西北开发过程中所需要的人力和物力资源，清代西北地区的农业开发，对传统的经济结构产生了重要的影响，确立了农业经济在西北地区社会经济生活中的主导地位。[⑤]《近代甘宁青农村市场研究》一文指出，由于居民的生产方式、生活方式和宗教信仰不同，农村市场的构成也不同，在以农业经济为主的地区发展集市贸易，而以牧业经济为主的地区则利用寺院集会进行贸易，庙会、花儿会作为农村市场的补充形式而存在；晚清以来，

---

① 张雪慧：《清代海南黎族的土地典卖契刻》，《中国社会经济史研究》1985 年第 4 期。

② 芦苇：《清代海南的“黎乱”和清朝政府的“治黎”政策》，《广东社会科学》1993 年第 1 期。

③ 张朔人：《明清时代南海疍民的分层流动与社会身份重构》，《古代文明》2014 年第 3 期。

④ 赵珍：《清代西北地区的农业垦殖政策与生态环境变迁》，《清史研究》2004 年第 1 期。

⑤ 姚兆余：《清代西北地区农业开发与农牧业经济结构的变迁》，《南京大学学报》（社会科学版）2004 年第 2 期。

由于鸦片的大量种植导致了西北农村市场畸形发展，出现了专门的鸦片市场。[①]

《掌教、乡约与保甲册——清代户口管理体系中的陕甘回民人口》一文指出，清廷借助掌教管理和约束回民人口，使得掌教获得部分行政职权，以乡约取代掌教又使得改称乡约的掌教获得了乡约的权力，进而发展成为地方行政权力的一极。[②]《清代西部地区少数民族乡约的推行及其原因》一文认为，清代西部地区的少数民族乡约，在调解民间纠纷和推动民族融合方面的作用也十分突出，且因一开始就具有行政管理职能，从而得到官府的积极推广。[③]《晚清官方参与下甘青藏区群体纠纷解决机制》一文指出，官方处理民族群体纠纷、选择民间调解人时，以当乡调处，但很少选择乡约进行调解，官方解决藏区内民族纠纷时以番目当乡，按照番例、番规办理，同时也会采取历史与现实相结合的灵活变通手段，官方常常以官民互动的方式促进纠纷的有效解决。[④]《试探明清时期西北蒙古裔土司的基层社会组织及其家族婚姻》一文指出，明清时期西北地区，朝廷任命蒙藏部落首领担任土司，治理基层部落；他们作为西北地方基层组织领袖，彼此联姻，在构建本土基层社会政治网络，维护地方安定的同时，也维系着本群体特有的文化意识和文化传统。[⑤]

《清代陕南的土地占有关系与农业经营》一文指出，农民结合山区的自然资源与环境条件，因地制宜地开始发展与市场相联系的多种经营活动，推动了商品经济的进一步发展，清后期这种倒退的确发生了，考察其原因，除了山区交通落后、技术水平低下等因素外，制度性因素起了主要的作用。[⑥]《清代土地买卖中的“除留”习惯》一文认为，“除留”是广泛存在于陕南土地交易中的一种习惯，契约对土地上的各项财产进行详细说明，有利于减少纠纷

① 黄正林：《近代甘宁青农村市场研究》，《近代史研究》2004 年第 4 期。

② 路伟东：《掌教、乡约与保甲册——清代户口管理体系中的陕甘回民人口》，《回族研究》2010 年第 2 期。

③ 段自成：《清代西部地区少数民族乡约的推行及其原因》，《西南民族大学学报》2011 年第 9 期。

④ 高晓波：《晚清官方参与下甘青藏区群体纠纷解决机制》，《云南民族大学学报》（哲学社会科学版）2013 年第 5 期。

⑤ 胡小鹏、王瑛：《试探明清时期西北蒙古裔土司的基层社会组织及其家族婚姻》，《民族历史研究》2014 年第 4 期。

⑥ 肖正洪：《清代陕南的土地占有关系与农业经营》，《中国经济史研究》1994 年第 1 期。

的发生。[①]《山地垦荒与社会变迁：清代黄龙山区地方开发史的再考察》一文指出，明清以来，陕西黄龙山区由于垦荒导致森林植被遭到破坏的历史过程，并非完全可用人地关系矛盾激化来解释，清政府鼓励垦荒政策的出台以及清初黄龙山区垦荒高潮的出现，与明清之际当地乃至更大区域范围内的特殊自然环境和人文社会背景密切相关，对重建和恢复正常统治秩序有重要意义。[②]《碑石所见清代后期陕南地区的水利问题与自然灾害》一文指出，与乡约、保正、差役的种种营私舞弊、以职权谋私利行为相对应，堰渠水利中的许多弊端、冲突亦与首事、堰长、渠长有关，乡约、保正、堰长、渠头、差役等涉足公共事务管理的人员，甚或视公共事务为敝害而化公为私，是清代后期陕南社会风气变化、公共事务弊端丛生的重要标志和原因之一。[③]《表率·教化·守护：清代陕西士绅与地方社会秩序之维护》一文指出，享有较高社会声望的士绅身体力行，或通过圣谕宣讲的劝说方式感化乡人，使他们遵循封建礼教；或结交官府，或直接调解地方纠纷，以维护封建法律的公正公平；或由他们出面，或受官方委托组织地方团练，为维护清朝陕西地方的社会秩序，保护地方社会人民的安危发挥了重要作用。[④]

《清代雍、乾时期河西屯田述论》一文指出，清代雍、乾时期河西屯田，不仅满足了当时清政府解决西路军军需供给的需要，又满足了为当地驻军提供粮饷的需要，减轻了中原内地人民的负担，而且客观上对改善河西农业生产条件、促进河西经济发展起到了有益的作用。[⑤]《清代前期甘肃的农业开发及其历史反思》一文指出，中央政权的巩固以及镇压了西北地区少数民族上层发动的叛乱分裂活动，使我国西北边疆地区社会出现了安定的统一局面，在此基础上，统治者劝农桑、修水利、兴屯田、薄赋税，使甘肃的农业经济在清代前期得到了巨大开发。[⑥]《清代后期甘肃河州地区土地买卖中的中人现

---

① 王德庆：《清代土地买卖中的“除留”习惯》，《唐都学刊》2006年第2期。

② 李大海：《山地垦荒与社会变迁：清代黄龙山区地方开发史的再考察》，《中国社会经济史研究》2010年第2期。

③ 张建民：《碑石所见清代后期陕南地区的水利问题与自然灾害》，《清史研究》2001年第2期。

④ 杨银权：《表率·教化·守护：清代陕西士绅与地方社会秩序之维护》，《宝鸡文理学院学报》（社会科学版）2012年第2期。

⑤ 崔永红：《清代雍、乾时期河西屯田述论》，《中国社会经济史研究》1990年第1期。

⑥ 孟凡港：《清代前期甘肃的农业开发及其历史反思》，《兰州学刊》2009年第1期。

象初探》一文，以《清河州契文汇编》一书内收录的土地买卖契文为基本史料，对清代后期河州地区土地买卖中的中人的特点、中人与土地买卖双方的关系，以及中人实际发挥的作用进行梳理探讨，从一个新视角审视清代后期河州地区农业经济发展变化的趋势。①《清代河西走廊的水资源分配制度》一文指出，为解决水利纷争，建立了不同层次的分水制度，分水的技术方法是确定水期、水额，分水的制度原则有二：一是公平原则，二是效率原则，分水制度在一定程度上缓解了水利纷争，地方各级政府发挥了调节平均用水的作用。②《水官与清代河西走廊基层社会治理》一文指出，水官全权负责河西地区水渠修建与维护、分水均水、议定水规以及处理水事纠纷等，是地方水利事务的管理者，也是基层社会的重要治理者；由水利管理达到社会治理，是水官在地方治理中核心作用的体现。③

《清代新疆建省后的田赋制度》一文，考察近代新疆建省到清朝灭亡这一时期的田赋制度，力图清晰勾勒此间新疆田赋制度所包含的田制、税则税率、征收形式、耗羡、征收管理、定额收入等基本情况、变化及特点，以便进一步研究清代田赋制度与财政及社会经济的关系。④《浅议清代新疆乡约制度创设及司法职能》一文认为，清代新疆地区，乡约制度开始时以维护社会治安、解决纠纷等公共管理职能为主，而后被直接赋予一定的司法职能。⑤《清代新疆的分水措施、类型及其特点》一文指出，新疆农业高度依赖水利，无水即无田，清末垦地至一千万亩；新疆多民族既分居又共同用水，当面临严重的用水冲突时，水利纠纷必然带有民族冲突的成分。⑥

《清末河套地区的水利制度与社会适应》一文指出，地商制度充分适应了河套的生态环境和汉蒙杂居的社会环境，最终在经营上取得了成功，而官营水利一开始便以刚性手段介入，忽视对基层社会的协调，再加上传统经营体

---

① 付永正、金圆恒：《清代后期甘肃河州地区土地买卖中的中人现象初探》，《湖北第二师范学院学报》2010 年第 7 期。

② 王培华：《清代河西走廊的水资源分配制度》，《北京师范大学学报》（社会科学版）2004 年第 3 期。

③ 潘春辉：《水官与清代河西走廊基层社会治理》，《社会科学战线》2014 年第 1 期。

④ 李磊、田华：《清代新疆建省后的田赋制度》，《新疆大学学报》（社会科学版）2000 年第 3 期。

⑤ 杨军：《浅析清代新疆乡约制度创设及司法职能》，《思想战线》2008 年第 6 期。

⑥ 王培华：《清代新疆的分水措施、类型及其特点》，《中国农史》2012 年第 3 期。

制的腐败和无效率，尽管最后试图建立与乡村社会相适应的机制，但终归失败。[①]《清末河套地区民间社会组织与水利开发》一文指出，地商利用私人资本和以地商为中心的社会组织来开发河套地区的水利工程，并最终形成河套地区的水利网络，该组织形成的管理方式和协调机制是，充分调动一切资源，并将移民牢牢控制在土地上，在此基础上渐渐形成了当地的村落和社会。[②]《清代宁夏平原水利管理中的国家干预》一文指出，在清代宁夏平原，国家极其重视水利官员的任免，重点关注宁夏府的宁夏、宁朔、平罗三县所处的区域，清前中期以水利同知为主，后期则主要依靠知府和知县来督办，将水利作为地方事务的一部分来进行管理。[③]《清代宁夏地区河渠灌溉特点及灌溉制度研究》一文指出，清代宁夏地区水利灌溉事业的发达，一方面得益于其得天独厚的地理条件，另一方面也离不开历代政府的兴治，清代在前代的基础上，水利灌溉事业又有新的突破和发展，然而这一系列的水利建设成果并不意味着没有弊端和漏洞。[④]《明清宁夏荒政评述》一文指出，宁夏地处西北内陆，居黄河上游，地形复杂、气候多变，各种自然灾害交替发生；灾后当局虽然采取了一些施救措施，但由于阶级的局限性，没有从根本上解决人民生活和面临的社会问题。[⑤]

《清代管理青海牧区的方略》一文指出，清代的青海不仅地处“西陲”“边疆”，而且是一个民族聚居区，清朝政府对这一地区十分重视，将其纳入理藩院直接管辖；清代在青海的立法，贯彻了因时、因地制宜的原则，成功地调整了中央与青海牧区及青海蒙藏民族的关系。[⑥]《论青海土官、土司制度的历史变迁》一文指出，青海土官制度创始于元代，清代演变为土司制度，清代土司制度与明代土官制度大同小异，随着时代的进步，土司制度日益不合时宜，终于走向消亡。[⑦]《青海乐都境内堡寨与明清土司制度》一文，探讨了土司制度、治兵保塞、平定逆乱，在加强与少数民族之间沟通与联系方面

① 王建革：《清末河套地区的水利制度与社会适应》，《近代史研究》2001 年第 4 期。
② 杜静元：《清末河套地区民间社会组织与水利开发》，《开放时代》2012 年第 3 期。
③ 岳云霄：《明清时期宁夏集市发展初论》，《农业考古》2014 年第 1 期。
④ 魏静：《清代宁夏地区河渠灌溉特点及灌溉制度研究》，《甘肃理论学刊》2014 年第 6 期。
⑤ 王玉琴：《明清宁夏荒政评述》，《宁夏社会科学》2014 年第 4 期。
⑥ 李建宁：《清代管理青海牧区的方略》，《青海民族研究》1996 年第 3 期。
⑦ 崔永红：《论青海土官、土司制度的历史变迁》，《青海民族学院学报》2004 年第 4 期。

所起的作用，以及作为长城防御体系重要组成部分的堡寨所发挥的军事作用和土司与堡寨的最终衰落过程。[①]《明清时期宁夏的民间信仰》一文指出，民间信仰已融入当地居民的日常生活中，在节日时令中表现得最为明显，人们祭祀湫水和修建八蜡庙是对农业丰收的期盼。[②]《浅析明清青海河湟地区的农业政策调整》一文指出，河湟作为历史上农耕文明和游牧文明冲击、碰撞、交流和融合的地区，势必成为政府安稳民心、巩固边防的西北哨所，研究这一区域的农业政策，有助于深入了解明清国家机器之于西北边防的经营方略以及青海当时的社会经济状况，同时也为今天西北大开发提供历史借鉴。[③]《简论明末清初河湟地区穆斯林社会基层组织的演变》一文指出，对于清王朝而言，高度中央集权是其政治的基本特征，因此上层统治阶级面对基层社会的变动也相应地不断调整统治政策，以求强化对基层社会的控制能力，河湟地区的穆斯林社会基层组织大致经历了里甲、土司、会社、保甲等形式。[④]

《清末屯垦政策在川边藏区的实施及其对环境的影响》一文指出，此次屯垦活动在一定程度上促进了川边藏区农业经济的发展，同时限于自然环境的制约，清政府对此次屯垦活动持较为理性的态度，开垦力度有限，使之总体上未超出当地自然环境的承载力。[⑤]《明清时期土司制度与藏区少数民族的文化变迁》一文指出，明清时期中央政府除了推行僧纲制度、卫所制度和流官制度外，另一重要的制度就是土司制度，土司制度推行于藏区之后，不但逐渐加大了中央政府对藏区的政治控制和社会影响，也引起了藏区少数民族的文化变迁。[⑥]《清代至民国时期汉族移民在巴塘活动之面面观》一文，从开荒垦殖、开设商户、兴办学校、汉藏通婚、帮会组织等角度，对清代至民国时期汉族移民在巴塘的活动做了论述，呈现出汉、藏两个民族文化的交流和融

① 王倩倩：《青海乐都境内堡寨与明清土司制度》，《青海师范大学学报》2010 年第 1 期。

② 仇王军：《明清时期宁夏的民间信仰》，《宁夏社会科学》2010 年第 1 期。

③ 刘伟、卜风贤、王乐：《浅析明清青海河湟地区的农业政策调整》，《农业考古》2011 年第 1 期。

④ 杨群：《简论明末清初河湟地区穆斯林社会基层组织的演变》，《宁夏社会科学》2013 年第 3 期。

⑤ 刘祥秀、郭平若：《清末屯垦政策在川边藏区的实施及其对环境的影响》，《西藏研究》2007 年第 2 期。

⑥ 贾霄锋、王希隆：《明清时期土司制度与藏区少数民族的文化变迁》，《中国边疆史地研究》2007 年第 2 期。

合。[①]《官方参与下晚清藏边汉藏民族土地纠纷解决机制》一文指出，官方处理汉藏民族纠纷案件时，会联合民间力量巩固纠纷解决的成果，官方解决汉藏纠纷案时，会以劝慰的方式说服汉族做出让步，划定界址并雕刻立碑，是解决汉藏民族草山纠纷的有效方式。[②]

其六，西南地区。《明清时期国家对西南少数民族土地所有权的法律保护》一文指出，明清时期随着土地租佃和典卖的发展，地权流转频繁，西南少数民族固有的习惯法已无力解决其土地所有权不断被侵夺的状况，中央王朝逐步以专门立法和制度化司法手段保护西南少数民族的土地所有权。[③]《明清时期西南地区基层行政组织形式》一文指出，明清时期，国家在西南地区的基层行政组织形式主要有里社、里甲、保甲等，随着国家权力向基层社会的不断深入，基层社会组织也随之发生变迁，且存在多种组织形式并存的现象。[④]《明清时期西南民族地区宗族组织的结构、特点与作用》一文指出，由于明清中央王朝在意识形态上对宗族组织提供支持，这无形之中鼓励了宗族组织的快速发展，故使以血缘关系为纽带的宗族组织，不仅成为明清时期西南民族地区乡村社会的重要组成部分，而且成为维护中央王朝统治和封建宗法伦理秩序的有力工具。[⑤]《改土归流：国家权力在西南民族地区乡村社会的扩张》一文指出，在这场权力扩张的斗争中，虽然中央政府付出了惨重的代价，但通过改土归流，极大地削弱了西南民族地区土司的势力，加速了国家权力在西南民族地区乡村社会扩张的历史进程，维护了该地区的社会稳定。[⑥]

《清代清水江下游村寨社会的契约规范与秩序》一书，不仅展示出清代黔东南地区苗族基层社会法律秩序的基本构成，而且指出当地的人们将契约运用到订立禁约、防御盗贼、规范村寨秩序等方面。[⑦]《清代贵州文斗苗族社会

① 友珍：《清代至民国时期汉族移民在巴塘活动之面面观》，《西藏研究》2010年第1期。

② 高晓波：《官方参与下晚清藏边汉藏民族土地纠纷解决机制》，《农业考古》2015年第3期。

③ 朱艳英：《明清时期国家对西南少数民族土地所有权的法律保护》，《思想战线》2008年第5期。

④ 韩敏霞：《明清时期西南地区基层行政组织形式》，《太平洋学报》2009年第6期。

⑤ 李良品、李思睿：《明清时期西南民族地区宗族组织的结构、特点与作用》，《广西民族研究》2015年第1期。

⑥ 李良品、李思睿：《改土归流：国家权力在西南民族地区乡村社会的扩张》，《青海民族研究》2015年第2期。

⑦ 梁聪：《清代清水江下游村寨社会的契约规范与秩序》，人民出版社2008年版。

中林业纠纷的处理》一文指出，由于清政府在苗疆因俗而治的统治政策，文斗村呈现出高度自我辖制和自我管理的特征，然而只有村落、宗族与官府三者之间处于一种良性互动关系，村寨的林业纠纷才能得以圆满地解决。①《从有关碑文资料看清代贵州的农业管理》一文，借助清代遗留下来的有关碑文资料，对当时贵州加强农业管理的具体措施进行了探讨，总结其成功的农业管理经验，尽可能为今天搞好农业生产、促进社会经济的发展提供有益借鉴。②《清代贵州田土纠纷解决制度及其借鉴意义》一文指出，综观清代贵州乡村精英和官府解决田土纠纷制度，乡村精英和官府对田土纠纷的判决具有很强的独立性和权威性，田土纠纷案件执行效果好，从此意义上说，清代贵州乡村精英和官府解决田土纠纷制度，对民族村寨旅游开发、田土纠纷解决具有借鉴意义。③

《清末四川农业改良》一文指出，清政府也对农业政策进行了一些改进，如开放禁垦区、奖励垦荒、支持创办农业公司、鼓励各地发展蚕桑、提倡改良品种、积极普设农业学堂等；农业大省四川，由于官绅合作、措施有力、多年不间断地倡导和推行，农业改革成效尤为明显。④《清代四川的土地清丈与移民社会的发展》一文指出，通过这次清丈，移民与土著之间、移民与移民之间围绕地权的纠纷基本上得到解决，政府通过这一行动解决了移民社会中普遍存在的有关地权不清的现象，同时也加速了移民社会的本地化进程。⑤《乡绅的建构与重构：方志所见清代四川地区移民会馆崇祀中的地域认同》一文指出，移民的原乡认同在很大程度上随着移居地五方杂处的格局明确化，以原籍为标志的族群身份与对新家乡的认同并不截然对立，而是纠缠在一起；乡神一方面被视作移民原乡认同的象征，另一方面又常被赋予超地域性内涵，从而容纳了新认同；这些情况表明，乡神崇拜作为移民地域认同的象征既是

---

① 潘志成、梁聪：《清代贵州文斗苗族社会中林业纠纷的解决》，《贵州民族研究》2009 年第 5 期。

② 吴大旬、王红信：《从有关碑文资料看清代贵州的农业管理》，《中国农业大学学报》（社会科学版）2009 年第 3 期。

③ 曹务坤、刘世红：《清代贵州田土纠纷解决制度及其借鉴意义》，《贵州民族研究》2014 年第 12 期。

④ 王迪：《清末四川农业改良》，《中国农史》1986 年第 2 期。

⑤ 梁勇：《清代四川的土地清丈与移民社会的发展》，《天府新论》2008 年第 3 期。

被建构的，又可以被一套新的叙述所解构与重构。[①]《自治与共存：清代川东北南江山区的墓祠》一文，凭借对马氏墓祠的解析，探寻不同的宗族之间如何实现自治与共存。[②]《从“异态”到“常态”——清中期巴县团练的角色转变与乡村社会》一文指出，清中期巴县团练的角色转变，正源于乡村社会组织发展的内在动力，即当地实际生活的需要、乡里关系的特点和乡民的主观意愿，展现了我国自古有之的相保相受、相及相共的乡里风貌。[③]《清末社仓经首选任与乡村社会——以四川新津县社济仓为例》一文指出，清末，新津县社仓的经营模式发生了根本性转变，社仓经首的职责与选任也随之转变，社仓经首大多代替地方政府行使管理仓储的职责，其自主权力减少；这一现象恰恰与以往学者的研究相反，晚清时期新津县国家控制仓储的能力加强，而地方士绅参与地方事务的兴趣却呈现出减弱的趋势。[④]

《清末民初云南农业政策述论》一文指出，清末民初，云南农业生产一度急剧衰退，清政府及民国政府的财政收入也因此受到了较大影响，清末民初的两代政府先后采取了一系列措施，在一定程度上为恢复农业生产做出了努力。[⑤]《清代中后期云南山区农业生态探析》一文指出，清代中后期，玉米、马铃薯等高产农作物在云南山区、半山区广泛种植，促进了清代云南的山区开发及民族经济的发展，但云南生态环境随之发生了重大变迁，出现了严重的水土流失，自然灾害频繁，农业生产受到极大影响。[⑥]《清代云南赋税蠲免初探》一文指出，赋税蠲免作为封建社会的通例，至清代已形成完备的体制；在水旱、地震及战争等灾害发生后，清廷一般会对地方实行赋税蠲免政策，地方上历年逋赋也适时给予蠲免；清王朝实行赋税蠲免有着复杂的社会历史原因，主要是出于政治考虑。[⑦]《普适伦理：清代云南大理石龙乡规碑文化诠

---

① 王东杰：《乡绅的建构与重构：方志所见清代四川地区移民会馆崇祀中的地域认同》，《历史研究》2008 年第 2 期。

② 姚永辉：《自治与共治：清代川东北南江山区的墓祠》，《民俗研究》2010 年第 4 期。

③ 王妍：《从“异态”到“常态”——清中期巴县团练的角色转变与乡村社会》，《天府新论》2012 年第 1 期。

④ 李德英、冯帆：《清末社仓经首选任与乡村社会——以四川新津县社济仓为例》，《四川大学学报》2014 年第 4 期。

⑤ 王文成：《清末民初云南农业政策述论》，《云南社会科学》1995 年第 6 期。

⑥ 周琼、李梅：《清代中后期云南山区农业生态探析》，《学术研究》2009 年第 10 期。

⑦ 王明东：《清代云南赋税蠲免初探》，《思想战线》2010 年第 3 期。

释》一文指出，康熙九年，将“上谕十六条”颁行天下后，全国各地切实遵行，直至清末。“上谕十六条”代表的是以儒家文化为核心的中国统一多民族国家的普适伦理，云南省大理白族自治州剑川县沙溪镇石龙乡规碑，是边疆少数民族接受中国统一多民族国家普适伦理的历史见证。①《清代云南水权的分配与管理探析》一文指出，明清以来，随着云南边疆地区开发渐次深入，水资源紧缺日益成为严重的社会问题，在这一背景下，水权制度开始确立，民众在水权的分配、让渡、管理中形成了一套富有地域特色的运作机制。水权的分配和管理，从一个侧面反映了在水资源稀缺环境下清代云南乡村社会关系的互动和协调。②《清代云南禁伐碑刻与环境史研究》一文指出，碑文中所呈现的禁伐缘由主要有三：一是风水观念，二是保护水土资源，三是管理林木资源；而刻碑立石所应对的生态及社会环境问题主要有环境问题、观念变迁、利益纠纷以及秩序管理等；禁伐碑刻的内涵是禁止盗伐，而非禁止开发，其指向是资源管理秩序，有些在主观上甚至客观上并不一定具有保护环境的取向。③

其七，东北地区。《略论晚清东北乡约》一文认为，晚清东北乡约带有新兴垦区烙印的组织形式和突出的行政管理职能，其旋兴旋废说明，放弃乡约的教化和自治传统而一味强化其行政管理职能的乡约实践是失败的。④《论清代东北地区“乡约”与社会控制》一文认为，在清代，乡约控制着东北广大乡村，但后期由于弊病丛生而罢废。⑤《略论清代东北八旗牧厂地的开放》一文指出：首先，牧厂地的开放标志着清廷首崇“满洲”的封禁政策失败；其次，牧厂地的开放加速了官荒旗产向民地的转化，改变了东北土地占有关系；最后，牧厂地的开放进一步促进了东北地区的开发，为管理众多的人民，废八旗制、建州县制，东三省将军改为总督。⑥《从阿城档案看清代对东北旗人土地权利的保护》一文指出，阿勒楚喀为清代吉林的重要地区，比较能够代表东北地区的特色；清代对东北旗人土地权利的保护，既有同关外一样的权

---

① 陈鹏辉：《普适伦理：清代云南大理石龙乡规碑文化诠释》，《西藏民族学院学报》（哲学社会科学版）2011 年第 4 期。

② 董雁伟：《清代云南水权的分配与管理探析》，《思想战线》2014 年第 5 期。

③ 周飞：《清代云南禁伐碑刻与环境史研究》，《中国农史》2015 年第 3 期。

④ 段自成：《略论晚清东北乡约》，《史学集刊》2008 年第 8 期。

⑤ 王广义：《论清代东北地区“乡约”与社会控制》，《史学集刊》2009 年第 5 期。

⑥ 刁书仁：《略论清代东北八旗牧厂地的开放》，《社会科学战线》1997 年第 4 期。

利保护情形的共性，更有其独特的地区个性；清政府对东北旗人土地所有权的保护，主要目的不在于“保有旗地”，而在于尽量阻止汉人势力进入，保持其“满洲”特色和旗民的纯粹性。①

《清代吉林地区农业开发的特点》一文指出，清代吉林地区的农业开发历时近300年，颇具特色。顺康时期设官庄旗地，由旗人、流人屯垦，是为吉林地区农业开发之先导；雍乾鑫道时期汉族流民冲破封禁开垦，显示吉林地区开发之深入；成同以后由局部开垦到全部放垦，标志着吉林地区已进入全面的开发时期。②《清代吉林围场与移民屯田》一文指出，随着清朝国势衰微和人口繁衍骤增，清廷遂将吉林围场先后开禁，移民屯田垦殖，有著名的“拉林屯田”“双城堡屯田”“伯都呐屯田”，对吉林和黑龙江地区的开发起到了积极作用。③《清代吉林地区“摊丁入地”考》一文指出，吉林地区直到光绪九年才实行“摊丁入地”改革，在全国是最晚的；吉林地区实行“摊丁入地”后，人民的赋役负担有所减轻，移民的人身束缚有所放松，对吉林地区的人口增长和经济开发起到了积极的促进作用。④

《黑龙江的旗地政策》一文指出，清朝中期黑龙江地方的旗地未甚增多，却设置了较多的官庄；进入嘉庆朝，新设公田养育兵丁、耕作公田、交纳粮谷；遇到灾年，将粮谷借与贫苦的兵丁；因此，清朝中期在黑龙江地方实施的旗地保护政策较之吉林更简单。⑤《清代黑龙江流域农耕区的形成与扩展》一文指出，清后期的大规模放垦使农耕区急剧扩展，至清末不仅包括了中西部广大的松嫩平原，而且开始向边远的三江平原及黑龙江、乌苏里江沿岸扩展，渔猎、畜牧地区大幅度减少；大量的汉族移民成为农业开发的决定因素，农耕区的形成与扩展和移民的趋向一致，进程同步。⑥《清代科尔沁农耕北界的变迁》一文指出，清代科尔沁农耕北界具有两次显著的北跃：农垦的第一次扩展是在18世纪末到20世纪初的请旨招垦时期，农耕的第二次发展是在

① 宋玲：《从阿城档案看清代对东北旗人土地权利的保护》，《贵州民族研究》2008年第6期。
② 刁书仁：《清代吉林地区农业开发的特点》，《中国农史》1992年第1期。
③ 吴强稼：《清代吉林围场与移民屯田》，《社会科学战线》1994年第6期。
④ 衣保中、孙淑萍：《清代吉林地区“摊丁入地”考》，《吉林大学社会科学学报》1995年第6期。
⑤ [日]周藤吉之：《黑龙江的旗地政策》，靳国忠译，《黑河学刊》1989年第4期。
⑥ 李令福：《清代黑龙江流域农耕区的形成与扩展》，《中国历史地理论丛》1999年第3期。

清末时期；清朝对内蒙古的政策及其变化是导致科尔沁农耕北界跃变的主要驱动因子之一，是科尔沁农牧交错区形成的重要人文条件。①

《清代辽东半岛的农业开发》一文指出，首先，招民开垦、移民出关是开发辽东半岛的有效途径；其次，奉天地方官员从发展本地经济出发，大量招徕移民，对辽东半岛的农业开发起了积极作用；最后，清代封禁政策对辽东半岛的农业开发起了严重的阻碍作用。②《清初辽宁地区官庄旗地状况初探》一文指出，清代的官庄旗地是对所有权属于八旗土地的通称，它构成了清代满族社会赖以生存的物质基础；清政府为了保护和开发这块“龙兴之地”，在这里实施了严格的土地管理制度，即以旗地为主导地位的经营方式，这对清王朝土地制度的形成和发展产生了重大影响。③《清代鸭绿江右岸荒地开垦经过》一文指出，清代鸭绿江右岸荒地的开垦是个复杂的历史过程，是众多民族共同参与的重大活动，它开发了我国辽东边疆地区的土地资源，促进了该地区的经济发展，形成了该地区的政治建制，激励了该地区各民族的团结。④

目前，学界掀起了区域社会史研究的热潮，清代乡村社会管理区域研究方面的成果也蔚为大观。总体看来，华北、华东地区研究成果较多，华东地区因为经济与科研发达、省份多，所以成果相对丰富；其他五个地区（华南、华中、西北、西南、东北）研究相差不大，而西藏、海南等偏远地区，这方面研究相对不足，这也许与高原地区、海岛地带特殊的地理条件、生产方式、族群等因素有关。

最后，清代基层官府与乡村社会管理研究。

在清代乡村社会管理研究领域，与乡村地域内民间社会自我管理研究交相辉映，学界亦加强了乡村社会外部基层官府治理的研究，拙文仅以县官⑤对乡村的宏观管理为代表，这方面主要成果如下。

《清代县级政权控制乡村的具体考察——以同治年间广宁知县杜凤治日记

① 乌兰图雅、张雪芹：《清代科尔沁农耕北界的变迁》，《地理科学》2001年第3期。

② 张杰：《清代辽东半岛的农业开发》，《社会科学辑刊》1992年第4期。

③ 常青、吴文博：《清初辽宁地区官庄旗地状况初探》，《辽宁大学学报》1998年第5期。

④ 陶勉：《清代鸭绿江右岸荒地开垦经过》，《中国边疆史地研究》1999年第1期。

⑤ 这里的“县官”一词是县级行政长官的简称，其中包括县的行政长官知县、散州的行政长官知州、散厅的行政长官同知等。

为中心》一书，主要探讨了清代乡村控制体系的龙头“县”与“知县”、清代“知县”对乡村的控制等，清代知县与“一人政府”，杜凤治日记中的“盗案”“户婚”“田土”案及其他词讼等内容。[①]《清代知县与乡村管理资料整理与研究》一书，采取乡村社会史与历史社会地理相结合的研究方法，通过对知县施政记录与县档案的挖掘与解读，探寻知县乡村管理的历史细节，还原有清一代知县乡村管理的历史原貌，走向丰富而生动的历史现场。[②]

《光绪三十年万县知县劝兴水利告示》一文指出，《万县正堂劝兴水利白话告示》为线装刻印本，由三次署授已连任八年万县知县的汪贲之，于光绪三十年（1904年），为劝说当地农民兴修水利、抗御旱灾而印发的告示，以为研究地方水利史事考。[③]《陈坤〈如不及斋丛书〉与晚清潮州社》一文指出，晚清刻本《如不及斋丛书》，由同治初年潮阳知县陈坤编著而成，是一部较少被关注的地方文献；同治年间，陈坤、冒澄、方耀等有识官员，力图通过拆社分乡、强绅办乡等措施重建乡村秩序，这一趋向给地方权势提供了更多的上升空间，也影响了清末民初基层行政的转变。[④]《清代知县剿匪面面观——以广东三知县剿匪故事为中心》一文，以清代广东三位知县的剿匪故事为中心，揭示了清代基层社会匪、绅、官的关系，为深入认识清代上层政权控制基层社会的实况、深入认识清代基层社会控制体系——上层政权控制与乡村社会自身控制的连接，做出了有益的研究和贡献。[⑤]

《衙门与城市行政管理》一文，就城市管理的视角研究了知县的施政，指出长期以来的衙门城市化标志着行政管理与农村生活的最后分离。[⑥]《从〈鹿洲公案〉看知县对乡村社会的控制》一文，分析了处在政治国家与民间社会

---

① 张研：《清代县级政权控制乡村的具体考察——以同治年间广宁知县杜凤治日记为中心》，大象出版社2011年版。

② 王亚民：《清代知县与乡村管理资料整理与研究》，吉林大学出版社2013年版。

③ 范正银、李华成：《光绪三十年万县知县劝兴水利告示》，《历史档案》1995年第3期。

④ 谢湜：《陈坤〈如不及斋丛书〉与晚清潮州社》，《中国社会历史评论》2009年第10卷。

⑤ 张研、钱蓉：《清代知县剿匪面面观——以广东三知县剿匪故事为中心》，《安徽史学》2010年第3期。

⑥ ［美］瓦特：《衙门与城市行政管理》，出自施坚雅：《中华帝国晚期的城市》，中华书局2000年版。

交汇点上的知县，在海疆乡村社会里所开展的控制实践、实际效果及其局限性。[①]《从〈令梅治状〉看清初知县对乡村社会的治理》一文，研究了内陆知县所从事的乡村治理实践、实际效果、原因所在及其局限性，认为知县群体在客观上发挥了部分社会中介的功能。[②]《清初知县乡村治理特点研究》一文认为，清初知县乡村社会的治理带有鲜明的区域性，也影响到个人的施政特点。[③]《从〈巴县档案〉看知县对乡村的管理》一文，在初步解读各种案例的基础上，探讨巴县知县对乡村的管理，以增进人们对传统县官乡村管理的了解，反思目前研究方法中的“上下结合”问题。[④]

《清代县官的社教工作》一文，扼要介绍了清代县官所从事的举办乡饮酒礼、宣讲乡约、举行祭祀、耕耤、迎春、祈雨六项社教活动，指出其意义非常重大。[⑤]《知县与地方士绅的合作与冲突》一文指出，士绅阶层掌握了宗族、里甲、书院、公局等组织，形成了虽非法定而实际存在的权力机构网络，知县必须通过这个网络才得以实现对全县的治理。[⑥]

目前，清代县官乡村社会管理研究仍然薄弱，学界主要从政治史的角度研究县官，较少延伸到这一专门领域，即使是西方汉学家。这方面有学者指出，“马伯良、黄仁宇、史景迁与小韦尔斯和瓦特的论著在逻辑上和题材上有其一致性，均属从政治史角度研究县政府与地方组织的关系”[⑦]。

（二）乡村社会管理思想研究

目前的清代乡村社会管理研究领域，如果说综合与专门研究用力不均、区域研究百花齐放、县官乡村社会方向研究渐露端倪，那么，相对上述乡村管理实践研究，学界对清代乡村管理思想的研究则凸显薄弱，尤其是晚清以前，这方面的代表性成果如下。

---

① 王日根、王亚民：《从〈鹿洲公案〉看知县对乡村社会的控制》，《华中师范大学学报》2006年第4期。

② 王日根、王亚民：《从〈令梅治状〉看清初知县对乡村社会的治理》，《华中师范大学学报》2008年第1期。

③ 王亚民：《清初知县乡村治理特点研究》，《东岳论丛》2010年第6期。

④ 王亚民：《从〈巴县档案〉看知县对乡村的管理》，《历史档案》2014年第2期。

⑤ 徐炳宪：《清代县官的社教工作》，《中国地方自治》第28卷第9期。

⑥ 邱捷：《知县与地方士绅的合作与冲突》，《近代史研究》2006年第1期。

⑦ 胡志宏：《西方中国古代史研究导论》，大象出版社2002年版，第164页。

清朝前期，《〈农言著实〉的农户经营管理思想》一文指出，《农言著实》是清代一部很有价值的农书，该书对杆子钐麦得失的分析，对锄谷的工本与增收的计算比较，表现了中国传统农业在微观管理方面所达到的水平；该书提出的农时管理、土地管理、农业生产过程管理、精打细算和多种经营等思想，是中国传统农业管理思想的精华。[①]《幕友蓝鼎元的乡治思想述论》一文认为，作为清初道南学派经世思想的应用与拓展，幕友蓝鼎元的乡村管理思想基本上形成了一个简约、实用的体系，在一定程度上总结、发展了我国传统的乡治思想。[②]《高其倬治滇农业思想初探》一文认为，在自然经济时代，农业作为"本业"历受统治阶级的青睐，从而产生了不同时期和地区的农业思想，清代云贵总督高其倬治滇农业思想尤其具有代表性，这不仅是整个封建社会重农意识在他身上的体现，也是云南农业生产极端落后且亟须发展的状况在其思想中的体现。[③]《清代农业减灾救荒思想研究》一文认为，清代农业减灾救荒思想继承了各历史时期的灾荒理念，体现在技术层面的减灾思想和社会层面的救荒思想的有机结合，成为这一时期指导农业减灾救荒工作的理论原则。[④]

清朝晚期，专著方面：《从治民到民治——清末地方自治思潮的萌生与变迁》一书认为，在新的思想资源与概念工具的支持下，自治论者除少数还停留在以往"乡治"的憧憬之中，其主流已经转移到一种由民众参与的民治制度的呼吁和阐释上，其核心议题由君主、国家、政府、官吏转移到民众。《华北村治——晚清与民国时期的国家与乡村》一书认为，清末民初的乡村"地方自治"，"不仅导致新式村政权和新式学堂的普遍设立，而且带来村民尤其是村社精英公共言谈上的新变化。总的趋势是，全国性的、官方的话语和价值标准，在逐步取代地方性的话语和价值观，并成为维系权力合法性和辩护行为正当性的新武器"。[⑤]

论文方面：《乡治思想的近代化变迁》一文认为，中国近代社会的震荡与

---

① 刘昊：《〈农言著实〉的农户经营管理思想》，《西北农业大学学报》1995 年第 1 期。

② 王亚民：《幕友蓝鼎元的乡治思想述论》，《齐鲁学刊》2009 年第 4 期。

③ 周琼：《高其倬治滇农业思想初探》，《思想战线》2001 年第 5 期。

④ 冯利兵、卜风贤：《清代农业减灾救荒思想研究》，《农业考古》2008 年第 1 期。

⑤ 李怀印：《华北村治——晚清和民国时期的国家与乡村》，中华书局 2008 年版。

脱节，使得乡村传统的族治难以为继，乡治的近代化转轨成为必然。清中央政府及地方官绅对团练、乡官、警察、地方自治制度的阐发和提倡，既反映了近代乡治思想的基本走向，也有力地推动了中国政治近代化的进程。①《试论晚清传统士大夫的乡村社会管理理念》一文，从养民在官、息争讼与节刑律、讲礼教三个方面，对刘锡鸿的乡村管理理念进行了分析。作者认为，这些主张反映了当时大多数传统士大夫的乡村管理理念，代表了他们希望从整顿乡村社会入手，进而振兴国家的思想。② 《作为地方自治基本单位的“乡”——论康有为〈公民自治篇〉中的政体设计》一文认为，康有为主张以中国的乡村自治习惯为基础，由中央推行立宪议会制，借助地方士绅的力量，以乡的共同体情感为基础，铸造既有竞争力又有民德的现代国家。③《从〈问俗录〉看陈胜韶的乡村管理思想》一文指出，作为清代中晚期经世思想的应用与拓展，陈盛韶的乡村管理思想不仅富有时空特征，而且不失为近代前期先进的中国人思考乡村管理的一个缩影，对于现代农村管理不乏启示。④

《中国近代农业管理思想的演变》一文认为，第一次鸦片战争以后，中国进入了近代历史阶段，由于西方社会思想的传入和中国农业经济的现实变化，使农业管理思想发生了某些实质性的演变。⑤《清末农业思想的近代转型：以农业发展为中心》一文指出，清末思想家在探索农业的近代转型中形成了系列农业发展思想，包括农业经营论、农业管理体制论、农业劳动力转移论、科技兴农论等，不仅丰富了中国的农业经济思想，而且在一定程度上推动了近代中国农业的发展。⑥《晚清科技兴农思想探析》一文分析了晚清科教兴农思想产生的社会历史条件，从国家职能、农业机械化、农学制度和农会制度四个方面阐述了晚清科教兴农思想的内容，对晚清科教兴农思想进行了综合评价。⑦

---

① 常书红：《乡治思想的近代化变迁》，《浙江社会科学》2001年第6期。

② 张宇权：《试论晚清传统士大夫的乡村社会管理理念》，《广东社会科学》2004年第4期。

③ 刘雪婷：《作为地方自治基本单位的“乡”——论康有为〈公民自治篇〉中的政体设计》，出自黄宗智：《中国乡村研究》第8辑，福建教育出版社2010年版。

④ 王亚民：《从〈问俗录〉看陈胜韶的乡村管理思想》，《社会科学战线》2012年第12期。

⑤ 钟祥财：《中国近代农业管理思想的演变》，《中国农史》1986年第3期。

⑥ 张霞：《清末农业思想的近代转型：以农业发展为中心》，《江汉论坛》2008年第9期。

⑦ 毕艳峰：《晚清科技兴农思想探析》，《湖南农业大学学报》2008年第3期。

《包世臣多种经营农业技术思想》一文，在考察他的农业技术思想框架和相应的广义农业观念的前提下，对其多种经营技术思想的传统渊源、现实基础进行探讨，重点论述这一思想的具体表现，进而讨论其因地制宜的多种经营规划思想，以及珍惜民力以实现多种经营的农政思想。① 《试析清末陶煦〈租核〉中的减租思想》一文指出，清末陶煦所著的《租核》一书，阐述了农民贫困的原因，揭示了农民处境艰难的状况，提出了一些减轻农民负担的建议，论述了农民收入增长对工商业重要的促进作用，他的思想对当今我国农村税费制度改革有一定的借鉴作用。② 《孙中山的三农思想评述》一文认为，孙中山发展农业、解放农民、重振农村的思想，既有对以往经济学家思想的继承与发展，也为其后经济学家农业思想的形成提供了借鉴。③ 《陈星聚的农本思想》一文指出，陈星聚的农本思想主要体现为以广大农民利益为本，以德治民、爱民和保土为国方面，具体体现为解决农民生活问题、村风问题和反抗外国侵略。④

总之，与上述三个方面的乡治实践研究相比，清代乡村社会管理思想研究相对薄弱，这固然与研究材料的匮乏与零碎有关，同时也与中国快速走向现代化而对传统乡村管理思想重视不够有关。尤其是后者，在学界对其较为冷漠的情况下，没有大量人力与财力的投入，这方面的研究很难有较大的突破。尽管如此，但是另外，我国传统乡村管理思想历史悠久且内容丰富，是实现现代乡村善治所汲取的宝贵思想资源，批判地继承我国传统乡村管理思想，既是一个需要解决的历史问题，也是一个需要解决的现实问题；不仅如此，而且随着历史人类学、新社会史、新清史等新研究方法的相继出现，随着新资料、问题意识、现代研究工具的涌现，尤其是社会主义新农村建设以及撰写大清史工程的需要，我们相信，清代乡村管理思想研究将会取得较大进展。

三 研究内容、重点与难点

清末乡村管理思想历史演变是一个十分复杂的学术问题，鉴于学力与时

---

① 周邦君：《包世臣多种经营农业技术思想》，《中国农史》2000 年第 1 期。

② 陈韶华：《试析清末陶煦〈租核〉中的减租思想》，《中南民族大学学报》（人文社会科学版）2004 年第 3 期。

③ 罗国辉：《孙中山的三农思想评述》，《华中科技大学学报》2009 年第 1 期。

④ 赵黎君：《陈星聚的农本思想》，《农业考古》2012 年第 4 期。

间有限，笔者仅仅依据收集到的资料略做梳理性研究。

第一部分，首先简述我国传统乡村管理思想的发展脉络、基本内容及其历史特点，之后，通过对代表性历史人物乡治思想的实证研究，约略展示了清代中期乡村管理思想的总结与发展。第二部分，首先探讨其历史演变的背景，包括发端与动力、乡村自治文化培育两部分内容；之后，在解读各类资料的基础上，粗略描述历史演变过程中的争论与趋同；最后，阐释其历史演变的阶段与内涵、特征与原因。第三部分在实践层面，从宏观与个案两个角度，简略探讨其历史演变的地理空间差异，揭示出其区域性与不平衡性。第四部分试图探讨乡村管理思想近代演变之后的国家与乡村关系，进一步完善“统域”与“自域”的理论假设。结论与启示部分，首先指出，清末乡村管理思想历史演变的心路，即是从文化自觉到民族认同，而传统自然型乡里自治、近代过渡型乡镇自治、当代选举型村民自治，三种自治形态之间形成了某种规律性的历史联系，不失为其历史演变的一种理路，进而揭示其蕴含的历史启示，尝试性地提出有关当今村民自治的“三层治理机制”的理论假设。

拙著研究重点为第二部分，亦即其历史演变的进程，尤其是近代演变的四个基本问题：动力、阶段、内涵与特征。拙著研究的难点，其一，传统乡村社会管理思想资源与现代新农村管理实践的有机对接问题，亦即国家与乡村视野下“统域”与“自域”的历史传统与现代村民自治建设的承接与调适问题；其二，清末我国乡村管理思想历史演变的心路与理路问题，此即课题研究的理论升华之一。

四 方法与思路、史料与概念

从管理思想史研究出发，结合乡村社会史与文化史研究，拙著就清末乡村管理思想的历史演变问题试做探讨。研究思路具体如下：首先，笔者对清代中期传统乡村管理思想的总结与发展进行简略探讨，这是课题研究的前提；之后，笔者逐层分析其历史演变的背景、争论与趋同、阶段与内涵、特征及其原因，力图还原其历史全貌，这是课题研究的重心所在；其次，笔者对清末乡镇思想的实践、清末乡村管理思想历史演变后的国家与乡村关系进行深入分析，努力实现实践层面与理论层面的双向延伸；最后，笔者力图揭示其历史演变的心路与理路，尝试性提出一些政策性建议，这既是课题研究的理论提升，又是现实价值的挖掘。上述内容可谓相互依托而层层推进，从而实现对课题的整体性研究与纵向性考察，以及从实证性研究到理论性提升。

为保证研究的顺利进行，拙著所采用的资料主要包括档案、公报、报纸、施政记录、文集、县志等历史文献，这无疑有利于我们从不同角度，解读这一历史时期我国乡村管理思想的近代演变。

尚需指出的是，课题研究中有三个概念需要作出界定。

首先，鉴于研究的需要，“清末”一词所指代的历史时段，包括光绪与宣统两朝（1875—1911），总共三十七年的短暂历史，这与人们通常所说的“清末”在时段上有所不同。

其次，拙著使用的“乡村”一词是一个广义的概念。就地理区域而言，它包括清末新政之前县、散厅，以及散州城邑以下的村落、市镇。这是因为，一方面，尽管设有巡检、司署等次县级乡村管理机构，然而，清末国家对乡村的管理主要是通过县级行政机构的设置与运作来实现的，其治所被看作乡村社会最高的掌控中心，其长官被称作百姓的“父母官”；另一方面，清末新政之后，尽管乡镇成为新时期最基层的行政实体，但是由于现代城镇化较低，拙著仍将其视作乡村社会的管控中心而纳入乡村的地理范畴。就内涵而言，拙著使用的“乡村”一词，包括农村、牧村、渔村、林村等。

最后，“乡村管理”一词的界定。乡村管理是指村落社会内外的权威人物，通过解决乡村面临的诸多问题，实现乡村稳定与发展的动态过程；作为影响乡村社会的外部因素，基层官府的努力亦是乡村管理的一部分；乡村管理既是乡村研究中相对独立的一个子领域，又属于立体、多层次的综合性管理。目前，尽管学界对“乡村治理”一词的使用十分普遍，但也不乏“乡村管理”一词的应用，拙著研究中使用的“乡村管理”一词与“乡村治理”一词，在内涵上基本相同，不再做专门区别。

五　贡献之处与不足

拙著拟在以下两个方面有所贡献。

第一，晚清社会思想史研究范式的完善与努力。

晚清乡村管理思想研究有着多种路径，学界相继出现了几种较为成熟的研究范式：其一，法律思想史研究方面，以《从治民到民治——清末地方自治思潮的萌生与变迁》一书为代表；其二，经济思想史研究方面，以《清末农业思想的近代转型：以农业发展为中心》《试析清末陶煦〈租核〉中的减租思想》两篇论文为代表；其三，社会思想史研究方面，以《乡治思想的近代化变迁》《试论晚清传统士大夫的乡村社会管理理念》两篇论文为代表。尽管如此，然而目前的晚清思想史领域，有关清末乡村管理思想整体性研究与通贯性考察仍然较为薄弱。为此，拙著拟对“清末乡村社会管理思想的历史演变”进行专门而系统的探讨，这无疑对充实与完善晚清社会思想史研究有所助益，对晚清乡村管理思想历史演变研究有所贡献。

第二，理论观点本土化的努力。

目前的中国史学界，尽管不乏历史的诠释能力，也不乏“鉴于往事、有资于治道”的史学研究功能，但是相对于国外而言，我国乡村史学研究中的理论建构与创新凸显薄弱。为此，本着“中国历史上政治国家与乡村社会关系”的问题意识，在实证分析与前人思考的基础上，课题试图进一步完善“统域”与“自域”的理论假设，力图解答中国历史上政治国家与乡村社会关系的问题，这既是课题研究的理论性提升，又是笔者重要的学术观点之一。

拙著研究的主要不足之处在于以下方面。

其一，尽管本着综合分析、突出问题、厘清线索的原则开展研究，但由于选题大而难以深入。“清末乡村管理思想的历史演变”是一个十分宏大而又极其复杂的问题，笔者仅仅立足收集到的原始材料进行了初步思考，多处需要进一步论证、修改与补充。在条件成熟的情况下，最好选择一个代表性地区，在特定的历史时空中去研究，则更能说明问题。

其二，尽管在前期研究与实证分析的基础上，笔者试图提出中国历史上国家与乡村关系的理论假设，但是这一理论观点尚待进一步验证与发展，理论本土化的努力任重道远。

第一章　清代中期传统乡村管理思想的总结与发展

清代中期，我国传统乡村管理思想开始进入总结与发展的历史阶段，这不失为课题研究的前提所在。

第一节　传统乡村社会管理思想述略

在我国两千多年封建农耕文明的历史长河中，乡村始终是整个社会管理的主体与国家关注的重心，相应地，传统乡村管理思想不仅历史悠久、博大精深，而且富有自身特点与发展历程。

一　传统乡村管理思想历史演进的轨迹

伴随着早期封建国家的建立、郡县制在全国的推行，县城以下广大而分散的乡村社会管理问题日益突出，乡村管理思想随之产生，之后经历了一个长期演变的历史过程。

（一）传统乡村管理思想的出现与奠基

春秋战国时期，随着各国中央集权的渐趋加强，县制的确立与推广，国家对乡村社会控制的呼声越来越高。为此，各个学派从不同的角度阐述了其思想主张。

春秋时期，为加强包括乡村（野）在内的整个社会的管理，管子主张推行“什伍连坐制”的管理体制，“十家为什，五家为伍，什伍皆有长焉。凡出入不时，衣服不中，圈属群徒不顺于常者，闾有司见之，复无时。在长家子弟、臣妾、属役、宾客，则里尉以谯于游宗，游宗以谯于什伍，什伍以谯于长家，谯敬而勿复。一再则宥，三则不赦。凡过党，其在家属，及于长家；其在长家，及于什伍之长；其在什伍之长，及于游宗”[①]。如此之下，包括乡村在内的整个社会基层管理走向规范，国君对社会的控制加强，这为齐国强大打下了坚实的社会基础。战国时期，有别于管子的管理体制思想，墨子从“尚同”出发，强调人们思想认识上的高度统一。这位哲人指出，“是故里长者，里之仁人也。里长发政之百姓，言曰：‘闻善而不善，必以告其乡长。乡长之所是，必皆是之，乡长之所非，必皆非之。去若不善言，学乡长之善言；去若不善行，学乡长之善行，则乡何说以乱哉。’察乡之所治者何也？乡长唯能壹同乡之义，是以乡治也”[②]。由此看来，墨子主张乡村社会划分为乡、里两级，分别以里长、乡长为表率，实现乡村的善治。毋庸讳言，这是我国历史上较早提出的“乡治”思想，带有“贤人政治”的色彩。在百家争鸣的情形下，农家则充分论述了重农对社会治理与国家利益的重要意义，强调了重农对于乡村控制的重要作用，农家认为，“古先圣王之所以导其民者，先务于农。民农非徒为地利也，贵其志也。民农则朴，朴则易用，易用则边境安，主位尊。民农则重，重则少私义，少私义则公法立，力专一。民农则其产复，其产复则重徙，重徙则死处而无二虑。舍本而事末则不令，不令则不可以守，不可以战。民舍本而事末则产约，其产约则轻迁徙，轻迁徙则国家有患，皆有远志，无有居心。民舍本而事末则好智，好智则多诈，多诈则巧法令，以是为非，以非为是”[③]。如此之下，整个社会将会走向失范，必然天下大乱。

由此看来，从完善乡治组织到统一乡民思想，从重视农业生产到控制乡

---

① 戴望：《管子校正》卷一“经言四·立政第四”，出自国学整理社：《诸子集成》，中华书局1954年版，第10页。

② 李小龙（译注）：《墨子》，《尚同上》，中华书局2007年版，第59页。

③ 张双棣等：《吕氏春秋译注》，《士容论第六》，《上农》，北京大学出版社2011年版，第777页。

村社会，春秋战国时期的乡治思想，已经初步具备了我国传统乡村管理思想的雏形。

汉代以降，中国传统社会出现了文景之治、光武中兴、贞观之治、开元盛世的治世景象。这一历史时期，统治者在乡村大力推行重农政策、推广先进农耕技术、大规模整修水利、改革田制与税制、加强乡里基层组织建设、打击地方豪强、加强农民思想控制、重视乡村教育等，这一系列灵活变通的惠政，不仅有力地保证了政治国家对广大乡村社会的控制，而且成为乡村社会良性发展乃至治世出现的基石。相应地，盛世时代倡导或默认的教养兼施、无为而治、重农抑商、轻徭薄赋、乡里自治、孝治等乡治思想长期为后人效法。换言之，汉唐时期不仅出现了我国历史上少有的几个盛世时代，而且奠定了我国传统乡村管理思想的基础。

有学者认为，西汉王朝在中国历史上持续了二百一十年之久，出现过史称“文景之治”“武帝极盛”“昭宣中兴”的盛世时期，其原因主要是历代帝王农本思想的推行。另有学者指出，唐代的均田制除了具有历代均田令中共有的田制思想外，还包含以往历代均田令中不曾有的具有唐代特点的田制思想。第一，否定奴隶制生产方式的思想；第二，发展租佃关系的思想；第三，封建家长制思想在土地关系上的确立；第四，土地私有制思想进一步加强；第五，进一步提高工商业地位的思想。唐代均田思想的上述特点，表明均田思想到唐代已达到了它最成熟的形态。① 此外，也有学者指出，“乡官制尤以秦汉时期的乡亭制为典型，商鞅以来的乡亭制的建立是管子法家政治思想的延续，它是对民间社会秩序更具冲击力的改造”②。由此看来，学界对汉唐时期我国乡村社会的管理评价颇高。

（二）传统乡村管理思想的深入发展

宋明时代，由于传统社会开始转型，以及北虏、南夷两个外来力量的强大压力，乡村社会不仅动荡不安，而且出现了一些前所未有的问题。例如，宋代过度的土地兼并而引发的乡村民变，元代落后的民族分化政策所导致的

① 唐任伍：《论唐代的均田思想及均田制的瓦解》，《史学月刊》1995年第2期。

② 谷更有：《乡治方式的传统与变迁——“唐宋乡村控制与社会转型”系列研究之一》，《郑州大学学报》（哲学社会科学版）2007年第1期。

社会对立，明代不同于前朝的海禁政策而导致的官民对抗，这一历史时期重农抑商政策与商品性农业日趋发展的矛盾，这一切引起了世人的密切关注与深入思考，于是从多个角度加强乡村管理的思想陆续出现，朱熹、王阳明即是其中的代表。

有学者指出，“朱熹的乡村管理思想是中国古代自秦汉以来乡村管理问题的历史延续。在朱熹乡村管理思想中，既提倡孝敬、乡情、信睦、良善、仁厚等儒家的传统道德规范，又提倡具有强制约束力的法律规章制度，还提倡经济上的发展与救助。其乡村管理理念的实质是为中央集权服务，帮助维护封建统治的基层社会基础，但不可否认的是，在长期社会实践中，对实现社会稳定、加强邻里团结、消弭和化解乡村矛盾、改进乡村治安等方面起到了不可忽视的作用”①。同样，另有学者指出，“王阳明的乡村管理思想及实践体系是中国古代自秦汉以来乡村管理问题的历史延续，他把乡里体制、保甲制度同乡规民约结合起来，构建了一个集政治、军事、教育诸功能于一体的乡村社区共同体，形成了一套较前人更完备的农村基层控制体系。从思想倾向来看，王阳明的乡村管理思想是儒家道德理想主义同民本思想和王权专制主义相结合的复杂混合体；从实践特性来看，王阳明的乡村管理措施具有宽猛相济、恩威并用的特点，地方官僚在乡村管理中具有主导地位，广大农民则是被控制的对象；从阶级立场来看，王阳明作为官僚地主阶级的思想家和政治家，他关于乡村管理问题的思想与实践旨在维护岌岌可危的明朝专制统治”②。由此看来，我国封建社会中期，伴随着社会发展而出现了日益复杂的乡村问题，乡村管理思想也相应日趋缜密而完善。

晚清以降，随着近代乡村社会的巨大变迁，传统乡村社会管理思想日益发生诸多变异而走向历史的终结。清末，近代乡镇自治思想上升为主流并取而代之。

二 传统乡村管理思想的基本内涵与特点

我国传统乡村管理思想来源于政治国家、地方官员、在野士大夫等不同

① 周茶仙：《朱熹乡村管理思想述论》，《安徽史学》2007 年第 2 期。

② 王金洪、郭正林：《王阳明的乡村管理思想及实践体系探析》，《华南师范大学学报》1999 年第 4 期。

社会阶层，经历了数千年的实践与演变，可谓历史悠久，内容丰富，特点鲜明。

（一）传统乡村管理思想的基本内涵

我国传统乡村管理思想博大精深，简言之，其基本内涵主要包括以下几个方面。

第一，思想原则。

在庞杂的乡村管理思想中，“教养兼施、先教后刑”的“牧民”思想成为历代乡村管理者的共识，客观上成为其总体原则。“教”是指教育、化导、化民成俗，“养”是指休养生息、兴利除弊、消除各类害民势力，“刑”是指刑罚、暴力弹压。在教、养、刑三者的关系上，前人认为，“及民之政，分之有万端，约之只二事，曰：教与养而已。而养又为教之本。此老生常谈，实经世实训也”①，不仅如此，而且“为政先教化而后刑责，民得以安居”②。在教与养的关系上，尽管“养为教之本”，但是在乡村管理的实践中，“教化”亦然显得十分重要，例如我们的先人曾强调指出，“千古治化，全在风俗”③。

尽管“教养兼施、先教后刑”成为传统乡村管理思想的总原则，但是孝治也不失为另一原则。这方面有学者指出，“汉朝以来的以孝治天下，宋朝以来的‘敬天法祖、勤政爱民’的统治方法，在清朝发扬光大，使得这些儒家经典中已经有的政治观念，成功转变为政治实践，使清朝成为传统政治文化的集大成者”④。史载“（清朝）以孝治天下，颁圣谕广训、十六条”⑤，康熙皇帝认为，“孝者，治天下之本”，他在千叟宴上语重心长地说：“尔等老民比回乡井之间，各晓谕邻里，务先孝悌为重，此城移风易俗之本，礼乐辞让之根，非浅鲜也。”⑥ 道光皇帝指出：“吾朝以孝治天下，凡属丁忧人员，非有

---

① 徐栋、丁日昌：《牧令书辑要》卷三《农桑》，出自《续修四库全书》，史部、职官类，755册，上海古籍出版社2002年版，第442页。

② 陈襄、胡太初、王阳明：《州县提纲·昼簾诸论·阳明先生保甲法》，《奉职循理》，中华书局1985年版，第2页。

③ 蓝鼎元：《鹿州全集·鹿洲初集·风俗小序》，厦门大学出版社1995年版，第119页。

④ 常建华：《清代国家与社会研究·序》，人民出版社2006年版，第3页。

⑤ 光绪《大清会典事例》卷三九七《礼部·风教》，《讲约一》。

⑥ 《清圣祖圣训》卷八《圣治》，康熙五十二年三月壬寅。

重大事务，从不夺情起用。崇孝治，而维风化。”[①] 不仅如此，而且前人指出：“孝为百行之原，推其极可以格天地、洽神明，驯致乎笃恭而天下平之盛。以尧舜之道，不过孝悌而已。”[②]

第二，官治与民治。

综观古代乡村社会的管理，我们觉得，传统官民善治包括以下三个有机组成部分。其一，必诚必信、与民休息。我们的先贤认为，“立法之初必诚必信，凡文告号令必实在可行者方出之，无朝三而暮四，言必践、禁必伸，万万不可移易。民知在上之不可犯，而教易从”[③]。在管理乡民的过程中，官府高度注意“与民休息”。这是因为，“民气本靖也，使为地方官者以地方为己任。悉心抚守，与民休息”[④]。其二，官民相亲、以民治民。清人陈盛韶认为，“官民相亲其事易举，深居高卧，事事委诸书差，未有不作隔壁听者”[⑤]，这位先人进一步指出，“以官治民难，以民治民易。联甲法行民自清理，固易易也”[⑥]。其三，官、民分治。在乡治实践的过程中，知县叶春及深知，“盖耆老里甲于乡里人，周知其平日是非善意，长吏自远方来至，一旦座政事堂，似评往史，安能悉中”[⑦]。此种情况下，这位知县提出了官、民分治的乡村管理思想。他指出，“奸盗、诈伪、人命重事，方许赴官陈告。户婚田土、一切小事，务由里甲老人理断。官吏不即杖断，稽留作弊，诈取财物，□以重罪。里甲老人不能决断，致令赴官紊烦者，亦杖六十。循情作弊、颠倒是非，依出入人罪律论。已经老人里甲处置停当，顽民不服辗转告官，捏词诬陷，正身处以极刑，家迁化外。是以知县钦遵圣制，一切小事付诸耆老”[⑧]。

在乡村管理的实践中，官、民分治具有十分重要的现实意义。一方面，各类民间权威人物的地位为官方承认，其主动性得以发挥，诸多乡村社会内

---

① 《清宣宗圣训》卷七八《厚风俗》，道光七年。

② 蓝鼎元：《鹿州全集·鹿洲初集·孝义小序》，厦门大学出版社 1995 年版，第 118 页。

③ 蓝鼎元：《鹿州全集·鹿洲初集·与吴观察论治台湾事宜书》，厦门大学出版社 1995 年版，第 47 页。

④ 汪辉祖：《学治臆说·靖》，中华书局 1985 年版，第 19 页。

⑤ 邓传安、陈盛韶：《蠡测汇钞·问俗录》，书目文献出版社 1983 年版，第 93 页。

⑥ 同上书，第 138 页。

⑦ 叶春及：《惠安政书九·乡约篇》，福建人民出版社 1987 年版，第 329 页。

⑧ 同上书，第 329—330 页。

部的争斗得以自我解决；另一方面，官府可以集中力量控制整个乡村局势，顺利完成各项考成之责，乃至达到乡村善治的最高境界。

第三，政、德与情、法。

在继承儒家传统思想的基础上，宋人朱熹很好地解答了政、刑、德、礼在乡村管理中作用的问题。他总结性地指出，“愚谓政者为治之具。刑者辅治之法。德礼则所以出治之本，而德又礼之本也。此其相为终始，虽不可以偏废，然政刑能使民远罪而已，德礼之效则有以使民日迁善而不自知。治民者不可徒恃其末，又当深探其本也”①。

情与法是乡村管理实践中不可回避的一个难题，在二者的关系上，我们的先人指出，“海外反侧地，非树威不足弹压。奸徒无所畏惮将何以为定乱之资，讵可以仁慈之治治之。吾于就抚者加之恩，力擒者弃诸市，情法分明任其自择，庶可净尽根诛耳。某非立意嗜杀，无仁人好生之心。正惟好生不得不以杀止杀。乱贼不杀害及善良，刑法将安所用？而乱贼尚不可杀，则又何贼不可为？将刑法亦不胜其用”②！这就提出了情法分明、以杀止杀的乡村治安管理思想，可谓简明而合理。

第四，动、静与宽、严。

在乡村管理实践的基础上，清人蓝鼎元指出，“治安之政宜严不宜宽，将安将治之民宜静而不宜动”③，毋庸讳言，这一治安管理思想为乡村社会稳定提供了理论上的保证。不仅如此，而且在总结前人的基础上，清朝名吏汪辉祖进一步指出，“宽以待百姓，严以驭吏役，治体之大凡也”④。我们觉得，如果说政、德与情、法是乡村管理中的两类基本手段，那么，动、静与宽、严则是需要灵活操作的两种基本技巧。

第五，重农与变通。

与上述管理思想交相辉映，重农与变通亦成为我国传统乡村管理思想的

① 朱杰人：《朱子全书》第七册，上海古籍出版社2002年版，第67页。

② 蓝鼎元：《鹿州全集·东征集卷三·与台湾道府论杀贼书》，厦门大学出版社1995年版，第549—550页。

③ 蓝鼎元：《鹿州全集·东征集卷三·复制军台湾经理书》，厦门大学出版社1995年版，第551页。

④ 汪辉祖：《学治臆说》，《驭吏役在刑赏必行》，中华书局1985年版，第29页。

重要内涵。

早在春秋时期，《吕氏春秋》“尚农”篇即论述了重农思想（上文已述）。在长期乡村管理实践的基础上，清人陈盛韶指出，“宰邑者所宜贵农重粟，预谋积贮”[①]。有学者认为，传统重农思想主要表现在以下四个方面：重农、劝农和奖农，轻徭薄赋，抑商政策，整顿农吏。[②] 在台湾地区出任幕友期间，蓝鼎元提出了变通的乡治思想，“凡事有经有权，似当随时变通”[③]。县官陈盛韶则认为，“为政之道，不可拘于成法也”[④]，他指出，“而执此治诏安之民，令必不行，惟仿义男女婿酌分之律变而通之，更为严禁溺女，董行育婴，劝抚苗媳，怨夫旷女久而渐少，俗亦将变焉”[⑤]。

（二）传统乡村管理思想的基本特点

作为一种应用性思想，我国传统乡村管理思想具有以下几个不同于其他思想体系的特点。

第一，我国传统乡村管理思想理论性弱而实用性强，带有简约、综合的历史特征。

一方面，尽管在理论表达上并没有出现一个核心的命题或概念，然而从思想原则到官治与民治，从政德与情法到宽严与动静，从重农到变通，上述内容无疑构成了一个简约而完整的思想体系；另一方面，在我国传统乡村管理思想中，无论儒家的德治、礼治，法家的法治，道家的无为而治，农家的重农，还是传统的民本、乡里自治等思想，均由于在乡村社会的“实用”而杂糅其中，这正如前文指出的那样，“愚谓政者为治之具。刑者辅治之法。德礼则所以出治之本，而德又礼之本也”。

第二，尽管我国传统乡村管理思想显得十分繁杂，然而总体看来乃属于一种“牧民”的思想体系。[⑥]

在这一思想体系里，作为牧民之令的县级行政长官（前期主要称为县令、

① 邓传安、陈盛韶：《蠡测汇钞·问俗录》，书目文献出版社 1983 年版，第 68 页。
② 张健：《帝王农本思想对西汉盛世形成的影响》，《北京理工大学学报》2007 年第 6 期。
③ 蓝鼎元：《鹿州全集·东征集·请权行团练书》，厦门大学出版社 1995 年版，第 573 页。
④ 邓传安、陈盛韶：《蠡测汇钞·问俗录》，书目文献出版社 1983 年版，第 90 页。
⑤ 同上书，第 87 页。
⑥ 王亚民：《我国传统乡村管理思想及其现代启示》，《湖北行政学院学报》2009 年第 5 期。

后期主要称为知县），与其委任与默认的民间权势人物成为乡村管理的中心与主体，是古代乡村社会的主要管理者、参与者。正因如此，“是以知县钦遵圣制，一切小事付诸耆老”，而对应方的“乡民”则处于被动受管制的境地。对此，我们的先人颇有感触地说：“民可使由，不可使知，然哉！”①

这里尚需指出的是，在这一思想体系中，“官治”并不排斥“民治”，而是相反相成。简言之，我国传统的官民善治包括官民互信、官民相安、以民治民、官民分治四个基本组成部分。其中，官民互信是前提，官民相安是原则，以民治民是关键，官民分治是根本。

第二节　陈盛韶对传统乡村管理思想的总结与发展

陈盛韶（1775—1861 年），湖南安福人，字晓亭，号澧西，道光三年（1823 年）进士。《问俗录》是他出任闽西北、闽东南与闽属台湾六县、厅县级行政长官时的施政记录，也是一种珍贵的地方文献。在解读这一文献的基础上，拙著拟就“陈盛韶的乡村管理思想”略作探讨，以帮助人们了解清代中期我国传统乡村管理思想的总结与发展。

一　传统乡村管理思想的继承与总结

在长期实践经验的基础上，陈盛韶总结性地提出了一系列有关乡村社会管理的思想，这既针对所辖地区，又具有一般性意义。

为实现海疆乡村社会的长治久安，陈盛韶提出了六项治理原则，具体内容如下。

其一，循序渐进，防微杜渐。在治理诏安县二都期间，陈盛韶指出，尽管“三年内荒田垦复，争端绝少，民亦小康。必欲其毁城堡、销器械，则非

① 邓传安、陈盛韶：《蠡测汇钞·问俗录》，书目文献出版社 1983 年版，第 85 页。

一朝一夕之故也"[①]，这体现出陈盛韶"循序渐进"的乡村管理思想。不仅如此，而且他认为，"然防微杜渐不可不慎。朔望宣讲圣谕，使务民之义，久而自知其无益，可以已乎"[②]!

其二，顺而治之，因俗而治。在治理诏安县乡村社会期间，陈盛韶指出，"为政之道顺而治之则易，逆而强之则难，寄乳一法顺故也"[③]。针对台湾地区复杂的地方政情，陈盛韶指出，"以夷治夷，因其俗而抚恤则安。如必事事执例过求，反致纷纷争讼，嚣然不靖"，这体现出陈盛韶因俗而治的思想主张。[④]

其三，缓急轻重，治先图难。在乡村社会治理实践中，陈盛韶指出，"缓急轻重，为政者不可不知也"[⑤]。他进一步指出，"凡治当先图其难，孟子所谓智者无不知，当务之为急"[⑥]。

其四，久任，变通。在长期社会治理实践中，陈盛韶认识到，"然非言之难，行之维维，非苦心孤诣，慎重民瘼，久于其任者不能矣"[⑦]，"为治者又须久于其任"[⑧]。不仅如此，而且陈盛韶坚持"变通"的治理原则，他指出，"刑乱国用重典，为政之道不可拘于成法"[⑨]，他举例说，"邑设寄乳法苗媳一条，仿周官省礼多婚之政变而通之，可以济婚礼之穷"[⑩]。

其五，重农，保富。古代社会，民以食为天，"重农"成为传统社会治理的核心价值理念。陈盛韶更是如此，他指出，"宰邑者所宜贵农重粟，预谋积贮。至于临时平粜赈济，斯为下策矣"[⑪]，不仅如此，而且"凡人劳则善心生，逸则淫心生。民生在勤，勤则不匮。至穷匮无赖，乃罔顾廉耻"[⑫]。与重

---

① 陈盛韶：《问俗录》卷四《诏安县》，书目文献出版社 1983 年版，第 85 页。
② 陈盛韶：《问俗录》卷三《仙游县》，书目文献出版社 1983 年版，第 77 页。
③ 陈盛韶：《问俗录》卷四《诏安县》，书目文献出版社 1983 年版，第 83 页。
④ 陈盛韶：《问俗录》卷六《鹿港厅》，书目文献出版社 1983 年版，第 110 页。
⑤ 陈盛韶：《问俗录》卷四《诏安县》，书目文献出版社 1983 年版，第 90 页。
⑥ 同上书，第 95 页。
⑦ 陈盛韶：《问俗录》卷六《鹿港厅》，书目文献出版社 1983 年版，第 113 页。
⑧ 陈盛韶：《问俗录》卷五《邵军厅》，书目文献出版社 1983 年版，第 101 页。
⑨ 陈盛韶：《问俗录》卷四《诏安县》，书目文献出版社 1983 年版，第 90 页。
⑩ 同上书，第 83 页。
⑪ 陈盛韶：《问俗录》卷二《古田县》，书目文献出版社 1983 年版，第 68 页。
⑫ 陈盛韶：《问俗录》卷五《邵军厅》，书目文献出版社 1983 年版，第 97 页。

农密切相关的是保富思想，陈盛韶指出，“富户者，地方之元气也”①，为此，“周官恤贫保富二法不可缺一。倘闾野之间，满目萧条，廉耻亡而盗贼生矣”②。

其六，教养兼施。“治世”是传统乡村管理者追求的最高境界，陈盛韶在这方面更多地继承了传统。他指出，“古人论治不外教养两端，积贮空则失其养，文风衰则失其教”③，因此，“振兴学校而培治本”④。

社会安定影响乡村发展的大局，而教化则事关社会的长治久安，陈盛韶进一步阐述了这两方面的思想主张。

社会治安思想方面，其一，清、严、塞、澄与“本”。在反思乡村社会治安得失的基础上，陈盛韶总结性地指出，“夫治漳之难有二：曰械斗，曰盗贼。然械斗之祸甚于盗贼，京控之祸又甚于械斗。治械斗之法多端，其要不外于清。清而不能治者有矣，不清未而有治；治盗之法多端，其要不外于严。不严而不治者势也，严未有不能治者也。至于京控，惟勤厘积案以清其源，情虚反坐以塞其流，慎重委员以澄其风波，尤严究讼师以断其根株，则治矣”⑤。此外，在乡村治安过程中，陈盛韶寻求“塞源拔本”⑥，从根本上实现社会治安形势的好转。其二，服、择、制的“正人”思想。为有效驾驭乡村治安的直接管理者，陈盛韶指出，“然必地方官正本清源以服之，听言观行以择之，赏善罚恶以制之，则正人必出。官正于上，总理持正经理于下，匪类无所容身矣”⑦。其三，以人治人。在具体操作过程中，陈盛韶认为，“惟精选联首，隆以事权，俾得首送匪类，保固地方，以人治人不戢自除”⑧。

社会教化思想方面，其一，一分为二的民间教化观。在社会调查的基础上，陈盛韶认为：“梨园子弟，乐教之支流，昔人制为江湖十八曲，演忠孝节

① 陈盛韶：《问俗录》卷三《仙游县》，书目文献出版社 1983 年版，第 78 页。
② 同上书，第 76 页。
③ 陈盛韶：《问俗录》卷六《鹿港厅》，书目文献出版社 1983 年版，第 120 页。
④ 陈盛韶：《问俗录》卷二《古田县》，书目文献出版社 1983 年版，第 71 页。
⑤ 陈盛韶：《问俗录》卷四《诏安县》，书目文献出版社 1983 年版，第 89 页。
⑥ 陈盛韶：《问俗录》卷一《建阳县》，书目文献出版社 1983 年版，第 55、70 页。
⑦ 陈盛韶：《问俗录》卷六《鹿港厅》，书目文献出版社 1983 年版，第 132 页。
⑧ 陈盛韶：《问俗录》卷五《邵军厅》，书目文献出版社 1983 年版，第 103 页。

义事使民观感而兴起，未始非风教之助也。淫声夜曲，风俗之蛊，可不禁欤?”① 陈盛韶将民间梨园子弟的文化活动划分为“忠孝节义事”与“淫声夜曲”两类，肯定了其积极作用，这是那个时代绝大多数地方官员做不到的事情。换言之，清代官员由于受到所谓的正统教育，他们中的绝大多数人对民间戏曲持否定态度，缺乏具体分析。其二，“发动天良”“务民之义”的教化思想。陈盛韶指出，“果尽民之难治欤？予遇民间祭田涉讼，必告以乃祖乃宗。艰难创业为尔计蒸常，即为尔计身家之婆心，各宜发动其天良，违者必重加惩责”②，他进一步指出，“非有邪术惑人，聚众敛财，亦无漳泉籍此朋殴恶习。朔望宣讲圣谕，使务民之义，久而自知无益，可以已乎”③！上述教化思想体现出县官陈盛韶重视人性化管理的特点。其三，“读书明理”“普及教化”的传统观念。作为一位传统士人，陈盛韶指出，“夫忠孝义勇之气，必从读书明理中酝酿而出。岳武穆、关忠勇皆精于《春秋》，文武一也”④，而“直省沿海、沿边之民往往顽梗不化，动酿事端，不及中土者，非其气禀独异，皆学校不兴，教化不及，此天下大局也”⑤。上述言语体现出陈盛韶注重学校教化作用的传统观念。

值得注意的是，在丰富实践经验的基础上，陈盛韶又对官民管理伦理思想进行了初步总结。

其一，官民相安。官民相安是陈盛韶乡村治理中的一项原则，史载：“治古田数月，病历任之亏累，与一二绅耆曰思官民相安之法。”⑥ 其二，官民相亲。陈盛韶指出：“夫官民本亲也，故《大学》曰：‘在亲民。’”⑦ “要之催科抚字，官民相亲，其事易举。”⑧ 其三，官民分治。例如，在社会救济方面，陈盛韶指出，“多设义仓，选公正绅士经理，而官不扰。贱则买入，贵则粜

① 陈盛韶：《问俗录》卷三《仙游县》，书目文献出版社 1983 年版，第 76 页。

② 陈盛韶：《问俗录》卷四《诏安县》，书目文献出版社 1983 年版，第 94 页。

③ 陈盛韶：《问俗录》卷三《仙游县》，书目文献出版社 1983 年版，第 77 页。

④ 陈盛韶：《问俗录》卷五《邵军厅》，书目文献出版社 1983 年版，第 99 页。

⑤ 陈盛韶：《问俗录》卷六《鹿港厅》，书目文献出版社 1983 年版，第 130 页。

⑥ 陈盛韶：《问俗录》卷二《古田县》，书目文献出版社 1983 年版，第 74 页。

⑦ 陈盛韶：《问俗录》卷四《诏安县》，书目文献出版社 1983 年版，第 87 页。

⑧ 同上书，第 93 页。

出，乃久长之策”①。其四，民利官利。陈盛韶语指出，“苟利于民，官之利也，无易其俗”②，“惟在官留心民瘼，尽力沟洫，则因民所利而利之道也”③。我们一般认为，这四个方面的内容构成了一个简约的逻辑体系，其中，官民相安是原则，官民相亲是前提，官民分治是保证，民利官利是根本。

二　乡村管理思想的创新与近代萌芽

道光十三年（1833 年），陈盛韶调任鹿港厅，这一历史时期已经属于我国近代的前夜。陈盛韶依据地方政情大胆地创立与推行新式管理制度，这无疑体现出其乡村管理理念的创新，具体体现为以下两点。

其一，设立总理、重视族长。总理、族长之设，一方面，可以“先公后私，使知有尊祖敬宗之仁，亦知有尊君亲上之义”；另一方面，与福建地区强大的家族势力有关。陈盛韶看到，“命案凶手，盗案劫贼，冒犯死罪，身带短刀，跳入内山，不则籍漳、泉、广东同乡强族为庇护。差拿愈严，逃匿愈深，结党愈多，猖狂愈滋，自知必死，乐祸幸灾。是惟选总理，立族长，信赏必罚。复暗中会营购线，则王法行而乱根消”④。族长在清代东南沿海地区出现较多，而“总理”之设则是新举，不失为这一地区乡村治理的特色之一。再如，陈盛韶指出，“台湾厅县管辖寥廓，事务殷繁，总理之设，诚治台之要法”⑤，“官正于上，总理持正经理于下，匪类无所容身矣”⑥。

其二，推行新式联首制度。联甲法，“前孔荃溪观察仿保甲法变而通之，民受实惠”⑦，在乡村社会治理实践中，陈盛韶指出，“惟选立联首，奉行联甲，以小村联大村，以远村附近村，同心缉捕，保固乡邻，则各庄之正气盛、邪气衰。罗汉脚势难为匪，必改邪归正。为政之道，以官治民难，以民治民易。联甲法行，民自清理，固易易也。况联甲不分漳、泉，不分闽、粤，可

① 陈盛韶：《问俗录》卷五《邵军厅》，书目文献出版社 1983 年版，第 102 页。
② 陈盛韶：《问俗录》卷三《仙游县》，书目文献出版社 1983 年版，第 81 页。
③ 陈盛韶：《问俗录》卷六《鹿港厅》，书目文献出版社 1983 年版，第 122 页。
④ 同上书，第 130 页。
⑤ 同上书，第 132 页。
⑥ 同上。
⑦ 陈盛韶：《问俗录》卷五《邵军厅》，书目文献出版社 1983 年版，第 103 页。

以息分类之祸”[①]。

相对以上而言，陈盛韶带有近代萌芽的乡村管理思想主要体现在以下几个方面。

首先，“民治”思想的凸显与乡镇思想的萌芽。

在陈盛韶的官民管理伦理思想体系中，“民治”思想较为突出。在丰富实践经验的基础上，陈盛韶总结性地指出，“为政重因而不重革，听民自便”[②]，“官不为理，民未尝不自为理”[③]，“联甲法行，民自清理，固易易也”[④]。在“民治”思想中，陈盛韶主张，“选公正绅士经理，而官不扰”[⑤]，“选廉正殷户董事，不经胥吏之手”[⑥]，诸如“释旧粮仇、均田粮、定墓界，民立议约，官留甘结”[⑦]。陈盛韶之所以坚持如此，乃在于“以人治人，不戢自除”[⑧]，减轻官府乡村管理的压力，达到官民合作善治的理想境界，这固然是对传统的继承，但是陈盛韶对“民治”的强调与突出无疑在不自觉中顺应了近代“自治”的历史发展大势。

在治理诏安县期间，陈盛韶总结性地指出，“就一县论，二都治，则诏安治。欲为长久之策，必于红花岭移置县丞一员，割官坡、秀篆一带钱粮归之。可以缉捕，可以催科”[⑨]。在清代中晚期，为加强社会治理，像前代一样，县境内特殊地区设有县丞、主簿、巡检办公机构，承担专项职责，为县衙派出机构，尤其是巡检署的设置比较普遍，但是依据地方社会的实际情况，陈盛韶主张设立的“县丞”不同往常，作为县衙的派出机构，县丞的职权比较完备，既可以“缉捕”，又可以“催科”，具有经济与政治的双重功能，这无疑具有了近代乡镇政府的雏形，带有近代萌芽的性质。

其次，海洋管理思想。

---

① 陈盛韶：《问俗录》卷六《鹿港厅》，书目文献出版社 1983 年版，第 138 页。

② 陈盛韶：《问俗录》卷四《诏安县》，书目文献出版社 1983 年版，第 93 页。

③ 陈盛韶：《问俗录》卷六《鹿港厅》，书目文献出版社 1983 年版，第 106 页。

④ 同上书，第 138 页。

⑤ 陈盛韶：《问俗录》卷五《邵军厅》，书目文献出版社 1983 年版，第 102 页。

⑥ 陈盛韶：《问俗录》卷六《鹿港厅》，书目文献出版社 1983 年版，第 122 页。

⑦ 陈盛韶：《问俗录》卷四《诏安县》，书目文献出版社 1983 年版，第 85 页。

⑧ 陈盛韶：《问俗录》卷五《邵军厅》，书目文献出版社 1983 年版，第 103 页。

⑨ 陈盛韶：《问俗录》卷四《诏安县》，书目文献出版社 1983 年版，第 96 页。

近代以来，人类开始大规模地走向海洋发展，开始了认识、开发、征服海洋的新时代。陈盛韶管辖的福建各厅县乡村社会，或距海较近，或濒临大洋，或周围环海，海洋经济的良性发展已与乡村社会的繁荣密切相关。在这种时代形势下，陈盛韶对海洋较为关注，提出了一系列有关海洋管理的具体主张。

其一，海洋运务管理。为保证海运畅通，保障乡村社会的稳定发展，陈盛韶主张，“是惟三分陋规酌减一分，复由大府严禁，不许领谷处搀和壳秕，收谷处刁难风晒，商船即有宾至如归之象”[①]；另外，“船身之坚固，舵工水手之谙练，皆行保保结。行保平日既沾其利，焉避其害，一船千石，十余家行保，公同保结，万一风水不测，无难赔补也”[②]。

其二，海道、海风与海洋管理。陈盛韶指出，“海道之险有三，航海者必择船择人。禹之行水也，行其所无事。至于海上往来尤以行所无事，丝毫不庸勉强”[③]，他进一步指出，“官台湾者，不知海上风浪，其祸尤不可测。台湾之视烟瘴，三有过之无不及矣。是惟大府慎选才守兼裕、有体有用之士，授以海外重任。但使三四年中，盗匪敛迹，复无分类械斗，即论边俸奏升。则人不视台海为畏途，而无五日京兆之见，吏治民风必渐归上理”[④]。

其三，洋盗与海防。针对当地海盗问题，陈盛韶指出，“台湾广不满二百里，漫长两千余里，商船辐辏，资重不下数十百万金，宜为洋盗所窥伺。是惟洋面失事，专责水师。堪报迟延，专责地方官。沿海口岸铺户居民，官为选立联首。则水陆兼防，海洋肃清”[⑤]。

其四，海禁与海洋管理政策。在充分调研的基础上，陈盛韶就海禁政策阐明了立场，指出了其不当之处。他认为，“台民数十年前不谙鸟枪，今近山一带所在多有，宜严禁铁炉，不准铸造铳炮军器。偷渡之禁，但使棍徒、猾贼即问发遣，无业游民即拟逐水，则良民安业。至台湾米谷南运广东，北贩吴越，诚不可严禁，且不可精其禁之之法，重其禁之之刑。惟州县社仓久废，

① 陈盛韶：《问俗录》卷六《鹿港厅》，书目文献出版社 1983 年版，第 113 页。
② 同上书，第 115 页。
③ 同上书，第 118 页。
④ 同上书，第 119 页。
⑤ 同上书，第 117 页。

常平仓久虚，预备平粜，恐积贮空乏，官民两病。徒沾粘于海上贾人束缚之，驰聚之，尚非长治久安之策也”[①]。

最后，“势”与乡村社会治理。

在陈盛韶的诸多主张中，“势”的观点成为其乡村管理思想中的亮点。其一，天下事势往往然。陈盛韶指出，“讥愈严弊愈生，愈禁愈行，天下事势往往然也。夫鸦片之流祸，非一朝一夕之故也”[②]。其二，其势使然。陈盛韶认为，“台湾均籍闽、粤，入版图者百余年，久成腹地，铁器不少，限以禁令寸步难移。且两省内地亲族，非尽匪类，生计穷乏不能不过台营谋。请照缺费不能不设法偷渡，其势使然也”[③]。其三，势所难也。陈盛韶指出，“近因福建内地价昂，动酿事端，示禁商贩。浙、闽汪洋大海，风帆不定，如贾三倍，小人是识，欲其不往亦势所难也”[④]。尽管陈盛韶并未认识到近代社会发展的客观规律，但是他潜意识中感觉到这种不可抗拒的巨大力量，不自觉中以“势”的形式进行了表达，这体现出一种可贵的探求精神。

在个人因素、时代潮流与地方政情的共同影响之下，陈盛韶乡村管理思想具有鲜明的时空特征，其管理思想的创新是地方社会的内在需求，其管理思想的近代萌芽是历史发展大势的必然，二者共同构成了县官陈盛韶乡村管理思想的特色，体现出一位社会治理者务实的思维方式，可谓具体问题具体分析的古典形态。

三　陈盛韶乡村管理思想的一般意义

在现阶段，“各种试图从新的角度解释中国传统社会历史的努力，都不应该过分追求具有宏大叙事风格表面上的系统化，而是要尽量通过区域的、个案的、具体事件的研究表达出对历史整体的理解”[⑤]。县官陈盛韶的乡村管理思想仅是一个个案，但也有一定的代表性。

尽管陈盛韶的乡村管理思想不乏局限所在，但是从传统乡村管理思想的

① 陈盛韶：《问俗录》卷六《鹿港厅》，书目文献出版社1983年版，第116页。

② 陈盛韶：《问俗录》卷四《诏安县》，书目文献出版社1983年版，第88页。

③ 陈盛韶：《问俗录》卷六《鹿港厅》，书目文献出版社1983年版，第115页。

④ 同上书，第117页。

⑤ 赵世瑜：《小历史与大历史·总序》，生活·读书·新知三联书店2006年版，第2页。

汲取到总结，从乡村管理思想的创新到近代性质的萌芽，基本上形成了一个简约的思想体系，带有实用、推陈出新的历史特点。我们一般认为，作为19世纪中期经世思想的延续与拓展，陈盛韶的乡治思想，无疑可以看作近代前夜，先进的中国人在社会治理方面努力探索的一个缩影，带有近代萌芽的性质。

第二章　清末乡村管理思想历史演变的背景

一方面，清末乡村管理思想的历史演变固然源于思想领域的潜在推动，亦即一条暗线，然而另一方面，面对这种历史发展的大势，国家与社会也不乏努力所在，乡村自治文化的培育即是集中体现，亦即一条明线。毋庸讳言，二者共同构成了其历史演变的背景。

第一节　清末乡村管理思想历史演变的发端与动力

我国传统乡村管理思想的近代演变经历了一个渐进的历史进程，源于多方力量的推动；发端与动力既是其中的一个基本问题，又不失为清末乡村管理思想历史演变的社会背景之一。

一　乡村管理思想近代演变的发端

晚清时代，伴随着东西方列强侵略的步步加深，国家内外交困，民族危机日益凸显，救亡图存意识逐渐高涨，此种历史情形下，各种思潮相继兴起，传统元典精神也开始了近代转化，以寻求救国之路，乃至形成了一种重视现实、变革传统、学习西方的新思维，这无疑成为传统乡村管理思想近代演变的发端。乡村社会管理思想近代演变的发端源于多种历史与社会因素，笔者拟从以下两个方面约略梳理。

（一）经世思想、洋务思想与学习西方

鸦片战争前后，经世思想逐渐兴起而成为一种时代思潮，其中魏源最具代表性。有学者指出，“鸦片战争前后，在农民起义火光的惊照下，尤其是在‘海警飙忽，军问沓来’刺激下，魏源异军突起，高扬经学经世、史学经世、学术经世的大旗，并究心现实问题，拉开了经世思想复兴的契机。与此同时，贺长龄、龚自珍、林则徐、黄爵滋、姚莹、徐继畬、包世臣、张穆等一批敏于时事的封建士大夫也将视野从故纸堆转向矛盾丛生、危机四伏的现实世界。由是，一股生机勃勃的经世思潮蔚然兴起。魏源的经世思想是鸦片战争前后经世思潮中的一排巨浪”①，“他（魏源）由经学转治史学，倡经世致用，其学术思想和社会改革主张，对中国社会的发展影响深远”②。其中最为人们认可的，即是魏源“师夷长技以制夷”的思想主张。对此，郑大华先生评价说：“魏源则通过对鸦片战争失败原因的认真反省，既认识到了中国的落后，承认西方列强有其‘长技’，同时又没有丧失反抗列强侵略的勇气，认为中国只要把列强的‘长技’学到手，就一定能打败侵略者。正是基于这两方面的认识，他提出了‘师夷长技以制夷’的思想。这一思想后来成了向西方学习的思想源头，在中国近现代思想史上占有非常重要的地位，也具有十分重要的历史意义。”③ 我们一般认为，“师夷长技以制夷”是一种理论观点的结晶，主张在不动摇中国文化根本的前提下，通过掌握西方先进的技术而达到制服夷人的目的，不失为中国人学习西方的开始，也是重新认识近代早期中西文化关系的尝试，带有早期“中体西用”的理论色彩，客观上代表了当时和以后国人的主流意识。

如果说经世思想引导世人关注现实，初步思考变迁后的中西关系，那么，洋务思想则将人们带入“师夷长技以制夷”的现实实践。

---

① 胡维革：《魏源与经世思想复兴》，《东北师范大学学报》1992 年第 6 期。

② 桂遵义：《试论魏源经世思想的演变和发展》，《安徽史学》1997 年第 3 期。

③ 郑大华：《魏源的“师夷长技以制夷”》，《光明日报》2006 年 2 月 14 日，第 11 版。

以李鸿章为例，这位著名的洋务派代表人物指出："是必华学却可制敌，即可敌夷，尚不足以制敌，则取彼之长，益我之短，择善而从，又何嫌乎？洋学实有裔于华学者，何妨开此一途？"[①] 他进一步指出，"（西方）大炮之精纯，子药之细巧，器械之鲜明，队伍之雄整，实非中国所能及"[②]，然而，"若我果深通其法，愈学愈精，愈推愈广，安见数十年后不能攘夷而自立耶"[③]？因此，"自强之道在师其所能、夺其所恃耳"[④]。这方面有学者评价说："李鸿章的洋务思想，特别是洋务经济思想及其活动，对近代中国历史的进程产生过重大影响。"[⑤]

毋庸讳言，经世思想、洋务思想在中国的相继兴起，在某种程度上对国人进行了思想上的启蒙，使得人们逐渐认识到学习西方、改造并发展中国的益处，从而在无形中改变了国人对中西关系的认识，这无疑成为我国传统乡村管理思想近代演变发端的前奏。

（二）传统变通思想、维新变法思想与近代转换

晚清时期，面对不可逆转的千年未遇之变局，国人对传统变通与改制思想的认可与强调，体现出思想文化上返本开新的努力，向世人展现出我国传统元典精神的近代转化，也符合中国传统的思维习惯。从某种意义上讲，这种思想上的探索成为整个近代先进的中国人寻求传统变革而适应现代的一个缩影。对此，有学者指出，"近代中国面对古今中西一大变革之会，经济、政治、文化、社会生活发生着全方位的转型。这一切催促人们竞相追求变易之道、会通之道。除向西方探求变革之理外，近世中国人还力图从本民族的文化传统中找寻启示，而中华元典反复申述的'变易'哲学和'行健自强'观念，正是中国近代改革家着意借重的民族原创性精神"[⑥]。这里以张之洞、邓华熙、郑观应、梁启超为例。

其一，张之洞与传统变通思想。

---

① 李鸿章：《朋僚函稿》，卷五三，出自《李文忠公全集》，上海商务印书馆1921年版，第63页。

② 李鸿章：《朋僚函稿》，卷二，出自《李文忠公全集》，上海商务印书馆1921年版，第46页。

③ 李鸿章：《奏稿》卷一九，出自《李文忠公全集》，上海商务印书馆1921年版，第38页。

④ 同上书，第36页。

⑤ 黄冬青：《试论李鸿章的洋务经济思想》，《青海师范大学学报》1991年第4期。

⑥ 郑大华、邹小站：《传统思想的近代转换》，社会科学文献出版社2007年版，第9—10页。

作为晚清时代的一位政治家、教育家与思想家，面对近代社会的巨大变迁，张之洞引经据典，宣扬变通思想，以图学习西方而富国强兵。张之洞指出，“窃维今昔情形，实多不同，变通之道，因时而宜，因地而用”①。他认为，“穷则变，变通尽利，变通趋时，损益之道与时偕行，《易》义也。器非求旧惟新，《尚书》义也。学在四夷，《春秋传》义也。时措之宜，《中庸》义也”②。他在奏折中进一步指出：“臣等常闻之《周易》：‘乾道变化’者，行健自强之大用也。又闻之《孟子》：过然后改，困然后作，动心忍性，增益其所不能者，生于忧患之枢机也。上年京畿之变，大局几危，其为我中国之忧患者可谓巨矣，其动忍我君臣士民之心性者可谓深也。穷而不变何以为国！”③ 就道、法而言，他指出，“曾子固曰：‘法者，所以适变也，不必尽同；道者，所以立本也，不可不一。’由吕之说，则变而有功；由曾之说，则变而无弊”④。就我国茶业的发展而言，这位督抚大员指出，“查中国茶种之佳，地球无匹，徒以株守旧说，不知变通，栽种既未合法，焙制又复失宜，遂为洋商所厌弃，若不急图变计，何以挽利源而维商本”⑤。由此看来，张之洞较为系统地表达了危难之际变通图强的思想主张，这在当时颇具代表性。

其二，邓华熙、郑观应、梁启超的维新变法思想。

作为早期维新思想的推动者，邓华熙在奏折中指出，“际穷久而思通，贵有易辙改弦之举。古来制治保邦，未有不因时制宜，而能成长治久安之盛业者。溯自洋务肇兴，我朝孜孜求治数十年，几经筹划以图自强，而国势迄未能张，岂财力之真有未逮哉？不思倭与吾本同文之国，彼以能自得师而效著，吾何难幡然变计以维新”⑥。由此看来，这位富有地方治理经验的布政使很好

① 苑书义、孙华峰、李秉新：《张之洞全集》卷一四“请严定械斗专条折”，河北人民出版社1998年版，第384页。

② 苑书义、孙华峰、李秉新：《张之洞全集》卷二七一“劝学篇二”，河北人民出版社1998年版，第9747页。

③ 苑书义、孙华峰、李秉新：《张之洞全集》卷五二“变通政治人才为先遵旨筹议折”，河北人民出版社1998年版，第1393页。

④ 苑书义、孙华峰、李秉新：《张之洞全集》卷二七一“劝学篇”二，河北人民出版社1998年版，第9748—9749页。

⑤ 苑书义、孙华峰、李秉新：《张之洞全集》卷一二八“札委税务司筹划种茶制茶良法、在汉集股设厂教导”，河北人民出版社1998年版，第3526页。

⑥ 邓华熙：《头品顶戴江苏布政司布政使臣邓华熙跪奏》，光绪二十一年三月二十六日，出自夏东元编《郑观应集》上册，上海人民出版社1982年版，第225—226页。

地总结了洋务运动的教训，明确指出了中国进行维新变法的必要性与紧迫性，可谓封建统治集团中的开明者，这在那个时代实属可贵。

与上述历史人物相比，早期维新思想的鼓吹者郑观应则更多地从维新实践中，表达出了适应时代变迁而会同古今中西的变通思想，这里以乡村道路、民团为例。

有关乡村道路，郑观应认为，“泰西对于路政甚为注重。乡间固不必尽然，当就其天然之势为之。欧洲各国于国内官道尤多种植果木，于国内风景、人民卫生多有裨益。西人谓修路种树与人群之进化及经济问题均最有关系。今地方自治逐渐恢复，若有自治职员随时督率吾民使于农隙通力合作修筑道路，而数十年之间遍中国尽坦途也。一举而数利皆得，富强由此渐致，国基亦由此巩固而不可动摇”[①]。由此看来，郑观应十分重视乡村道路的改善，提出了一些融合中西，尤其是学习西方路政建设的思想主张，他将路政建设与近代卫生事业、地方自治、人群进化及其经济问题结合起来，可谓变通传统观念而具有近代化的色彩。

有关民团，郑观应指出，“寓兵于农，古之良法。后世民团，亦差近之。考德国军制，民除残疾即充伍籍，余则团练以保地方。盖泰西各国，寓兵于士、农、工、商。有警则人尽可将，人尽为兵。缓急征兵，顷刻可集数十万，兵费不糜，而兵自足。设局训练，一俟学成，各教其所辖之十人，十人学成，则各自教其家之人。而民兵未尝学问者，更为设塾延师，使忠义之心油然而生。处处团练，村村联络，而国无筹饷之艰，兵无远调之苦。将见士皆劲旅，人尽知方，转弱为强在此一举”[②]。由此看来，为根本改变乡村治安形势并实现强国之梦，郑观应融合古今中西而提出了新的民团建设思想，可谓富有变通与时代特色。

鉴于时代的巨大变迁，在近代乡村问题上，作为维新变法领军人物之一的梁启超，则更加明确地提出“秉西法、重乡权，建立地方自治政体”的乡治主张。[③]

---

① 《致张弼士侍郎论乡村道路不平书》，出自夏东元编《郑观应集》下册，上海人民出版社 1982 年版，第 512—515 页。

② 《民团》，出自夏东元编：《郑观应集》上册，上海人民出版社 1982 年版，第 220—221 页。

③ 梁启超：《饮冰室合集》第 6 册，中华书局 1989 年版，第 130—133 页。

由上可知，如果说经世思想、洋务思想在一定程度上促使国人开始睁眼看世界而学习西方先进的科学技术，那么，逐渐兴起的变通思想与维新变法思想则逐渐改变国人的文化观念与价值理念，使国人逐渐认清世界大势，变法自强而救亡图存，这无疑在潜移默化之中为传统乡村管理思想的近代演变进行了思想上的奠基，不失为其历史演变的发端。

二　乡村管理思想近代演变的动力

乡村管理思想近代演变的动力是其中的一个重要问题，其动力并非单一，而是由内、外两个方面构成的完整系统。

（一）外部冲击：多种外力的正面诱导

龚书铎先生指出，“近代中国文化同欧洲资产阶级文化的发展道路不一样，中国文化没有在自己的社会内在发展中走向近代，而是在西方文化的冲击下引起了变化”[①]，清末乡村管理思想的历史演变亦是如此。鉴于亡国灭种的社会现实，来自西方的启蒙思想不仅在客观上起到了正面诱导的作用，而且成为最早的推动力，它们主要由进化思想、民权思想与自治思想构成。

其一，进化思想。

严复翻译的《天演论》在当时的思想界引起了很大的反响，“这个‘优胜劣败、适者生存’的公式确是一种当头棒喝，给了无数人一个绝大的刺激，‘天演’‘物竞’‘淘汰’‘天择’等术语都渐渐成了报纸文章的术语”[②]。孙中山先生指出，“进化者，自然之道也”[③]，他高度赞扬说，“自达文之书出后则进化之学一旦豁然开朗，而世界思想为之一变，从此各种学术皆依归于进化矣”[④]，总之，“就历史上进化的道理说，民权不是天生出来的，是时势和潮流所造就出来的”[⑤]。由此看来，以严复、孙中山为代表的晚清进步人士成为

① 龚书铎：《中国近代文化概论》，中华书局 2002 年版，第 6 页。

② 胡适：《四十自述》，出自《生命的流程——二十世纪中国作家身世录》第 2 册，九州图书出版社 1997 年版，第 259 页。

③ 孙中山：《孙中山选集》，人民出版社 1956 年版，第 155 页。

④ 同上书，第 155 页。

⑤ 同上书，第 703 页。

了宣传进化思想的旗手，进化论逐渐发展成为一种社会思潮，不失为近代中国各种变革思想的温床。

当然，中国传统进化思想也不失为进化思潮的组成部分，这以康有为代表，他从中国传统哲学的角度论述了进化思想，他指出，“物不可不定于一，有统一而后能成；物不可不对为二，有对争而后能进”①。这方面有学者指出，“近代以来西方进化论在中国广泛传播并为国人所接受，西方近代资产阶级进化论在中国的传播与发展是在改造中国古代哲学的基础上，尤其是在改造古代哲学发展进化思想和变易观念的基础上进行的”②。毋庸讳言，在西方进化论的激发下，这种在改造中国传统文化基础上兴起的进化思潮，为我国乡村管理思想的近代演变起到了一定的启蒙作用。

其二，民权思想。

清末，尽管封建专制思想仍然根深蒂固，乃至后来张勋复辟、袁世凯称帝事件的发生，但是这种源于国外而逐渐为国人所接受的民权思想，在当时的思想界、学术界产生了一定的影响。这方面冯自由先生指出，“民族、民权二大主义之潮流滔滔然急湍全国，唯使人人皆得享人权自由之幸福，脱专制之羁轭而民权之说生焉”③，其中“所译卢骚《民约论》、孟德斯鸠《万法精理》、斯宾塞《代议政治论》等，促进吾国青年之民权思想厥功甚伟”④。

当时的思想界极力论证民权的必然性，梁启超指出，“虽以孔孟之至圣大贤，而不能禁两千年来暴君贼臣之继出踵起，何也？治人者有权而治于人者无权”⑤，他进一步指出，“医今日之中国必先使人人知有权，人人知有自由，《民约论》正今日中国独一无二之良药”⑥。孙中山先生指出，“世界的潮流由神权流到君权，由君权流到民权，现在流到了民权便没有方法可以反抗”⑦。李振铎认为，“统计历史孰优胜、孰败劣，靡不视民之有权

① 康有为：《论语注》卷三，中华书局1984年版，第34页。
② 赵璐、朱丹琼：《论孙中山的进化思想及社会历史观》，《西北大学学报》2007年第2期。
③ 冯自由：《革命逸史》，中华书局1981年版，第117页。
④ 冯自由：《开国前海内外革命书报一览》，载《革命逸史》，中华书局1981年版，第143—144页。
⑤ 梁启超：《论政府与人民之权限》，《新民丛报》1902年第3号，1902年3月10日。
⑥ 梁启超：《答某君问法国禁止民权自由之说》，《新民丛报》1903年第25号。
⑦ 孙中山：《孙中山选集》，人民出版社1956年版，第706页。

无权、国之有民权无民权为因果矣”[①]。由此看来，作为新时代的知识精英，尽管处在不同社会集团、不同社会阶层，却不约而同地对民权思想进行鼓吹与提倡。

其三，自治思想。

“自治”思想最早由外国传教士传入国内，较早出现于沿海地区，逐渐发展成为一种社会思潮。

就自治的东西方比较而言，知县唐桂认为，“日本自维新后采用西法，其市町村行政与中国乡官同，即西人所谓地方自治政体者是盖桑梓之地，利弊咸知而又暗合上古乡举里选之法”[②]。就自治的现实需求而言，时人指出，“今吾中国地方之大病在于官代民治，而不听民自治，救之之道听地方自治而已”[③]。就自治的推行而言，时人指出，“今国家诚宜考证中外，分省会府县乡邑等各定以自治条章颁行全国，其尤裨益于治道者无不可一任绅士办理，费省情熟而事易举”[④]。就自治的广泛性与发展趋势而言，有学者指出，“政治以自治为正鹄、兵略以自治为方针、教育以自治为臬圭、律令以自治为归宿、工艺以自治为目的、伦理以自治为煅冶、生计以自治为炉锤，热海可超、汤池可步而自治主义不可移”[⑤]。由此看来，晚清时期，在自治问题上，人们在一定程度上达成了一种共识，自治成为一种必要与必然。

我们觉得，如果说进化思想是一种萌动力量，民权思想是一种潜在的鼓动力量，那么自治思想的兴起则是一种较为直接的推动力量，它们共同汇聚成一股外在的诱导力量。

（二）内部驱动：多重内力的共同推动

伴随着外来思想文化的冲击、启蒙与刺激，以及其他因素的共同影响，晚清社会内部也相应凸显出几种动力，这种内在的合力逐渐上升为这一动力系统中的主导力量。

其一，隐性鼓动力量：传统思想资源。

---

① 李振铎：《民权之界说》，《政艺通报》1902年第15期。

② 唐桂：《山西崞县知县唐桂禀请办理公民局全稿》，《政艺通报》1903年第4、5号。

③ 明夷：《公民自治篇（续）》，《新民丛报》1902年第6号。

④ 陆宗舆：《立宪私议》，《东方杂志》1905年第10期。

⑤ 遯园：《论民族之自治》，《扬子江》1904年第3期。

清朝末年，如果说社会变迁是时代动力，一种客观而外在的力量，那么传统实用意识、乡里自治思想、民本观念等则共同组合成一股潜流，客观上生成了乡村管理思想历史演变的文化土壤。这方面有学者指出，“通过对早期地方自治主张萌生机制的考察，我们不难发现，早期地方自治思想的衍生既源于当时自强求富的时代主题，也源于一种朴素的分权与民权思想意向”①。

实用观念在历史上长期影响了中华民族的发展，由此发展成为一种民族思维习惯与价值判断导向，尽管有其不利的方面，例如有学者指出，“中国古代思想家有一种过于狭隘的实用观点，对于与安邦治国、国计民生关系不密切、不明显的纯理论、纯知识缺乏热情”②，但是在中华民族“亡国灭种”的历史情形下，这种重实用的民族品格日益凸显其优越所在，在不自觉中重视强大的西方列强，思考他们先进的文化而加以学习、模仿，其中即包括自治思想的接纳与改造。

与此相呼应，传统民本思想、乡里自治思想客观上也形成一种潜在的动力。虽然民本思想与民权思想还是两个有着本质区别的概念，前者相对于中国封建时代的君权而言，后者则是在近代资产阶级人权基础上的政治宣言，但是传统民本思想的长期存在，却为近代西方民权思想的吸收与传播奠定了一定的历史基础。这方面有学者指出，“在晚清思想界，无论是温和君主立宪派还是激进的共和革命派，在民权观念上都已实现对民本的超越，但形式上却仍保持连接”③。另外，自秦代以来，伴随着郡县制度的建立与推行，乡里自治即为历代统治者所默认，从而客观上成为乡村管理思想近代演变的历史资源与潜在基础。

其二，内部制度诉求：郡县制度的时过境迁与自治的必然。

清朝末年，传统郡县制度下国家对乡村的管理，已经不能适应巨大变迁后的近代乡村社会，可谓弊端重重，乡村自治成为历史的必然。史载：“民生所需经纬万端，国家设官董治仅挈大纲，非独政体宜然实亦势有不逮；强以

① 汪太贤：《从治民到民治：清末地方自治思潮的萌生与变迁》，法律出版社2009年版，第70页。

② 张岱年、程宜山：《中国文化与文化论争》，中国人民大学出版社1990年版，第275—276页。

③ 何卓恩：《“民本”与“民主”之间的晚清“民权”观念》，《甘肃社会科学》2012年第1期。

官府之力行一切之法，意本出于爱民，而受之者或反以为不便。”[①]

清人胡惟德指出，“中国幅员辽阔户口殷繁，一省之中州县数十、大或千里，统治之权仅委诸一二守令，虽有循吏治绩难期。至于编户齐民散而不群、各务私图，为之代表者不过数绅士又复贤愚参半。使无地方团体实行自治制度图功程效，其道无由”[②]。清人赵尔巽在奏折中说道，“奴才伏惟近世地方政务日积，就一州县而论，学务、警察、农工商务百端待理，为牧令者讵一身而万能也。东西列国皆使地方之人任地方之事而地方以治，政府所设之官吏仅监督而已。奴才先后奏请筹设乡官，皆以谋地方自治之要计也。查各国地方自治之制，凡一切议决执行皆责之市町村会暨公选之长经营维持”[③]。由此看来，这两位开明的官员就实际国情、时代变迁与国际比较的视野，对清末乡村自治的必然性进行了很好的分析，可谓言之有理。

其三，现实推动力：政治利益的需求。

清朝末年，满族统治者面临着内忧外患的危局。就乡村社会而言，“清末十年抗粮抗捐、仇教排外等多种形式的乡村民变此起彼伏，其数量之多、范围之广为历史上所罕见，大大小小规模不一的民变加剧了晚清社会动荡”[④]。当然，这也是一种历史的必然，毕竟“清末十年，中国社会正处于一个大转变时期，所有这些农民反抗行为都是农业社会特别是瓦解时期不可避免的现象”[⑤]。

此种历史情形下，风雨飘摇的清政府不得不顺应历史发展大势，推行新政而变被动为主动，以获取其统治得以延续的社会基础。这方面有学者指出，“清政府打出‘新政’的旗号很快产生了有利于清政府的社会效果，使之摆脱了庚子事变后全然遭唾骂的被动境地，得以重新控制局面”[⑥]，其中即包括乡

① 《宪政编查馆奏核议城镇乡地方自治章程并另拟选举章程折》，光绪三十四年十二月二十七日，佚名辑：《清末筹备立宪档案史料》下册，文海出版社有限公司 1981 年印行，第 725 页。

② 《出使俄国大臣胡惟德奏请颁行地方自治制度折》，光绪三十二年七月十八日（军原），佚名辑：《清末筹备立宪档案史料》下册，文海出版社有限公司 1981 年印行，第 715 页。

③ 《盛京将军赵尔巽奏奉天试办地方自治局情形折》，光绪三十三年三月十八日（军录），佚名辑：《清末筹备立宪档案史料》下册，文海出版社有限公司 1981 年印行，第 717 页。

④ 邵晓芙：《清末乡村民变的社会影响》，《江西社会科学》2007 年第 5 期。

⑤ 刘平：《清末农村“民变”散论》，《江苏社会科学》1995 年第 5 期。

⑥ 郑师渠：《清王朝的最后 10 年——以清政府的“新政”为中心的考察》，《人民政协报》2010 年 9 月 27 日，第 C03 版。

村管理的历史性变革。从某种意义上讲，传统乡村管理思想的近代演变，是政治国家与乡村社会矛盾激化与关系调整下的必然结果，借以维护晚清王朝的统治与满族统治者的政治利益。

总之，传统乡村管理思想的近代演变既是内因与外因共同作用下的必然，又是历史传统与现代文明相互碰撞、影响与交融的结果。

第二节　清末乡村自治文化的培育

尽管在各种力量的联合推动下，我国传统乡村管理思想开始其近代演变的历史进程，然而在极其复杂多变的现实实践中遇到重重阻力，为此，乡村教育的初步普及、自治人才的培养、自治宣传与研究，亦即乡村自治文化的培育，就显得十分必要、重要，这不失为清末乡村管理思想历史演变的背景之二。

一　清末乡村教育的初步发展

乡村自治事业的推进有赖于文化教育的普及，没有最基本文化素质的村民不可能具有自治意识，更不可能自觉地践行自治权力，维护自身利益与社会公正，从根本上保持社会稳定发展。清人端方曾经指出，“非教育普及，则民智何由启发”①。

清朝末年，国家内忧外患，经济发展缓慢，各类灾害频繁，广大人民最基本的生存权都不能得到保障，史载：“水潦之余加之旱魃，百姓典衣无食，卒死艰难，灾民哀鸿遍野，乡间灾黎谋生绝路，触目惊心。”② 在此种历史情

① 《两江总督端方等奏江宁筹办地方自治局情形折》，光绪三十四年正月初九日（军录），佚名辑：《清末筹备立宪档案史料》下册，文海出版社有限公司1981年印行，第718页。

② 《申报》1887年2月10日。

形下，村民无暇顾及自身文化教育问题，国家在这方面也力不从心，乡村教育发展十分缓慢。清人樊增祥指出，“学堂之难，难在无学生，又难在无教习。通都大邑招考诚不乏人，若荒僻小县，秀才犹不知书，而况童稺，故曰无学生也。既改书院为学堂，则乡塾师不任教育，当取稍习时务者为之师，而天文、舆地、西文、西语就地取材，百不获一，聘之远方无此力量，故曰无教习也”①。清朝末年，我国乡村社会中的文盲、半文盲占据乡村人口的绝大多数，文化教育水平可谓十分落后，边远地区更甚。

为了改变乡村教育严重落后的状况，使得乡民具有一定的现代知识，保证乡村自治事业的开展，政府与社会都加强了劝导乡民读书识字的工作。

其一，学堂、教育会、劝学所、识字会、识字学塾与基础知识的普及。以广西为例，史载：“教育为宪政本源，比年以来，学司整顿提倡。光绪三十四年两学期各项学堂人数，比较上年增多九千九百余名，宣统元年上学期小学人数，比较上年增多一万两千八百余名。风气渐开，人知向学。惟是桂省地方异常贫瘠，办学、就学两者均难，非急筹办简易识字学塾，俾年长失学及贫寒子弟得有从学之区，教育未由普及。间有边僻地方设塾较迟，文报未达，亦经严切督催，一律赶设。并有教育会、劝学所组织简易识字会，于通衢广众之间，将三五字义指画口诠，老幼男女均可听首传习，不必设校，不必延师。先经学司于分年筹备教育案内详定通行，以期编造识字国民，以促宪政进步。”② 由此看来，尽管面临着诸多困难，但是通过各种途径、各种形式的办学，广西地区的基础教育工作还是取得了一定进展，这无疑为自治运动的开展打下了一定基础。

其二，地方官府、劝学所与开塾教课、改良私塾。以四川为例，史载：“饬提学司转行各属，责成地方官劝学所实力筹设。复经刊行各属，督令开塾教课，并由司将各属具报设属之数，共计就原有小学附设者两千零二十处，就祠庙公所创设者六百零六处。其预为规划，应俟逐年筹设者九千零一十七

① 《批郃阳县仇令禀》，出自樊增祥：《樊山政书》卷十二，中华书局 2007 年版，第 275 页。

② 《广西巡抚张鸣岐奏广西第三届筹办宪政情形折》，宣统二年二月二十八日（朱折），佚名辑：《清末筹备立宪档案史料》下册，文海出版社有限公司 1981 年印行，第 776 页。

处，仍一面注重养成师资，认真改良私塾。”[①] 私塾是乡村中最普遍的教育机构，大量私塾的相继设立无疑推动了乡村教育事业的发展，配合了乡村自治的实施，这方面地方政府与劝学所可谓功不可没。

其三，附设、开办土塾、学塾。以云南为例，史载：“现据昆明各属陆续禀报，计设学五十九所，学生共一千九百余人，复据沿边学务局禀报，先后成立土塾计一百三十五所，学生共四千一百八十余人。查此项学塾，欲谋推广，自以附设为便，迭经通饬各厅州县于城内所办初等小学，或高等小学，及繁盛乡镇所办高等小学堂内，先行附设，次则于城乡初等小学附设，又次则于各项学堂附设，其于户口稀少向无学堂者，或人民程度较低，不能遽设初等小学者，均酌量地方情形，借地另行开辟。”[②] 如同四川一样，云南地区也大力推广各类私塾，值得注意的是，由于财政、师资等各方面的限制，这一地区大力倡导附设私塾。

就文化教育普及而言，传统教育的利用、扩展固然必要，然而新式教育也十分重要。清政府予以特别关注，史载：“至本年关于学务，尚有各省所应办者，如学部分年筹备事宜清单内开：设立存古学堂，开办图书馆，省城初级师范学堂及中小学堂兼学官话。又学司拟订筹备教育年表，续办初级师范，推广汉语学堂，设立官话讲习所，改良调查风俗，改良宣讲所，一律成立。”[③] 由此看来，这些新式教育主要有存古学堂、初级师范学堂、中小学堂、汉语学堂、官话讲习所、图书馆等，可谓形式多样，这无疑有利于新式教育在清末中国的发展。

固然，清末乡村教育的初步发展为乡村自治奠定了一定的基础，然而就自治文化的培育而言，乡村自治人才的培养、自治宣传与研究不失为重中之重。

---

① 《四川总督赵尔巽奏四川第四届筹办宪政情形折》，宣统二年八月二十八日（军录），佚名辑：《清末筹备立宪档案史料》下册，文海出版社有限公司 1981 年印行，第 795 页。

② 《云贵总督李经羲奏云南第四届筹办宪政情形折》，宣统二年十一月二十八日（军录），佚名辑：《清末筹备立宪档案史料》下册，文海出版社有限公司 1981 年印行，第 804 页。

③ 《开缺新疆巡抚聊魁奏新疆第三年第一届筹办宪政情形折》，宣统二年八月二十五日（朱折），佚名辑：《清末筹备立宪档案史料》下册，文海出版社有限公司 1981 年印行，第 780 页。

二　清末乡村自治人才的培育

文化教育事业的发展、自治人才的培养、自治研究与思想宣传，以打造具有现代文化知识，尤其是具有自治意识的国人，即成为推进清末乡村自治事业的关键所在。毕竟，占中国绝大多数人口的村民是乡村自治最终的践行者与受益者。值得注意的是，在清末这场自上而下的自治运动中，当局者认识到人才培养的重要性与优先性。

例如，陕甘总督长庚指出，“惟是办理自治，事属创举，必先造成自治之人才，而后可收自治之效果”①。清人赵尔巽认为，“试办地方自治，拟先编订制度，培养人才。惟是奉省地方朴塞未闻，自治之义士绅未能尽解，何论编氓，非与培养人才，以为实行之储备，则虽编制尽善，而徒法亦终以不行”②。为此，这方面工作成为乡村自治早期的重点，人才培养形式不一，其中包括自治讲习所、自治研究所、审判研究所、检验学习所、监狱学堂、政法学堂、绅校、公民养成所、筹办公所、事务所、律师传习所等。兹简单介绍如下。

首先，自治讲习所、自治研究所与人才培养。

纵观整个乡村自治实践的历史进程，自治讲习所与自治研究所的设置与功能发挥十分重要，而其中的人才培养即是其一，史载：“但事当草创，官民均未谙习，现在人手必以讲解研究为始基。俾人人皆知自治模范，颁发调查选举人名表式及投票规则等项，邀集同志分期研究。另设自治研究所，由各府厅州县保送品学兼优之绅，授以较深之学科，以培养议员之知识。此时办法，惟有开民人之知识，使其互相讲习，而发起其自治行政之心思。”③ 由此可见，自治讲习所与自治研究所的重要性，可谓乡村自治之前的重要基础性工作。

---

① 《陕甘总督长庚奏甘肃设立地方自治筹办处并地方自治研究所情形折》，宣统二年八月二十八日（军录），佚名辑：《清末筹备立宪档案史料》下册，文海出版社有限公司 1981 年印行，第 751 页。

② 《盛京将军赵尔巽奏奉天试办地方自治局情形折》，光绪三十三年三月十八日（朱折），佚名辑：《清末筹备立宪档案史料》下册，文海出版社有限公司 1981 年印行，第 716、718 页。

③ 《山西巡抚宝棻奏山西筹办咨议局情形折》，光绪三十四年十二月十五日（朱折），佚名辑：《清末筹备立宪档案史料》下册，文海出版社有限公司 1981 年印行，第 694 页。

当时，各类自治研究所培养出了大量专门人才，史载："查直隶前经设立自治研究所，选送学员者一百二十余属，毕业者将近千人。今未送学员各属，均选送三人入所研究。此外有自费来学者亦准选送附学，现共有学员二百五十一名。"① 依据学习成绩，这些学员有相应的毕业等级，以广东为例，史载："第一届甲班，最优等二十二名，优等二十一名，中等二十七名，补考优等一名。第一届乙班，最优等二十二名，优等五十七名，中等三十一名，补考优等一名。第二届丙班，最优等十六名，优等五十一名，中等三十三名，下等三名。"②

值得注意的是，尽管自治研究所多为官方所设，但其中亦不乏民间设立者，其创办人为有实力的绅士。史载，"各省自治研究所，除官设各所作为模范外，其各地方士绅自愿照章设立者，均得呈明该管官批准照办。惟该所所长，应有该所公举通晓法政品学优裕士绅一员，呈请自治筹办处核派"③，而"绅民有未经禀请自行设立者，均通饬各属调查，一律饬令补交章程办法，核明是否合法再予立案"④。在士绅办理自治研究所的活动中，政府一方面予以积极支持，另一方面对其严加管理，以减轻财政支出及工作压力，可谓官民双益。

其次，审判研究所、学习所、监狱学堂与政法人才的培养。

乡村自治实质是一种近代意义上的依法治理乡镇，它已不再全靠乡规民约来维持乡村秩序，这无疑需要大量精通近代法律制度的人才。为此，政府通过各种途径培养一定数量的政法人才。史载："至审判研究所，录事、书记、承发吏学习所，现已次第毕业，检验学习所亦已提前毕业，审判官吏尚

① 《直隶总督陈夔龙奏直隶第三届筹办宪政情形折》，宣统三年二月二十六日（《政治官报》），佚名辑：《清末筹备立宪档案史料》下册，文海出版社有限公司1981年印行，第809页。

② 广东地方自治筹备处：《广东地方自治筹办处第二次报告书》（不分卷），宣统二年（1910年）铅印本，广东省立中山图书馆藏。出自中山大学图书馆、广东省立中山图书馆：《清代稿钞本》第50册，广东人民出版社2007年版，第121—127页。

③ 《东方杂志》1909年第5期。

④ 广东地方自治筹备处：《广东地方自治筹办处第二次报告书》（不分卷），宣统二年（1910年）铅印本，广东省立中山图书馆藏。出自中山大学图书馆、广东省立中山图书馆：《清代稿钞本》第50册，广东人民出版社2007年版，第94页。

可就地取材，监狱学堂已经开学。”[①]

再次，政法学堂、绅校与人才培养。

在全国上下自治人才的培养过程中，政法学堂、绅校也发挥了不小的作用。史载：“咸以地方自治为法政之一部分，因就原设法政学堂、绅校，扩赁房屋开办，讲员、管理员即在法政、官绅两校教职人员内慎选派冲，藉资节省。现一面督饬讲员认真讲授，并缩短暑假时期，俾得早日毕业；一面饬由该所将讲义札发各厅州县，加印多张，分给本籍士绅就近研习。俟研究所各生毕业后，再各赴本籍设所传习、讲演，庶官绅咸知自治之有裨地方，将来实行兴办，不致别生障碍。”[②] 由此看来，为培育足够的政法人才，保证乡镇自治的顺利进行，政府有意识地以政法学堂、绅校为基地，进行了一系列努力，其中包括扩大学校规模、就地聘请教师与本地士绅、就近研习讲义、毕业学生回本籍办所传习等。

最后，公民养成所、筹办公所、事务所与人才培养。

有关公民养成所，史载：“又由该局设立公民养成所，为武昌、汉阳两府试办自治之预备，业于上年四月开办，期以年终毕业。”[③] 有关筹办公所、事务所，史载：“现计依限设立筹办公所或事务所者二十八属，提前设立筹办公所者八属，各所学生研究毕业，足为办事之资。”[④] 由此看来，上述三个自治培训机构也培养了不少急需的自治人才，取得了一定成效。

三 清末乡村自治宣传与研究

清朝末年，全国上下初步发展基础文化教育与培养自治人才的同时，亦在一定程度上加强自治知识、自治思想的宣传，借以培育人们的自治意识，减轻人为障碍，加快乡村自治的历史进程。例如，史载：“该县属乡民因调查

① 《广西巡抚张鸣岐奏广西第三届筹办宪政情形折》，宣统二年二月二十八日（朱折），佚名辑：《清末筹备立宪档案史料》下册，文海出版社有限公司1981年印行，第775页。

② 《湖南巡抚岑椿萱奏湖南筹办地方自治设立自治研究所情形折》，宣统元年六月二十七日（朱折），佚名辑：《清末筹备立宪档案史料》下册，文海出版社有限公司1981年印行，第749页。

③ 《湖广总督陈夔龙奏湖北第一年筹办宪政情形及第二年预备事项折》，宣统元年闰二月十四日（朱折），佚名辑：《清末筹备立宪档案史料》下册，文海出版社有限公司1981年印行，第769页。

④ 《广西巡抚张鸣岐奏广西第三届筹办宪政情形折》，宣统二年二月二十八日（朱折），佚名辑：《清末筹备立宪档案史料》下册，文海出版社有限公司1981年印行，第773页。

滋事，阻碍自治进行，仰即将首犯惩办，一面仍应实行宣讲，勿令再酿事端。”①

首先，宣讲所、宣传员、城乡宣传社与自治宣传。

清末自治宣传的形式多种多样，而宣讲所、城乡宣传社、宣传员可谓其重要体现。有关宣讲所，史载，“来牍阅悉，所请将自治宣讲所，就原有二处之外，复在清嘉坊口圣帝殿内推广一处，自八月初一日为始，于自治前途甚有裨益，深仰热心，应准立案”②，“推及宣讲所、白话报各事，各属类能照章兴办”③。有关城乡宣传社，史载：“且各属筹办自治事务，所调查一切，以及各城镇乡分设宣传社，在在需员。”④ 有关宣传员，史载：“目前教育未周，识字之民尚少，设有误会，流弊滋多，乃遴派曾习法政、熟谙土风之绅士为宣讲员，周历城乡宣讲自治利益。”⑤ 毋庸讳言，上述三种宣传形式可谓切中时弊，简单而有效。

其次，在自治宣传中，自治话报、白话广告、自治学社、白话告示与白话公报也不失为重要的形式。

其一，有关专门自治话报，有学者指出，“1906 年以来，地方自治思潮高涨的第一个突出现象是鼓吹、宣传和讲解地方自治的报刊大量兴起。从国内到国外，从内地到沿海，从城市到乡村，国人创办的以‘自治’命名的报刊大量涌现”⑥，连官方也积极提倡自治话报的创办，史载：“复饬处编纂自治话报，按期分发，责成各地方官派员分头宣讲，俾共知选举为公民之特权，

---

① 《批震泽县禀镇属因调查户口乡民滋事解散情形请鉴核由》，出自苏属地方自治筹办处：《江苏自治公报类编·批牍类》第 523 册，文海出版社 1989 年影印本，第 25 期，第 84 页。

② 《批自治调查研究会会长蒋绅等呈报推广宣讲所由》，出自苏属地方自治筹办处：《江苏自治公报类编·批牍类》第 523 册，文海出版社 1989 年影印本，第 37 期，第 139 页。

③ 《湖南巡抚杨文鼎奏湖南第四届筹办宪政情形折》，宣统二年八月二十八日（军录），佚名辑：《清末筹备立宪档案史料》下册，文海出版社有限公司 1981 年印行，第 789 页。

④ 广东地方自治筹备处：《广东地方自治筹办处第二次报告书》（不分卷），宣统二年（1910 年）铅印本，广东省立中山图书馆藏。出自中山大学图书馆、广东省立中山图书馆：《清代稿钞本》第 50 册，广东人民出版社 2007 年版，第 119 页。

⑤ 《北洋大臣袁世凯奏天津试办地方自治情形折》，光绪三十三年七月二十二日（军录），佚名辑：《清末筹备立宪档案史料》下册，文海出版社有限公司 1981 年印行，第 720 页。

⑥ 汪太贤：《从治民到民治：清末地方自治思潮的萌生与变迁》，法律出版社 2009 年版，第 255 页。

被选为与闻政事之始基。”[①] 由上可知，自治话报成为当时自治宣传的重要形式之一，具有一定的社会影响力。

其二，白话广告、自治学社与自治宣传。史载：“复编印法政官话报，分发津属州县以资传习，并将自治利益变成白话，张贴广告，以期家喻户晓，振聩发聋。乃设自治研究所，饬津郡七属选送士绅之阅历较多、素孚乡望者，四个月毕业后，各回原籍设自治学社，为定学社通则，以研究所得者传习之。”[②]

其三，白话告示、白话公报、自治浅说与自治宣传。有关白话告示与白话公报，史载：“现在各省自治筹办处，或撰拟白话告示、白话公报、自治浅说，以期开通愚氓，办法甚为得宜。”[③] 这里尚需指出的是，不仅现代报刊、学社等不同程度地成为自治宣传的阵地，而且白话宣传亦为时代所需。时人指出，“原来地方的事是人人有份的，自治的事是人人应该做的。况且自治的书道理很高，文法很深，不是读书人本难通晓，就是各种报纸有文法的，也是如此，如今要使一般人都晓得，《自治报》所以定要用白话”[④]。

如果说自治宣传机构与刊物成为清末自治思想传布的主要途径，那么来自官方与民间的自治演说则更为直接、更为有效。这方面学界已经进行了很好的研究，[⑤] 兹不赘述。最后尚需指出的是，为配合自治运动的开展，在清末自治宣传活动中，汉语学堂、官话讲习所[⑥]也相继建立，同样起到了积极的作用。

清末乡村自治运动前期，自治人才培养、自治知识与思想宣传、自治研究可谓三项重要而基础性工作。在当时，自治研究所的举办引起了朝野上下的关注，乃至地方督抚大员多次上奏朝廷。[⑦]

---

① 《贵州巡抚庞鸿书奏贵州第一年筹办宪政及现办情形折》，宣统元年二月初十日（朱折），佚名辑：《清末筹备立宪档案史料》下册，文海出版社有限公司 1981 年印行，第 762 页。

② 《北洋大臣袁世凯奏天津试办地方自治情形折》，光绪三十三年七月二十二日（军录），佚名辑：《清末筹备立宪档案史料》下册，文海出版社有限公司 1981 年印行，第 720 页。

③ 《宪政编查馆大臣奕劻等奏报各省筹办宪政情形折》，宣统二年十一月十三日（军原），佚名辑：《清末筹备立宪档案史料》下册，文海出版社有限公司 1981 年印行，第 798 页。

④ 《湖南地方自治白话报缘起》，《湖南地方自治白话报》宣统二年二月第一期。

⑤ 汪太贤：《从治民到民治：清末地方自治思潮的萌生与变迁》，法律出版社 2009 年版，第 265—285 页。

⑥ 《开缺新疆巡抚聊魁奏新疆第三年第一届筹办宪政情形折》，宣统二年八月十五日（军录），佚名辑：《清末筹备立宪档案史料》下册，文海出版社有限公司 1981 年印行，第 780 页。

⑦ 佚名辑：《清末筹备立宪档案史料》下册，文海出版社有限公司 1981 年印行，第 745—750 页。

自治研究方面，各类自治研究所固然是重心所在，例如：史载，“查省城地方自治研究所第一二届，业已办理完毕，毕业学员已有三百二十五名，而各属官绅闻风兴起，禀请遵章设所研究者，亦复不少”[①]，然而一些地区的研究社也功不可没，以广东新会江门自治研究社为例，其章程规定：“第一章：定名；第二章：宗旨；第三章：权限；第四章：社员；第五章：名誉赞成员；第六章：社长；第七章：办事员；第八章：书记员；第九章：会计员；第十章：编辑员；第十一章：调查员；第十二章：经费；第十三章：事务所；第十四章：会议；第十五章：选举；第十六章：支社，本社得于各乡设立支社；第十七章：附则。”[②] 尽管我们仅从章程中还不能看到这一地区性学社所发挥的作用，但毕竟出现了这种专门性机构，可谓分工精细、规章完备，已具有一定规模。

① 广东地方自治筹备处：《广东地方自治筹办处第二次报告书》（不分卷），宣统二年（1910 年）铅印本，广东省立中山图书馆藏。出自中山大学图书馆、广东省立中山图书馆：《清代稿钞本》第 50 册，广东人民出版社 2007 年版，第 120 页。

② 新会江门自治研究社编：《新会江门自治研究社章程》，十八甫维新印务局铅印本，出自中山大学图书馆、广东省立中山图书馆：《清代搞钞本》第 50 册，广东人民出版社 2008 年版，第 571—576 页。

第三章　清末乡村管理思想的历史演变

由于清末之前的酝酿，尤其是各种潜在力量的推动，经过思想界的争论与认识上的趋同，清末我国乡村管理思想最终开始了历史性演变，凸显时代特征。

第一节　清末乡村管理思想历史演变的争论与趋同

清末，传统乡村社会管理的近代演变引发国内先进人士的深深思考，他们站在不同的阶级立场、不同的利益集团、不同的学术团体，相继发表自己的思想观点，形成了一场思想领域的讨论，逐渐达成一定的共识。

一　乡村管理思想近代演变的探索与争论

作为坚持传统乡治思想观点的代表人物之一，刘锡鸿强调古代里老制度，他认为，“盖里老耳目最远、曲直易明，又无权势可恃，即作恶亦不能过甚。此古昔盛时之治所为，上不烦而下不扰也”[①]，他举例说，“咸丰四年粤东红

① 刘光禄：《录辛未杂著二十二条寄答丁雨生中丞见询》，出自《刘光禄遗稿》，《近代中国史料丛刊三编》第45辑，台北文海出版社1988年版，第246页。

巾贼变起，赖各乡耆年夙望率领子弟，不数月间遂就殄灭，此尤效之最大者也”①。这方面有学者指出，刘锡鸿的主张反映了当时大多数传统士大夫的乡村治理理念，代表了他们希望从整顿乡村社会入手，进而振兴国家的思想。②冯桂芬亲身经历了规模宏大的太平天国运动，目睹了农民大起义的巨大威力，深刻感受到了社会动荡所带来的混乱与痛苦。为此，这位思想家相继提出了复乡职、均赋税、兴水利、劝树桑、收贫民、复宗法、严盗课、垦荒等一系列思想主张，③ 以图从根本上保证乡村社会的稳定与发展。在这些带有传统色彩的思想主张中，复乡职而推行乡董自治最具有时代性与代表性。（下文详述）

作为中西合璧新思想的代表人物之一，文廷式指出，“闻之美利坚之政其厅署并在一起，其有相商之事每日相见即可论定。抑且学校之事属之文部，警察之事别有专司，故县可不劳而理而民亦无不尽之情。此与汉时三老、啬夫、游缴诸职命意实同，而其制尤善，可为万国之通法者也”④。由此看来，文廷式不仅肯定美国先进的民主合议制度，而且指出其意旨合乎中国古代良法，对于世界各国具有普适性。这方面，康有为借用托古改制的方案，主张推行汉代的乡官制度，设置三老，与当地士绅合议新政而治。⑤

作为这一思想文化论争的反方，清人增韫指出，“夫自治之规章既非吾国所固有，而自治之事业亦非吾民所习知。以吾国素不与闻公事之人民而责以学务、卫生等事，黠者因假公以营私，愿者乃敷衍以塞责，此必然之势也”⑥。在民权方面，张之洞认为，“五伦之要、百行之源，相传数千年更无异义，故知君臣之纲则民权之说不可行也”，“今日愤世嫉俗之士于是倡为民权之议，民权之说无一益而有百害”⑦，他举例说：“曾文正名为起家办团练

---

① 刘光禄：《录辛未杂著二十二条寄答丁雨生中丞见询》，出自《刘光禄遗稿》，《近代中国史料丛刊三编》第 45 辑，台北文海出版社 1988 年版，第 250—251 页。

② 张宇权：《试论晚清传统士大夫的乡村社会治理理念》，《广东社会科学》2004 年第 4 期。

③ 冯桂芬：《校邠庐抗议 · 目录》，中州古籍出版社 1998 年版，第 1—3 页。

④ 纯常子：《吏治论》，出自夏东元编：《郑观应集》（上册），上海人民出版社 1982 年版，第 372 页。

⑤ 出自翦伯赞：《戊戌变法》，《中国近代史资料丛刊》，上海人民出版社 1957 年版，第 58 页。

⑥ 《浙江巡抚增韫条陈地方自治事宜三条折》，宣统二年十月十二日（军原），佚名辑：《清末筹备立宪档案史料》下册，文海出版社有限公司 1981 年印行，第 753 页。

⑦ 苑书义、孙华峰、李秉新：《张之洞全集》卷二七〇“正权第六”，河北人民出版社 1998 年版，第 9715、9721 页。

矣，其实自与发匪接战以来，皆是募勇营、造师船，济以国家之饷需，励以国家之赏罚，故能成戡定之功，岂团练哉？岂民权哉？”① 这方面时人评论说：“盖中国人无自立之精神，古无自治之能力。既无自立之精神与自治之能力，故无自主之资格。既无自主之资格，故不得不待治于人。”②

二 中西、古今乡村自治文化的融通与趋同

在这场思想文化讨论与争鸣的历史进程中，大多数先进的中国人表现出谨慎的态度，并没有在思想文化上倒向西方，亦非拘泥于“法古”，而是在一定程度上呈现出中西、古今自治文化的融通与趋同。

证据一，史载：“臣等查地方自治之名虽近沿于泰西，而其实则早已根荄于中古，周礼比闾、族党、州乡之制即名为有地治者，实为地方自治之权舆。下逮两汉三老、啬夫，历代保甲乡约相沿未绝。即今京外各处水会、善堂、积谷、保甲诸事以及新设之教育会、商会等，皆无非使人民各就地方聚谋公益，以上辅政治下图缉和。”③ 由此看来，这位大臣在实际考察的基础上，就中外、古今的宏大视野对地方自治进行了论述，他一方面指出“地方自治之名虽近沿于泰西”，但是实际上，在中国“地方自治”一直“相沿未绝”；另一方面则强调了其“上辅政治下图缉和”之功用，这不失为当时地方自治中的主流声音。

证据二，清人端方指出，“凡政治学家之言，而疑中国数千年来有官制无自治。臣等以为周之闾胥、比长，与汉之三老、啬夫，虽命自国家事殊团体，然其受任自选举而来，其用人必不出本郡。必谓中外治术不同，犹非新旧沟通之论”④，他进一步指出，“伏维自治一端法始于商周，名成于欧美，举社会公利公益事宜，责之地方绅董而官府以监督之，古今合辙、法良意美，莫

① 苑书义、孙华峰、李秉新：《张之洞全集》卷二七〇“正权第六”，河北人民出版社 1998 年版，第 9723 页。

② 《中国奴隶性平谈（续）》，《大公报》1903 年 7 月 21 日第 388 号，第 1—2 版。

③ 故宫博物院明清档案部编：《清末筹备立宪档案史料》下册，中华书局 1971 年版，第 724—725 页。

④ 《两江总督端方等奏江宁筹办地方自治情形折》，光绪三十四年正月初九日，佚名辑：《清末筹备立宪档案史料》下册，文海出版社有限公司 1981 年印行，第 722 页。

盛于斯"[①]。由此看来，作为晚清时期一位有重要影响的大臣，端方不仅反驳了"时人怀疑中国数千年来有官制无自治之言"，反而肯定中国具有优良的自治传统，而且是"始于商周，名成于欧美"，地方自治可谓"古今合辙、法良意美"，其不失为一位自治思想的倡导者。

证据三，清人赵尔巽认为，"今之设局规划为全省自治初基，自应译辑东西各国已成之法，损益用中期无流弊。自治制度虽采择各国之成规，尤宜调查本地之旧惯。自非就本地旧惯详晰调查，则实行之时必至格不相入而徒托空言"[②]。由此看来，这位晚清督抚大员意识到，"自治制度虽采择各国之成规，尤宜调查本地之旧惯"，否则"则实行之时，必至格不相入而徒托空言"，这就指出了中国国情的重要性与首要性。

证据四，作为资产阶级维新派的代表性人物之一，梁启超明确提出了"复古意，采西法，重乡权"[③] 的思想主张。

值得注意的是，有关乡镇自治之理，白话报阐述得更为透彻："孟子说得好，天下之本在国，国之本在家，家之本在身。自治的道理本由一身一家而起，合无数身家就成一个地方，合无数地方就成一个国家。朝廷颁行新政，以立宪为第一要务，究竟立宪的根本地方在于何处，就是设立城乡镇自治公所，不设立城乡镇自治公所办起地方自治来就没有入手之处。把地方包括起来讲总谓之国家，把地方分析开来讲总谓之城镇乡。"[④] 由此看来，白话报首先从孟子的"家国"论谈起，之后论述了清末新政、立宪与乡镇自治的关系，强调指出了城乡镇自治公所的首要性与基础性。

总之，尽管不乏传统自治观念的坚持者，乃至近代乡村自治的反对者，尽管某种程度上存在"西化"的民族心理，但是大多数先进的中国人体现出继承传统基础上移植并改造西方文化而进行综合创造的努力，这在很大程度上克服了民族虚无主义，在一定程度上呈现出古今、中西融通的文化导向。

---

① 《湖南巡抚岑春煊奏湖南筹办地方自治设立自治研究所情形折》，宣统元年六月二十七日（朱折），佚名辑：《清末筹备立宪档案史料》下册，文海出版社有限公司 1981 年印行，第 748 页。

② 《盛京将军赵尔巽奏奉天试办地方自治局情形折》，光绪三十三年三月十八日（军录），佚名辑：《清末筹备立宪档案史料》下册，文海出版社有限公司 1981 年印行，第 717 页。

③ 梁启超：《饮冰室合集》第 6 册，中华书局 1989 年版，第 130 页。

④ 《设立城乡镇自治公所之缘因》，出自苏属地方自治筹办处《江苏自治公报类编·论说类》第 522 册，文海出版社 1989 年影印本，第 31 期，第 487 页。

从某种意义上讲，这不失为逐渐觉醒的中华民族在文化上自我的理性选择，此乃近代中国落伍之后而又在当代重新崛起的文化底蕴所在。

第二节 清末乡村管理思想历史演变的阶段与内涵

经过内外动力的合力推动，之后思想舆论的准备，传统乡村管理思想开始了近代性质的演变，体现在阶段与内涵两个层面。

一 乡村管理思想近代演变的两个阶段

在乡镇自治思想兴起之前，冯桂芬、陈炽相继提出了“乡官自治”的管理思想，不失为其历史的前奏。尽管就时间段而言并不完全属于拙著所界定的“清末”，但是就历史发展的连续性而言，我们姑且将其视作第一阶段。

早在咸丰年间，冯桂芬即提出了“复乡职”的主张，以切实推行近代乡村自治。他指出，“考周制，以乡人为之皆官也。汉制亦以乡人为之，亦皆官也”①，而“今世治民之官颇少矣，县令藐然七尺耳，控一二百里之广，驭千百万户之众，其能家至户到？至令以下各官，流品既杂、志趣多庸，何有乎治民”②？为此，他主张，“满百家公举一副董，满千家公举一正董，里中人各以片楮书姓名保举一人。以本地土神祠为公所，民有争讼，副董会里中耆老折中公断而断焉，不服则送正董，罪至五刑送县。缉捕关正、副董指引而不责成，征收则正副董劝导而不与涉手。正董薪水十金，副董半之。正副董皆三年一易，有罪即与凡民同。如是则真能亲民，真能治民”③。由此看来，为适应乡村社会的近代变迁，冯桂芬较为完整地提出了“乡董自治”的管理

① 冯桂芬：《校邠庐抗议》，中州古籍出版社 1998 年版，第 91—92 页。
② 同上书，第 91 页。
③ 同上。

思想，作为乡官的正、副董由“里中人”公正选出，在三年的任期内，全权治理乡村各种事务，如果“有罪即与凡民同”。从某种那个意义上讲，这不失为今天村民自治制度下村官治理乡村社会的历史源头。

之后的光绪年间，陈炽又提出，“各府州县应仿西洋议院制度，由百姓公举乡官，每乡两人，一正一副。优给俸薪、宽置公所，置贤者一人为之首，每任两年。邑中有大政疑狱聚而咨之，兴养立教兴利除弊，有意国计民生之事则分而任之。贪婪专愎者官得随时撤之，其两任无过实惠及民者，授以亲民之官，乡民吁留者准其再任”[①]。他进一步指出，“国本以培民心以固，成皇古雍乾之治，其必自设乡官始矣”[②]。由此看来，尽管冯桂芬主张的“乡董自治”并未引起世人的重视，然而却在陈炽那里得到发展，他进一步提出了“乡官自治”的主张。

清朝末年，伴随着传统县官制度的终结，“乡官自治”的倡导，民权与自治思想的进一步传播等，乡镇自治逐渐发展成为一种共识，亦即第二阶段。

为照顾民意，尤其是适应近代化的需求，更是为了巩固自身统治的需要，1909 年 1 月，清政府颁布了《城镇乡地方自治章程》。史载：“凡府厅州县城厢地方为城，其余市镇村庄屯集等各地方，人口满五万以上者为镇，人口不满五万者为乡。凡城镇各设自治职如下：议事会、董事会。凡乡设自治职如下：议事会，乡董。城镇乡地方各设自治公所。”[③] 之后，“全国共设各级自治筹备会 81 个、自治研究所 128 个。这些省份的不少府厅州县还开办了自治培训班，不少省份还创办白话官报、白话告示、自治浅说，用通俗流畅的白话文体宣传宪政、法制、地方自治推行的办法”[④]。由此看来，乡镇自治思想在当时得到了一定的宣传，乡镇自治自上而下逐渐得以开展。我们觉得，这一历史文件的颁布以及乡镇自治的逐渐推行，共同标志着我国传统乡村管理思想近代演变的基本完成。至此，乡村治理的主体逐渐从“基层官府”过渡

① 陈炽：《庸书》内篇卷上，光绪二十二年刻本，第 18—19 页。

② 同上书，第 19 页。

③ 故宫博物院明清档案部：《清末筹备立宪档案史料》（下册），中华书局 1979 年版，第 727—738 页。

④ 王圣诵：《近代乡村自治研究》，中国政法大学 2005 年博士论文，第 22 页。

到“乡民”，基层官府转变为“乡民自治”事务的指导者、监督者，尽管这一历史进程曲折而反复，但仍不失为一种历史发展的大势。

二　乡村管理思想近代演变的基本内涵

清末，我国乡村管理思想的历史演变呈现出多种面相，简而言之，这一历史进程主要包括以下两个方面的内容，亦即其近代演变的基本内涵。

首先，从“牧民”（官治）到自治（民治），从乡里自治到乡镇自治。

两千多年来的封建时代，传统县官（前期主要称为县令，后期主要称为知县）始终是最基层官府的行政长官，以国家代表的身份统治广大而分散的乡民，因此，人们习惯称之为“牧民”之令，“牧民”一词即取之于此。“牧民”而治实质是一种官治，相对应的则是乡民自治，亦即民治。尽管我国传统乡村管理思想十分繁杂，然而总体看来乃属于一种“牧民”的思想体系（上文已述）。

在“牧民”而治的封建时代，乡民的管理者强调以民为本，清醒地意识到“水（民）能载舟（统治者），亦能覆舟”的道理。到了近代自我治理的时代，由于受到西方进化、民权与自治思想的冲击，以及国内社会文化的巨大变迁，乡民管理者在传统“民本”意识基础上，逐渐实现了历史性的跨越，提倡西方资产阶级的民权思想，且逐渐付诸实践。从“牧民”时代的民本思想到自治时代的民权思想，乡村管理的主体发生根本性改变，逐渐由高高在上的基层官府过渡到普通乡民，尽管这是一个艰难而漫长的历史进程。

从传统“牧民”式乡村管理到近代自治式乡村管理，亦即从官治到民治的历史演变，成为我国传统乡村管理思想近代演变的总趋势；相应之下，从政治国家默认下的传统乡里自治，亦即政治国家只是统治到县，到国家意志下的近代乡镇自治，乡村自治的地域形态由自然形成的传统乡里，演化为行政区划下的近代乡镇。

其次，从孝治到法治，从专权治理到分权合治。

在儒家思想长期而深远的影响之下，家国一体而移孝为忠，历来成为我国封建社会治理的一项基本法则，（上文已述）尤其是家族势力相对强大的乡村地区。尽管学界普遍认为传统乡村社会是一个礼治的社会，这尤以费孝通先生为代表，[①] 然而孝治一说并不与其矛盾，二者具有高度的同质性。我们觉得，孝治是家庭伦理关系的扩大化、社会化与政治化，它秉持礼乐教化的基本原则，蕴含着社会等级制度的神圣而不可僭越，在本质上体现的是一种礼法精神，从某种意义上讲，孝治也可称为礼治。进而言之，二者共同归属于“仁”的思想体系中，是儒家仁政观念在现实生活中的不同体现，与法家的法治理论相对应而存在。

然而晚清以来，伴随着乡镇自治在内的西方地方自治思想的传入，传统孝治思想逐渐向近代法治思想过渡。究其原因，乃在于“地方自治是指一国各行政区域内的公民，依据法律和国家授权选举自治职员，在中央政府的监督下自行决定和处理本地公共事务的一种政治制度”[②]。我们觉得，从传统孝治到近现代法治，既是传统礼法精神向近现代法律规范的根本性转换，又是乡村社会治理思想的一种历史性演变。

就历史的长时段而言，近现代乡村社会的分权合治包括两个方面：一方面，传统乡村管理的行政主官——县官，由昔日的集权专治演变为仅拥有行政权力，司法审判权与治安管理权则由专门机构掌控，三者分权合治，不仅近现代的县长群体如此，而且日后出现的乡镇基层政权亦是如此；另一方面，则是地方分治之下的近代乡镇自治，这方面清人李经迈指出，“官吏行政之权与地方办事之权必须预为分析，断不至因侵越而生冲突”[③]。

近代社会发生巨变，反映在县官制度方面，人们普遍认为，传统社会独掌行政和司法大权不利于县官施政，亦不利于乡村社会建设，更谈不上西方所谓的权力制衡原则。近代思想家郑观应指出，“凡国家六部之所有事悉从县令一身，虽有明哲之才不能为理”[④]，他进一步指出，“至宋、明以来，其所设县丞、主簿者大抵供知县奔走之役而已，欲救其弊非以一县之职分数官治

---

① 费孝通：《乡土中国 生育制度》，北京大学出版社 1998 年版，第 9 页。

② 汪太贤：《从治民到民治：清末地方自治思潮的萌生与变迁》，法律出版社 2009 年版，第 7 页。

③ 《出使奥国大臣李经迈奏地方自治权限不可不明求治不宜过急片》，光绪三十三年四月二十二日（军录），佚名辑：《清末筹备立宪档案史料》下册，文海出版社有限公司 1981 年印行，第 718 页。

④ 夏东元编：《郑观应集》上册，上海人民出版社 1982 年版，第 3703 页。

之不可”[①]。就具体方案而言，有学者建议，“当分一县之权为三：一立法部以地方士绅领之，凡县中兴利除弊之事皆由此部任之，其绅士之被选继任罢黜皆由本村多数之人会议决定。二行政部以地方官领之，执行地方一些政治。三司法部以专官领之，专管词讼”[②]。这方面清人吴士鉴认为，“新政事宜犹不尽此，然皆分治则利合治则害。而当此世界文明人群进化之际，国于地球上者无不挟国民之力以竞争，而我仅挟少数之官吏以抵制。分治之举职分而权不分，意美法良”[③]。由此看来，吴士鉴就进化论的观念、世界的视野，深入而全面地论证了分治的客观大势，实属可贵。

1907—1909 年，清政府相继颁布了《各级审判厅试办章程》《法院编制法》，从法律上宣告了初级审判厅的诞生。以顺天府为例，史载：“按幅员之广狭、讼狱之繁简，约计顺属应设地方厅四所，乡镇初级厅十五所。”[④] 毋庸讳言，这是一个艰难的历史进程。1947 年地方法院才增加到 748 处，而且“原由县政府或设治局兼理司法之组织，除新疆省外亦已一律改设县司法处”[⑤]，至此，这一历史的转变才基本完成。不仅如此，而且随着近代警察制度的出现与推行，乡村治安权力又相对独立出来。这方面有学者指出，“从清末新政开始，虽然‘自治’基本上一直停留在口头之上，但新的警察制度基本上建立起来了”[⑥]。以四川为例，史载：“查川省一百四十四州厅县，乡镇巡警提前筹办者前经奏明有成都县等二十五处，现又据简州等十六州县将所辖乡镇巡警禀报筹办，当可次第观成。”[⑦]

传统“牧民”而治的时代，作为基层官制的县官制度实质上是一种集权专制，县官掌握行政、司法、治安等大权而带有实政实治的特点；就历史的

① 夏东元编：《郑观应集》上册，上海人民出版社 1982 年版，第 372 页。

② 夏曾佑：《论整顿州县为变法之原》，《东方杂志》1904 年第 1 卷第 7 期，“内务”栏。

③ 《南书房翰林吴士鉴请试行地方分治折》，光绪三十二年六月十五日（军原），佚名辑：《清末筹备立宪档案史料》下册，文海出版社有限公司 1981 年印行，第 713 页。

④ 《顺天府奏第五届筹办宪政情形折》，宣统三年二月十九日（政治官报），佚名辑：《清末筹备立宪档案史料》下册，文海出版社有限公司 1981 年印行，第 815 页。

⑤ 中华年鉴社：《中华年鉴》上册，中华年鉴社 1948 年版，第 463 页。

⑥ 王先明：《变动时代的乡村政制与国家权力——20 世纪初年乡制变迁的时代特征》，《南开学报》2008 年第 3 期。

⑦ 《四川总督赵尔巽等奏四川第三年筹办宪政情形折》，宣统三年二月初五日，佚名辑：《清末筹备立宪档案史料》下册，文海出版社有限公司 1981 年印行，第 808 页。

长时段而言，近现代的基层官制——镇（乡）官制度，则演化为分权合治，镇（乡）官只是掌握行政权，司法审判权力与治安管理权力则相对独立，分别由基层法庭与警察所掌控，镇（乡）长与他们分权合治。至此，我国乡村管理由传统县官的专权治理逐渐转向近现代乡镇长的分权合治，这体现出乡村管理权力思想的历史演变。

总之，在中华民族管理思想发展史上，清朝是一个继往开来的朝代，尤其是晚清中国受到了西方文化的全面冲击，这实为几千年来未有之变局。在此种历史大势之下，我国传统乡村管理思想经过传统与现代、本土与西化、激进与保守、国家与社会的长期博弈，由一种官治的思想体系演化为一种自治的思想体系，由一种基层主官的专权治理演化为一种分权合治。我们觉得，这既是传统乡里自治思想的现代转换，又是西方民权、自治、分权思想中国化的结果；既是西方文化冲击下历史发展的必然，又是中华民族厚德载物、刚健有为精神的展现。

第三节　清末乡村管理思想历史演变的特征与原因

如果说发端与动力、争论与趋同、阶段与内涵是清末乡村管理思想历史演变不可或缺的三个有机组成部分，那么，特征与局限则不失为其初步的总结与思考。

一　乡村管理思想近代演变的特征

清末乡村管理思想的近代演变既根源于现实需要，又为时代所推动，呈现出鲜明的时空特征，体现在以下三个方面。

其一，满与汉、官与民的渐趋一致。

在乡村管理思想近代演变的历史进程中，尽管有反对者，亦有中立者，但是，无论满族与汉族还是官方与民间都不乏支持者与倡导者，乃至形成一股自上而下的变革力量。

满汉方面，满族大臣载泽在通电各省督抚时指出，“议事会所议决之事，俟府州县议事会及董事会成立后再推广。设城镇乡各议事会、董事会及城镇乡等自治机关，以上均受地方官监督”①；另一满族权贵奕劻认为，“现民政部正在拟定自治通则，各州县之城镇乡皆得设立自治会，办理自治事宜；所有会员均有本地选举，其为法虽与任用乡官稍异，其收效实与设立乡官相同”②。汉族学者认为，“中国自周有党正、族师、闾胥、比长之官，自汉有乡官之三老、啬夫、游缴之职”，因此，“中国地方自治真有相沿于自然之势力，有自治之实而无自治之名。今欲昌明其制，其事之易举有昭然也”。③ 不仅如此，而且他们从国际比较的视角进一步指出，“今欧美之日强乃由于举国之公民各竭其力尽其智，自治其乡邑，深固其国本故也”④。

官民方面，广西巡抚张鸣岐指出，“地方自治实宪政之根基，城镇乡又为自治之初基，诚非首先开办不可”。⑤ 江苏学政唐景崇指出，“凡各项应办事宜许民间开会集议，其有才识学行为地方所公认者，应由朝廷特予乡官荣衔。如此乡政遍举，而宪法之始基真安固不摇矣”⑥。民间方面，时人指出，“地方自治制吾中国前古历史上发达盖亦甚早，又为今日世界文明各国所通行者，于救亡之事至为甚要，是在吾民族之自为之也”⑦；另有学者认为，“今天下之患曰内乱，行地方自治之制则民各有恒业自重犯法。今天下之患曰外侵，地方自治者以御外辱，所谓有百利而无一弊者也”⑧。由此看来，官方与民间的不少有识之士，为乡村自治建言献策，其建议可谓切实可行。

---

① 载泽：《附编纂官制大臣泽公等为厘定直省官制事致各省督抚电》，出自《东方杂志》第 4 卷第 8 期，1907 年 10 月 2 日。

② 《宪政编查馆大臣奕劻等议覆闽浙总督松涛所奏乡官考试任用章程折》，光绪三十四年四月二十六日（军原），佚名辑：《清末筹备立宪档案史料》下册，文海出版社有限公司 1981 年印行，第 723 页。

③ 功法子：《敬告我乡人》，《浙江潮》1903 年第 2 期。

④ 明夷：《公民自治篇（续）》，《新民丛报》1902 年第 6 号。

⑤ 《广西巡抚张鸣岐奏广西筹办地方自治情形折》，宣统元年三月初二日（朱折），佚名辑：《清末筹备立宪档案史料》下册，文海出版社有限公司 1981 年印行，第 743—745 页。

⑥ 唐景崇：《江苏学使唐奏立宪政策预大要折》，《政艺通要》（1906 年）第 11、12 号。

⑦ 《列强在支那之铁路政策》跋文，《游学译编》1903 年第 5 期。

⑧ 邓实：《中国地方自治论》，《政艺通报》，1904 年第 1、2 号。

我们觉得，尽管存在着众多不同的声音，但是在认知问题上，国人还是表现出了一定程度的一致性，这使得我国乡村管理思想的近代演变逐渐形成一种趋势，乃至上升为一种文化自觉与民族认同。为此，有学者指出，“清中央政府及地方官绅对团练、乡官、警察、地方自治制度的阐发和提倡，既反映了近代乡治思想的基本走向，也有力地推动了中国政治近代化的进程”①。

其二，杂糅性、曲折性、渐进性。

如果说满汉与官民两方面的努力使得乡村管理思想的近代演变渐成趋势，那么，就自身内涵与演变路径而言，又呈现出杂糅性、曲折性与渐进性的特征。

我国传统乡村管理思想的近代演变明显地呈现出东方与西方、传统与现代交融的历史特征。例如：史载：“由地方公举贤能分任自治之事略仿里长、党正古制，参诸东西洋办法而变通之，始其事于一乡推之一县，由一县推之一府、一省。”② 不仅如此，而且其历史演变的进程中，保守性与进步性并存。乡镇自治的保守性集中体现在“地方官监督”的原则规定方面。当时的王公大臣认为，“地方自治以本乡之人办本乡之事，情亲地近而流弊亦易生，全在地方州县于监督选举时，慎之又慎乃能收相助为理之益”③，他们进一步指出，“地方官有申请督宪，解散城镇乡议事会、城镇董事会及撤销自治职员之权”④。毋庸讳言，在半殖民地半封建社会的中国，在朝廷命官的监督之下，乡村自治必然大打折扣。为此，我们肯定其历史进步性的同时，也不能否认其保守性，这无疑体现出其杂糅性的另一层面。

中华文明不仅是世界上独立的文明发源地之一，而且绵延流长从没有间断，这一特性客观上决定了中国思想文化强大的传统性与抵触力，再加上历史悠久的王权主义的潜在作用，最终导致乡村自治的历史进程迂回、

① 常书红：《乡治思想的近代化变迁》，《浙江社会科学》2001年第6期。

② 都察院：《都察院代奏拣选知县曹克祇条陈教育普及及地方自治办法呈》，《政治官报》1908年第100号。

③ 《宪政编查馆奏核议城镇乡地方自治章程并另拟选举章程折》，光绪三十四年十二月二十七日，佚名辑：《清末筹备立宪档案史料》下册，文海出版社有限公司1981年印行，第726页。

④ 同上。

曲折，在清末及以后的历史时期，传统乡村管理思想的近代演变总体上呈现出曲折性与渐进性的历史特征。在曲折性方面，民国时期保甲制度的复兴即是明证；在渐进性方面，李经迈指出："中国举行新政诚为自强之需要，然求治不宜过急。中国与环球各国情形皆有不同，目前改革之道只宜逐渐改良。"① 由此看来，在自治一事上，这位晚清大臣力主改革的渐进性而稳中求进。

其三，表面性、滞后性。

清末以来，尽管乡村管理思想的近代演变成为历史发展的大势所趋，然而直至今天社会主义村民自治之前，在现实层面始终未能深入而全面地推行，文本制度与现实实践严重脱节，呈现出表面性与滞后性的历史特征。

时人指出，"今日在上者借口人民程度不至，在下者借口政府未有明文，互相推诿，而地方自治遂永无实行之一日，故本会之意宜由各地方酌量情形先行试办，以为国家明定地方自治制度之张本"②。于建嵘先生指出，"清政府颁布的《城镇乡地方自治章程》旨在加强国家对乡村社会的控制，然而清朝推行这一乡村改革方案时，皇权的影响力已经受到了史无前例的挑战，各地兴办自治之事多有名无实"③。这方面另有学者指出，"从现象上看，20世纪初中国乡村制度的变革浪潮十分激越，不过喧嚣的历史运动更多展现在社会结构的上层与中层，对于乡村社会生活的深层影响却十分有限"④。由此看来，在从下向上启动、自上而下推行的历史进程中，传统乡村管理思想的近代演变，一方面是思想的先导与实践的滞后，另一方面则是社会上层思想精英的活跃与社会下层民众行动的迟缓。

二　历史局限背后的原因所在

清末，我国乡村管理思想近代演变的历史局限，亦即保守性、曲折

---

① 《出使奥国大臣李经迈奏地方自治权限不可不明求治不宜过急片》，光绪三十三年四月二十二日（军录），佚名辑：《清末筹备立宪档案史料》下册，文海出版社有限公司1981年印行，第719页。

② 《地方自治研究会周岁大会纪事》，《盛京时报》1907年第139号。

③ 于建嵘：《乡镇自治：根据和路径》，《战略与管理》2002年第6期。

④ 王先明：《变动时代的乡村政制与国家权力：20世纪初年乡制变迁的时代特征》，《南开学报》2008年第3期。

性、表面性与滞后性的特征，是多种因素共同作用下的必然结果与外在呈现。

其一，政治与经济因素。

尽管清末政府面对严峻的时局，主动调整统治方式，变“牧民”为自治，变乡里自治为乡镇自治，变孝治为法治，变集权专治为分权合治，以适应乡村社会的巨大变迁，但仍然是封建专制政体，尤其是满族皇族统治。在这种历史的情形下，自治中的“官治”色彩极其浓厚，例如：史载：“地方自治以专办地方公益事宜，辅佐官治为主。按照定章由地方公选合格绅民，受地方官监督办理。”① 至于吏治的腐败对自治事务的干扰、破坏，更是不胜枚举。

尽管洋务运动后的中国经济开始发展，尤其是甲午战争之后，但是清朝末年，由于国内动乱、外国联合入侵、沉重的战争赔款等诸多不利因素的共同影响，中国经济的发展再次陷于停滞不前的境地。此种历史情形下，民穷国贫，国家不得不依靠外债来勉强维持收支平衡，自治经费的筹集极其艰难。长期出任晚清地方官的樊增祥指出，“是以新章诞布两载于兹，虽实心办理者亦自有人，而斋舍粗立经费无著者又比比皆是”②。毋庸讳言，在没有足够自治经费的历史情形下，乡村自治必将步履维艰。

其二，文化与社会因素。

洋务运动之后，虽然国内逐渐出现了一些新式学堂，尤其是新政之后，但是相对于四万万国民而言，新式教育的普及率仍十分低下，我国文化教育水平总体而言十分落后；另外，虽然进行了自治人才的培育、自治宣传与自治研究，然而囿于各种不利因素的影响，成效不大。毋庸讳言，这一切制约了乡村自治思想的普及与乡村自治的开展。

由于长期封建社会的影响，由于清末内忧外患加剧、社会动荡，尤其是革命形势如火如荼等原因，国家不具备大规模变革的社会条件。以新式学堂的举办为例，史载：“中国之造学堂每染衙门习气，自大门房、茶厅、轿厅以

---

① 《宪政编查馆奏核议城镇乡地方自治章程并另拟选举章程折》，光绪三十四年四月二十六日（军原），佚名辑：《清末筹备立宪档案史料》下册，文海出版社有限公司 1981 年印行，第 724 页。

② 《批郃阳县仇令禀》，出自樊增祥：《樊山政书》卷一二，中华书局 2007 年版，第 275 页。

至大会客厅、小会客厅、洋式餐房陈设华丽。”① 在当时，“仕宦中人不知学堂为何事也，地方绅士则以学堂为利薮，士林中人只以学堂为糊口也”②。“在保守派人士看来，新学堂和任何一种中国传统的教育制度相比较，在组织上似乎更加接近于基督教堂。在顽固派人士看来，教育改革意味着把地方上的宗教设施移作俗用，把低等阶层中的‘浮薄’成分募集到有教养的上层中来。”③ 更有乡民砸毁新式学堂之举，史载：“有高陌社等处十八村民众于六月二十日祈雨进城，该堂学生私议愚民迷信，斯时遂拥入学堂，将门窗器具均有砸毁。”④

在文化与社会因素方面，梁漱溟先生曾经进行过精辟的分析，他指出，“此其故亦要从人生理念、社会形势两面言之。西洋之民治盖从集团生活中来的，但中国人则过着家族生活。基督教人人平等之义有助于民治，他们从中古宗教之出世禁欲，反逼出近代人之现世幸福主义。民治在西洋虽早有之，其在理念上实因这种人生观而加强。但我们的人生理念，自周孔奠其基却一直未曾变过。西洋因有阶级而政治乃得日进于民主，中国民治制度之不立问题就在阶级缺乏，社会形势混论不明”⑤。由此看来，梁漱溟先生就中西比较的宏大视野，从人生理念与社会形势两大方面，深刻地解析了清末民治力量不足的社会与文化原因。

---

① 沈亮启：《普及教育节省经费条议》，《东方杂志》第5年第1期。

② 张枬，王忍之：《辛亥革命前十年间时论选集》，第1辑，生活·读书·新知三联书店1960年版，第537页。

③ ［美］周锡瑞：《改良与革命：辛亥革命在两湖》，杨慎之译，中华书局1982年版，第47—48页。

④ 中国第一历史档案馆、北京师范大学历史系：《辛亥革命前十年间民变档案史料》上册，中华书局1985年版，第64页。

⑤ 梁漱溟：《中国文化要义》，上海人民出版社2011年版，第239—242页。

第四章　清末乡镇自治思想的实践

如果说上述内容是我国乡村管理思想近代演变的理论探讨，那么，地理空间的差异则是实践层面的考察，意在展示现实生活中人们对乡村自治思想的认同与实践。尤其是乡村自治的现实实践，无疑会引起更多人的注意与思考，从而使其得到进一步传播。为此，笔者拟从宏观、微观两方面粗略予以考察，以将人们引向乡村管理思想与实践近代演变的历史现场。

第一节　清末乡镇自治述略

清末我国乡村管理思想的近代演变不仅表现在思想层面，而且体现在华夏各地复杂多变的现实生活中，呈现出鲜明的空间差异。笔者拟从以下两个方面约略予以考察，以初步说明其在全国实践的状况。

一　全国总体状况

清末，我国乡村管理思想的近代演变，逐渐为统治阶级上层所认可，从上而下演化为一场全国范围的社会思潮与实践。

笔者仅以清末王公大臣奕劻的奏折为例，史载："臣奕劻跪奏，一、筹办地方自治。直隶创办最早，天津于光绪三十二年已设有自治局，各州县陆续开办，实具有厅州县自治规模，现计自治预备会设有八十一处，自治研究所设有一百二十八处，学员三千四百余名。浙江亦同时并进，筹办处拟定清单，限宣统三年三月全省厅州县，城镇乡议事会一律成立。山东、江西、安徽、福建、广东城议事会，均限本年内成立，乡镇限明年成立。此外，东三省、山西、河南、湖北，已经拟定期限，提前办理。所有划分区域，调查选民，筹集经费，均由官绅合衷商办。”① 尽管这位大臣的汇报较为简短，但从中也可以看出清末全国乡村管理由“牧民”到“自治”的历史性转变。

二　各大区域概述

我国不仅是一个统一的多民族国家，而且幅员辽阔、人口众多，就各地区乡村管理的近代演变而言，可谓情况各异。

西北地区，其一，甘肃，史载：“惟是甘省僻处边隅，民智固蔽，语以议员资格，选举章程，多茫然不解所谓，况境域穷远，文报需时。奴才惟有督饬在事司道员绅等，察酌地方情形，因势利导，董劝兼施，不敢过于操急，转滋流弊，总期次第图功。”② 其二，新疆，史载：“惟边地僻陋，用人筹款，在在维艰。其城乡镇自治区域，前据各属就原有境界划分区段仅列村庄地名，未免简陋，已通饬将相距里数、山脉、河流逐段详验，俟民政部颁到通行表式，当饬照式分别绘图造册送部。查自治为宪政根本，厅州县与城镇乡实有互相维系之势。第按照定章，要必城镇乡办有端绪，厅州县乃能筹设，现惟饬令将划分区域及宣讲章程规则各事宜切实办理，以备基础。”③ 由上可知，尽管地方官员按照中央意图逐步推行乡村自治，但是在现实实践中很大程度上受到社会地理条件的限制而困难重重。

西南与华南地区，其一，云南，史载：“滇省交通不便，奉文较迟，当

---

① 《宪政编查馆大臣奕劻等奏报各省筹办宪政情形折》，宣统二年十一月十三日（军原），佚名辑：《清末筹备立宪档案史料》下册，文海出版社有限公司 1981 年印行，第 796 页。

② 《陕甘总督升允奏甘省设立咨议局筹办处情形折》，光绪三十四年十二月二十六日（朱折），佚名辑：《清末筹备立宪档案史料》下册，文海出版社有限公司 1981 年印行，第 697 页。

③ 《开缺新疆巡抚聊魁奏新疆第三年第一届筹办宪政情形折》，宣统二年八月二十五日（军录），佚名辑：《清末筹备立宪档案史料》下册，文海出版社有限公司 1981 年印行，第 743—744 页。

筹办处开办之日，距初选之期已仅三月有奇，万难如期办理，不能不按照临时选举办法酌量变通。滇处边峤，风气晚开，郡县缙绅类乏政治上之知识，一般人民尤不知选举权之可贵，骤令其遵章投票，诚恐放弃权利者，既所在皆是，而滥用权力者更举非其人。乃略仿与民读法之意，为普及教育之方，各就城乡要地，设立自治宣讲所，令合格之绅民轮班听受，使晓然于咨议局之设，乃朝廷勤求民隐之苦心，而议员必有公选。”① 其二，广西，史载：“广西偏处边陲，风气素称锢蔽，人民责任心之薄弱，地方生产力之凋敝，均远在内地各省之下。臣深知广西办理自治之难，而又知自治为宪政始基，办理不容迟缓。桂省幅员辽阔，交通不便，仅省城设立一所，既苦于山川阻隔之为难，又苦于经费人才。议将全省划作三区，饬令阖省各厅州县，考选品学素优之绅士入所研究，教以自治制度及与自治有关系之法政学科，毕业后即派回本籍传习研究，以期普及。”② 如同广袤的西北地区一样，较为偏僻的西南地区与华南、广西地区同样遇到了诸多条件的限制，其中包括交通阻隔、民风痼弊、经费短缺等，因此，自治研究与宣传凸显重要与首要。

东北与华北地区，其一，奉天省，史载：“奉省自治区域计四十有六处。上年城镇乡同时举办者，业有承德、铁岭、辽阳、海城、开原、盖平、昌图、宁远、凤凰等十一属，八月以后陆续举办者复有十三属，统计城镇乡会先后成立之处凡二十四属，比较全省自治区域，也已强半竣功。计自秋、冬两季开会以来，议董各员尚能恪遵定章，循序办理。查奉省巡警一项开办较早，现在厅州县巡警及镇乡巡警均已先后成立，据民政使张元奇呈报，足敷平时保安之用。又查东辽一带国防紧要，兼之林工鹿聚易滋事端，复添水上水警。复以奉省盗风素炽，曾于上年奏设预备巡警。”③ 其二，天津，史载：“至本年七月初十日天津县议事会始克成立，计一年来惨

---

① 《护理云贵总督沈秉堃奏筹办滇省咨议局情形折》，宣统元年二月二十八日（朱折），佚名辑：《清末筹备立宪档案史料》下册，文海出版社有限公司1981年印行，第699页。

② 《广西巡抚张鸣岐奏广西筹办地方自治情形折》，宣统元年三月初二日（朱折），佚名辑：《清末筹备立宪档案史料》下册，文海出版社有限公司1981年印行，第743—744页。

③ 《东三省总督锡良奏奉天第三年第二届筹办宪政情形折》，宣统元年三月初二日（朱折），佚名辑：《清末筹备立宪档案史料》下册，文海出版社有限公司1981年印行，第812页。

淡经营，规模颇具。地方自治为我国创办之事，目前教育未周，识字之民尚少，乃遴派曾习法政熟谙土风之绅士为宣讲员，复编印法政官话报，并将自治利益变成白话，张贴广告。各国自治章程俱有法理，研究比较，乃设自治研究所，并召旁听生入所研究四个月后，各回原籍筹设自治学社。实行自治立法为先，计开会议十有九次，议成章程百十一条，调查既毕乃照章先行初选举。所有当选议员经该员备函通告，于七月初十日行开会，互选议长、副议长。既有天津为之模范，其余推行各属，当有事半功倍之望，臣已督饬自治局计划全省地方自治办理，期以三年一律告成。"① 由此看来，由于东北奉天地区尤其是华北天津距离清朝政治中心较近，且交通较为发达，乡村自治进展较为顺利。

华中与华东地区，其一，湖南，史载："当创办之初，地方风气甫开，人民程度不一，必先养成讲演组织之才。檄饬各厅州县遴选士绅，申送考选，先后两次考录合格士绅二百一十七名，因就原设法政学堂、绅校，扩赁房屋开办。俟研究所各生毕业后，再各赴本籍设所传习讲演，庶官绅自治之有裨地方，将来实行兴办不致别生障碍。至城镇乡地方自治办法遵即行饬该处，添设自治筹办处，仍派原委总办、会办、司道及会办绅士，督率在事员绅办理。际此筹办伊始，选举绅董、拨用经费两端关系最重，措办维艰。偏远地方知识多未开通，劝导不易着手，而误会宗旨、滥动公产之弊，亦不可不防。将原设选举事务所改为筹办地方自治公所，为本籍办事员绅研习职务之地。至自治经费，照章应以地方公款、公产等项充入。"② 其二，山东，史载："臣于去年冬间即与司道筹商，以为地方自治施诸今日，必先知其所难而后知其所便。今者商榷旧制，将名义、范围、经费各节，咸纳于自治监督之所司，即为城、为镇、为乡各区。臣等再三讨论，遂于上年冬间即拟定自治研究所章程，计东省一百零七州县，每处选派二人到省入该所研究。以俟养成此项

① 《北洋大臣袁世凯奏天津试办地方自治情形折》，光绪三十三年七月二十二日（军录），佚名辑：《清末筹备立宪档案史料》下册，文海出版社有限公司 1981 年印行，第 720—721 页。

② 《湖南巡抚岑春煊奏湖南筹办地方自治设立自治研究所情形折》，宣统元年六月二十七日（朱折），佚名辑：《清末筹备立宪档案史料》下册，文海出版社有限公司 1981 年印行，第 748—750 页。

自治人才，略有基础再推行各州县，遵章依限扩充。”[①] 乡村自治伊始，可谓千头万绪、困难重重，然而自治人才的培养与宣传却不失为最佳的突破口而凸显紧要，这两项工作顺利完成与否决定着乡村自治运动的历史进程，这鲜明地体现在上述两个地区乡村自治的实践中。

由此看来，尽管各省大员的奏折不乏夸大之处，然而就其具体的汇报内容而言，这一历史时期确实开展了一场自上而下的乡村自治运动，尤其是各省各级政府机关为减少阻力，相继开办各种自治研究所、自治宣传所，举办基础教育，这无疑将乡村自治思想在整个社会范围内进行了一定程度的宣传，从而有力地推动了传统乡村管理思想的近代演变。

第二节　光绪、宣统年间广东乡村自治

由于地理位置优越而较早受到欧风美雨的影响，以及社会经济的发达，清末年间广东地区乡村自治较为先进、典型，乡村自治思想较为普及。

一　自治研究所、自治事务所

自治研究所方面，史载：“核定并行知各厅州县选送士绅，来省入自治研究所，每县至少二人，因各厅州县距省道里远近不一，各学员未能一律到省，分作两届办理，第一届分甲乙两班，每班百二十人，第二届为丙班，亦百二十人。并拟俟该所学员毕业后，分赴各厅州县充当自治研究所所长或所员，及帮同地方官办理自治，各职务均经详报在案，现查各班学员潜心力学者尚不乏人。惟粤省人士究心自治颇多踊跃，除韶州府、东莞、三

① 《山东巡抚袁树勋奏山东筹办地方自治设立自治研究所情形折》，清宣统元年二月十六日（朱折），佚名辑：《清末筹备立宪档案史料》下册，文海出版社有限公司 1981 年印行，第 742 页。

水、龙门及嘉应州、汕头均禀明议设已见奏报者不计外，其余香山、新宁、博罗、灵山、连州、花县等州县，均已先期设立，所拟章程、办法与本处详拟各厅州县自治研究所通则，亦尚相符。此外，绅民有未经禀请自行设立者，均通饬各属调查，一律饬令补交章程、办法，核明是否合法，再予立案。"① 自治研究所是乡镇自治人才的摇篮，为乡镇自治推行的前提与基础。尽管我们不能看到实际效果，然就广东地方官府这方面的管理而言，可谓较为积极与完备。

自治事务所方面，史载："各属筹办地方自治均应以城治地方，设立一地方自治事务所，专为筹办城镇乡及厅州县地方自治之总汇，本所可就署内或公产房屋及庙宇为之。本所俟筹办地方自治事务一律完竣后，即行裁撤。凡镇乡距城较远地方，得仿本所办法设立事务分所一处，酌设分所办事员一人，文牍、庶务各一人，由地方官选派，会同调查员专办选举，一切事宜仍归本所总辖，俟该地方镇会或乡会成立即行裁撤。本所应设各员如左：所长一人以各该地方官为之，坐办员一人，参议员无定额，文牍员一人或二人，庶务员兼会计员一人或二人，调查员无定额，所列各项职员之资格除所长外，均以有选民资格不犯城镇乡地方自治章程第十七条者为限。所长主持所内一切事务，坐办员辅佐所长常川到所，办理所中一切事务。所长为现任官，调查员、参议员均名誉职，不支薪水，惟调查时应酌给夫马费，本所一切公文函件，均用地方官名义，由该地方官盖印发行。"② 由上可知，自治事务所的设立与完善使得广东乡镇自治有了一个指挥枢纽系统，自治事务所的有效运作，在一定程度上避免了事多人杂而效率低下的弊端。

二　自治经费、自治图式与图记

毋庸讳言，自治经费是推动广东乡村自治事业最现实、最重要的因素。史载："窃维粤省各厅州县设所筹办自治，凡行政用人一切着手尚易。惟经费一项既不准作正开销，而各地方公产公款，又以近年新政迭兴罗掘几罄，急

① 广东地方自治筹备处：《广东地方自治筹办处第二次报告书》（不分卷），清宣统二年（1910年）铅印本，广东省立中山图书馆藏。出自中山大学图书馆、广东省立中山图书馆：《清代稿钞本》第50册，广东人民出版社2007年版，第93—94页。

② 同上书，第99—100页。

应代为筹集，以免竭蹶以利进行。公同商议，督饬处员拟定筹集经费方法，分为三项。一、提拨公产公款十分之二；二、就地方另筹杂款；三、劝谕地方殷实绅商量力捐助，惟不准勒派滋扰。凡筹集经费并饬详报本处，查核至绅商捐助地方公费，虽属义所当为，惟出自好义急公，似应分别酌予奖励。”① 晚清时期内忧外患，国家无力通过专款专用的形式予以支持，自治经费成为这一历史时期自治运动中普遍遇到的难题。上述解决自治经费的三项措施亦是不得已而为之，尤其是绅商捐助凸显必要。

为细化自治事务管理，依据中央民政部规定，广东省地方自治筹办处特别规定了自治区域图式与自治事务所用图记。有关自治图式，史载：“民政部佳电开城乡镇自治区域应分别绘图，咨部备核。该图尺幅大小各省应归一律，兹定纸张以营造长一尺五寸，宽九寸为准，比例定为十八万分之一，以营造尺一寸代十里，村庄、地名、山川、河流均须详载。其尚未造缴本处前发图表清册者，除仍照前式赶造外，并遵照现发式样加造该城镇乡分划自治区域图一件，十日内造缴到处。”② 有关自治图记，史载：“奏定城镇乡地方自治章程第一百零八条，内载城镇乡议事会、城镇董事会及乡董，各备木质图记，由督抚核定式样，通行各该地方官，刊发仍由地方官申报上司立案等语。兹查各属议事、董事等会，不日即须成立，所有图记式样自应预为拟订。用营造尺长二寸四分，宽一寸四分，中用小篆，刊某府厅州县某城镇乡议事会、某城镇董事会，及某乡乡董图记字样。”③ 尽管自治区域图式的设计与推行是一项十分细致而烦琐的工作，但在很大程度上保证了自治事务的有效推进，可谓自治进程中的关键性步骤，而自治事务中所需各类图记的设计与规定也是一项十分重要的工作。

三　自治区域划分、镇乡选举

乡镇自治区域划分方面，史载：“宪台批准通饬各属遵办在案，查清单

---

① 广东地方自治筹备处：《广东地方自治筹办处第二次报告书》（不分卷），清宣统二年（1910年）铅印本，广东省立中山图书馆藏。出自中山大学图书馆、广东省立中山图书馆：《清代稿钞本》第50册，广东人民出版社2007年版，第99页。

② 同上书，第106页。

③ 同上。

内第七项内载十月十五日，行知各厅州县，按照城镇乡地方自治章程第二条及第三条，调查所属城镇乡固有之境界，及其名称与户口，绘图列表具报本处，如有境界不明须另行析并者，应由各该地方官速行详确分划，特别绘具图说，详报本处转详。宪台核定限十二月初十日以前报齐等语，当于十月十五日通行各厅州县，并详订各项图表册式，饬令依限填报，嗣恐各属或因辖地过广赶办不及。迨至十二月初十之期已届，各属未能依限禀报者实居多数，又经严电通饬，兹查各属已报明有无繁盛城镇，而未缴到区城图表总册者尚有五十州县。因各属禀报迟延，以致□□编订城乡镇自治区域及汇报。民政部逐年筹备未尽事宜清单，办理分别繁盛城镇中等城镇未经指定之，其余各城镇、近城各乡、偏僻各乡，计分五次逐渐推行，已有头绪。兹据全省各属禀报，合计繁盛城镇共四十二处。现经饬令现行设立事务所赶速筹办，以免延误。”[①] 城乡镇自治区域的划分是一项艰苦而细致的工作，也是乡镇自治实践中十分重要的一环，尽管面临着诸多困难，然而在官府的严厉督促下还是取得了一定进展。

有关乡镇选举，史载：“人名册确定后，各区管理之总董、乡董或官绅，应分缮副本交投票所及开票所备查，并有地方官申报。凡选举事宜除城镇乡等处已设有董事会及乡董者，照章由城镇总董或办理选举之乡董管理外，其余各区由地方官遴派官绅办理。投票所设于各选举区，若区域较广者，得由管理之总董、乡董或官绅分设投票所数处。各区当选人确定后，管理之总董、乡董或官绅，应即榜示姓名、票数，并造册呈报地方官。宣示选举人名册于城镇乡各自治公所，若两乡以上合为一区者，由各该乡董移送管理选举之乡董宣示之。”[②] 尽管上述选举进程仅是清末乡镇自治的一个缩影，然而我们仍能看出其程序较为完备。镇乡选举是清末乡村自治的一项核心工作，选举后的总董与镇董、乡董依法实行地方自治，从而逐步实现由传统“牧民”管理向近代自治管理的重大转变，不失为我国乡村社会管理的一次革命。

---

① 广东地方自治筹备处：《广东地方自治筹办处第二次报告书》（不分卷），清宣统二年（1910年）铅印本，广东省立中山图书馆藏。出自中山大学图书馆、广东省立中山图书馆：《清代稿钞本》第50册，广东人民出版社2007年版，第96—97页。

② 同上书，第114—115页。

广东地方自治筹办处第二次报告书是一部珍贵的历史文献，通过初步解读这一原始资料，我们看到了清末广东地区乡村自治运动的历史画面，展现出了我国沿海发达地区乡村自治思想的逐步落实，这已不再是一种思想理论的鼓吹与传播，而逐渐成为国人政治生活的一部分。

第三节　宣统年间江苏乡村自治

如果说囿于历史资料的局限，我们对清末广东地区乡村自治的描述较为简略，那么相比之下，同样作为海疆的江苏地区的乡村自治则显得较为丰富，人们对于近代乡村自治的认同较为深刻。

一　自治机构、自治经费

如同全国一样，宣统年间江苏地区乡村自治机构主要包括自治研究所、自治公所、自治事务所、乡总公所、乡连合会、乡选民会、议事会、董事会等，借以推行乡镇自治，以及这一思想的贯彻、执行。

其一，自治研究所。

自治研究所一般设立较早，是实行乡镇自治的重要准备机构，肩负着人才培养、自治研究、自治宣传等基础工作。宣统年间，江苏地区乡村自治已经进行到了具体的实施阶段，先前的自治研究所相继被裁撤，然而由于新问题的出现以及少数落后地区筹办自治迟缓的缘故，也不乏自治研究所的设立。自治研究所的裁撤方面，史载："再自治研究所前经详准停办，以其经费改办测量队。现在奉文将筹办处研究所一并裁撤，所有前项拟改办测量队应否即行停止，并乞宪示遵行。"[①] 自治研究所的设立方面，史载："据该县申称，

① 苏属地方自治筹办处：《江苏自治公报·文牍类》第3册，清宣统二年铅印本，第36期，第6页。

会同新阳县督饬绅士拟章筹设自治研究所，查定章设立自治研究所，其所长应由该所公举通晓法政，品学优裕士绅，呈请自治筹办处核派方得开办。该所长何人，其讲授科目，毕业期限及学员资格，是否照章程办理，又所拟章程如何，功课勤惰如何，本处均有稽察查核之责。该县无一字禀报，殊属玩延已甚，仰即将指饬各节，克日报处核夺，万勿再延。”[①] 另外，亦有附设的自治研究所，史载：“据详已悉该县城镇乡筹备公所，拟附设自治研究所，公举朱绅家驹为所长，应准照办，至讲授时间每日至少五时，仰即本处所定各属自治研究所章程办理可也。”[②] 毋庸讳言，就自治研究所的消长而言，我们即能看到清末江苏地区乡村自治历史进程的多姿多彩。

其二，自治筹备公所。

有关设立乡镇自治筹备公所的必要性与必然性，时人有着清醒的认识，他们指出，“究竟立宪的根本地方在于何处？就是设立城乡镇自治公所。设立自治公所之缘因：第一是划分区域，第二调查户口，第三分配事务，第四责成效果。推究缘因，皆从设立城乡镇自治公所而始”[③]。有关乡镇自治筹备公所的设立，史载：“该县乡镇自治原准提前筹备，惟各镇乡设立公所及举定所长，必须随时报明本处核准方得开办。究竟各公所是否同时成立，其中办事细则是否一律合宜，镇乡各区四至方里，亦均须明晰报处核夺。”[④] 这里尚需指出的是，宣统年间，各类镇乡自治筹备公所成为乡村自治的实际运作中枢。

其三，自治事务所。

伴随着江苏乡村自治运动的开展，更大范围的县级筹备自治公所相继成立，在此种历史情形下，镇乡筹备自治公所相应改称为自治事务所，史载：“惟查长元吴县自治筹备公所业经申报成立，则该镇应照章称为光福镇自治筹

---

① 《批昆山县申复筹设自治研究所由》，出自苏属地方自治筹办处：《江苏自治公报类编·批牍类》第523册，文海出版社1988年影印本，第35期，第83页。

② 《批奉贤县详送自治研究所简章由》，出自苏属地方自治筹办处：《江苏自治公报类编·批牍类》第523册，文海出版社1988年影印本，第18期，第45页。

③ 《设立城乡镇自治公所之缘因》，出自苏属地方自治筹办处：《江苏自治公报类编·论说（白话）》第522册，文海出版社1988年影印本，第31期，第487页。

④ 《批震泽县详震邑镇乡分区设立自治公所并绘图由》，出自苏属地方自治筹办处：《江苏自治公报类编·批牍类》第523册，文海出版社1988年影印本，第18期，第43页。

备事务所，不得复称公所，以正名称，仰即转饬更正仍候。”[①] 这一历史时期出现了多种类型的事务所，兹以清查事务所与选举调查事务所为例。有关清查事务所，史载：“查本处所定办法纲要第二条，清查事务所由地方官遴派城乡公正士绅五人以上，详请充任。该县仅派正副所长二人均系城绅，公产公款城乡皆有，其势恐难兼顾。”[②] 有关选举调查事务所，史载：“据祥称该县刘行乡自治选举调查事务所，于上年十月中旬成立，并未报明本处。有案查乡镇自治原准提前筹备，惟必须将该乡四至区域详细绘图，由本处核准，方得开办。”[③] 毋庸讳言，依据复杂多变的镇乡地方政情与乡村自治的实际状况，设立不同形式的事务所予以针对性管理，可以有效地推进乡村自治运动的开展。

其四，乡选民会。

与镇乡议事会、董事会不同，这一历史时期江苏地区也出现了乡选民会。史载：“本条既称选民会，则除以第十六条第三项之资格为选民者，凡属选民皆得与会，乡选民会设议长。选民会均与议事会同，故均照议事会章程办理，惟选举议长副议长，则一为议员，一为全体选民。”[④] 这类“乡选民会与乡议事会组织虽异，然职任权限等二者无不从同，故其会议照乡议事会办理”[⑤]。

有关镇乡议事会与董事会，学界多有探讨，兹不赘述。

自治经费是乡村自治得以实现的物质基础，在财政十分窘迫的历史情形下，自治经费的筹集、使用、管理等十分重要。时人指出，“政治团体于其分内之设施负有积极之义务，而其能为设施与否，全视经费以为之活动，自治

---

① 《批昆山县祥井亭筹设乡自治事务所绘图録折请查核由》，出自苏属地方自治筹办处：《江苏自治公报类编·批牍类》第523册，文海出版社1988年影印本，第37期，第133页。

② 《批靖江县详设清查公产公款事务所举定正副所长俯赐鉴考由》，出自苏属地方自治筹办处：《江苏自治公报类编·批牍类》第523册，文海出版社1988年影印本，第14期，第25页。

③ 《批宝山县详报刘行乡设立调查事务所并呈简章及职员名单由》，出自苏属地方自治筹办处：《江苏自治公报类编·批牍类》第523册，文海出版社1988年影印本，第21期，第68页。

④ 《讲义·章程解释》，出自苏属地方自治筹办处：《江苏自治公报类编·讲义类》第521册，文海出版社1988年影印本，第49期，第433页。

⑤ 同上书，第425页。

团体亦然，是故本章之经费关系于自治者甚巨”①。

有关自治经费的系列法律规定，史载：“第九十条城乡镇自治经费以左列各款充之：（一）本地方公产公款，（二）本地方公益捐，（三）按照自治规约所科之罚金。第九十一条，前条公款公产以向归本地方绅董管理者为限。第九十二条，公益捐分为两种如左：（一）附捐，（二）特捐。第九十三条，公益捐之创办呈请地方官核准。第九十四条，自治经费均归董事会或乡董管理。第九十五条，公款公产不在此限。第九十六条，附捐由该管官吏按章征收。第九十七条，凡于本城镇乡内公益捐。第九十九条，预算内提用他款。第一百条，城镇董事会第二项办理。第一百一条，凡自治经费出入之检查分为两种如左：（一）定期检查，（二）临时检查。”② 由此看来，有关自治经费的法律规定可谓完备而详细，不失为有法可依。

尽管上述文本规定较为详备，然而在现实实践中并非如此刻板、简单，举例如下：其一，自治经费来源的多元化。除上述文本规定之外，乡镇自治经费的来源还包括忙漕带征等。忙漕带征方面，史载：“据该县自治筹备公所参议员倪向荣等禀请，将忙漕带征捐款及图书馆公捐两项捐款，析为十分，该县所划城镇乡九区各得其一外，其所余一分，即充县自治筹备公所开办经费，各节似属可行。”③ 其二，自治经费的改用与缓收。自治经费改用方面，史载：“将详定自治研究所经费改办测量队，测绘苏属各州厅县地图，约二年半可以竣事，自可照准。”④ 自治经费缓收方面，史载：“该厅转请缓收自治经费等情，应归藩司主政，既据并禀仰候，藩司批示可也。”⑤

---

① 《讲义·章程解释》，出自苏属地方自治筹办处：《江苏自治公报类编·讲义类》第521册，文海出版社1988年影印本，第51期，第445页。

② 同上书，第444—451页。

③ 《批靖江县士绅倪向荣等禀请将忙漕带征图书公捐两项十成之一作为县自治筹备公所开办经费请示遵由》，出自苏属地方自治筹办处：《江苏自治公报类编·批牍类》第523册，文海出版社1988年影印本，第39期，第144页。

④ 苏属地方自治筹办处：《江苏自治公报·文牍类》第2册，清宣统二年铅印本，第33期，第7页。

⑤ 《批太平州厅祥据职董田廷缙等以州境迭遭灾歉民情困迫禀恳暂缓收自治经费等情转请示遵由》，出自苏属地方自治筹办处：《江苏自治公报类编·批牍类》第523册，文海出版社1988年影印本，第28期，第90页。

二　自治区域、自治选举

如果说自治机构的建立、自治经费的筹措是乡镇自治的前提保障，那么，自治区域与自治选举则分别成为乡村自治中的重头戏与压轴戏。

其一，乡镇自治区域的独立性及镇乡之别。

有关乡镇自治区域的独立性，苏属地方筹办处指出，“盖地方自治以本地人为主体，办理各镇各乡即以各镇各乡之人为主体，不能于城厢中设一总机关专办乡镇之事”①。不仅如此，而且镇、乡有别，时人指出：“查区域定义，为就原有镇乡计其所有人口，以定其为镇为乡，若得以某一镇乡为主，而以他镇乡附隶之，将无不成为镇自治，又安得有乡自治乎?”② 进而言之，“镇乡却不以地方为界限，以人数为界限。凡市镇村庄屯集各地方，人口满五万以上为镇，人口不满五万以上为乡，故有时镇的人口减少可以改为乡，有时乡的人口增加可以改为镇”③。毋庸讳言，这体现出乡村自治区域划分的细致之处。

其二，自治区域划分及图示。

在乡镇自治的具体操作中，自治区域划分是一个十分细致而艰苦的工作，史载：“称华邑后冈庄十、十一、十八、二十一等图应划入金山之东二乡区，东二乡区之七保、廿七图应分别划入华亭之前后冈区，查阅来图地形，虽不整齐实系各项联属，自可毋庸改正，惟隶华亭之南廿六、廿八图，隶金山之东二乡廿七图，镇区廿九图，犬牙相错有无不便行政之处，仰华亭县会同金山县，查酌情形，履勘详复。”④ 由此看来，虽然是乡村中“图”的归属问题，却由于地理情况的复杂而不得不由两县共同商议解决。

在合理划分乡镇自治区域的基础上，县府将详细标注的自治区域图示上

---

① 《批靖江县禀请援宜荆成案将镇乡事宜归并城厢筹办公所会同办理由》，出自苏属地方自治筹办处：《江苏自治公报类编·批牍类》第523册，文海出版社1988年影印本，第20期，第59页。

② 《批长洲县申报会董协议暂划镇乡区域并送简图由》，出自苏属地方自治筹办处：《江苏自治公报类编·批牍类》第523册，文海出版社1988年影印本，第24期，第75页。

③ 《设立城乡镇自治公所之缘因》，出自苏属地方自治筹办处：《江苏自治公报类编·论说类》第522册，文海出版社1988年影印本，第31期，第487页。

④ 《批华金士绅周尚宽等禀整理区域请饬县勘划由》，出自苏属地方自治筹办处：《江苏自治公报类编·批牍类》第523册，文海出版社1988年影印本，第50期，第193页。

报省自治筹办处，但由于诸多方面的原因，这种自治图示常常出现许多问题而为上级驳回，史载："查该县桥镇曾与本年七月十九日报处批准备案，今图折并未列入，是否将桥镇改为三桥乡，如果改定，应于详内声明，且各镇乡方里清折内均未核计报明，而按图步算，竟有每区仅合十方里有奇者，其不能遵照本处所定镇乡区域标准，缘由又未详晰声叙，难予核准。仰即将各镇乡另绘分图，详载四至，另开清折，将各区方里分别报明，并将饬令加线舆图，一并送处覆核。"① 从筹备处所列不当之处来看，该图示实在是错误太多而不得不加以修正，以切实保障乡村自治区域划分的合理性，防止自治纠纷的发生。

在乡镇自治区域划分的现实实践中，由于客观上的需要，自治区域的合并与析分成为一种历史必然。以上海地区为例，史载："城乡总分各图，均系就固有区域分别办理，而所附说明又复声称，议将闵行、颛桥、北桥、马桥并为闵行镇，洋泾、高行、陆行、塘桥并为洋泾镇。查分划区域，照章以固有之境界为准，镇固不能强析为乡，乡亦不能强合为镇。本处前定镇乡分划标准，固有区域不满五十方里宜并，过三百方里宜析者，深恐区域过小则力有不足，过大则鞭长莫及也。今就该县绘呈各图，按诸章程及本处前定标准，如北桥、颛桥、法华、塘桥、杨思、陈行、江桥各区，不满五十方里，至图中江桥界地分三段，尤为不便，均应与他区合并办理，仰该县克日督同县自治公所，会同和衷协议。"② 尽管上海县对镇乡自治区划做了不少工作，但是仍有不足之处，为保证其合情合理，苏属地方筹备处督促"该县克日督同县自治公所，会同和衷协议"。

其三，自治区域划分纠纷与联合乡自治。

由于乡村自治处于初步实行阶段而经验不足，自治区域的划分涉及各方利益，以及客观情况复杂、吏治腐败等，自治纠纷层出不穷，时人指出，"朝廷许地方自治原为人民谋幸福，不料疆界纷争如临敌国，功效未现恶感横生

---

① 《批崇明县申报划定镇乡并改定镇乡名称绘图录折呈核由》，出自苏属地方自治筹办处：《江苏自治公报类编・批牍类》第523册，文海出版社1988年影印本，第50期，第193—194页。

② 《批上海县申送城镇乡区图并加线图及各事务所调查员清折由》，出自苏属地方自治筹办处：《江苏自治公报类编・批牍类》第523册，文海出版社1988年影印本，第45期，第177页。

开通，如苏辖地方亦复有此现象”。①

以下述两地为例：例一：惠山区争端，史载：“据该县开原乡人苏顺昌等禀请，将遐字图内惠山等处断归乡区，批县饬遵等情。查此案前据蒋士松等具禀到处业经批饬，该县妥速筹划应否加以变通，克日具复核夺在案，至今未据覆到。惠山一带选民自己在投票之列。本月初三日，蒋绅士松又复到处面诉前情，其时本处参议裘绅廷、梁亦适到处与会，允任调停之责。仰该县并案邀集城乡各士绅，会同裘绅和平集议，籍息事端，仰将议决情形详晰报处。”② 例二：周庄区争端，史载：“察阅来禀，语意忿懑、争执愈烈。查周庄一区，据该绅所送镇志分隶元江青三县，隶元者凡三十五乡，隶江者凡三十五乡，隶青者凡三十七乡。该绅等若据固有境界为周庄区域，则不应但割隶吴江者之一隅，而其余概予捐弃，此一定之理也。若谓援照本处标准，以街市毗连为断，则该绅前送区图明明以双线为市街，单线为道路，而图中所绘双线止于元和之境内，且有河流桥梁以为两县之天然界划也。本处据该绅等所送之图，以为天然界划而来，忽有以图中单线谓为市街，以子之矛刺子之盾。且前据吴江县禀请分办，本处即经批令与元和县会商乃既定期约，而陶绅不至，迭经吴江县禀称，周庄公益事宜习惯向非合办，坚请批准分立，以无误筹备进行之期。该绅等始则置若罔闻，继乃起而争议，此次饬县勘定界址，而江界士绅又复不到，闾里相望，冰炭若斯，强为合置，亦复何益。本处为地方筹备自治，所期者人民互谋公益，为便利自治起见，该镇暂时分立。”③ 由此可见，自治争端的激烈与复杂，这种多种势力参与的地方纷争，无疑成为清末我国乡镇自治历史进程中的一大障碍。

在解决清末乡镇自治争端的历史过程中，出现过不少有效的解决方案，联合乡自治即是其一，史载：“据该县士绅张廷傑等禀称，遵照本处前批，将金山卫固有区域定名为金山卫华金联合乡自治等语，并绘具图说前来，查办

---

① 《批元和县周庄镇陶惟坤等禀奉批会勘江邑复函展期据章请示由》，出自苏属地方自治筹办处：《江苏自治公报类编·批牍类》第523册，文海出版社1988年影印本，第41期，第159页。

② 《批无锡县苏顺昌等联名禀请遐字图断归开原乡区批县饬遵由》，出自苏属地方自治筹办处：《江苏自治公报类编·批牍类》第523册，文海出版社1988年影印本，第20期，第60页。

③ 《批元和县周庄镇陶惟坤等禀奉批会勘江邑复函展期据章请示由》，出自苏属地方自治筹办处：《江苏自治公报类编·批牍类》第523册，文海出版社1988年影印本，第41期，第159页。

理自治、划分区域，均须有地方官详报本处核准方得开办，该士绅所禀联合筹办情形，仰该县会同金山县详细划定区域，遴派办理人员，逐一从速报明本处。"[①] 针对繁难的选区争端，苏属地方自治筹备处不得不听取基层士绅的建议，顺水推舟息事宁人，以保证乡村自治取得进展。

如果说自治区域的划分是清末乡村自治运动中的重头戏，那么自治选举则不失为其压轴戏，从而在整个乡镇自治活动中占有举足轻重的地位。

第一，两级选举与选举事宜。

在乡镇自治选举活动中，选举划分为两级，史载："查选举章程第五条内载选举人分为两级，就选举人内，择其年纳正税或公益捐较多者若干名，计其所纳之额，足当选举人全数所纳总额之半者为甲级，其余选举人为乙级等语，是照章设如税额一千元，以纳税最多者若干名合五百元之数为甲级，其余若干名合五百元之数为乙级。若所纳之数介乎两级之间，有两名以上相同者，则以年长之人为甲级，年同者抽签定之。"[②] 这种两级选举划分实际上是一种以财产为依据的划分，这固然排斥无产者，然而在某种意义上讲这是一种历史的必然，否则就不可能解决自治经费严重匮乏的问题。

选举事宜方面，其一，选举事宜可谓繁重。[③] 以西门乡为例，史载："该县西门乡调查选举事宜，据绅董等呈称业已完竣，并定宣示选举人名册及选举日期。虽镇乡不妨提前办理，而选举事关重要固贵迅速。该县有监督之责，仰先将调查户口总数及选民实数，分别报处，一面饬令照办可也。"[④]

第二，在镇乡诸多选举事宜中，乡选各职与选民活动颇为引人关注。

乡选各职主要有议长、副议长、议员、总董、董事、名誉董事等。[⑤] 以议长为例，章程规定，"本条为定议长副议长之选举，其互选细则别定于规

① 《批饬华金两县查覆士绅张廷傑等禀办金山卫华金联合乡自治由》，出自苏属地方自治筹办处：《江苏自治公报类编·批牍类》第523册，文海出版社1988年影印本，第41期，第159页。

② 《批靖湖厅详选举自治两级请示由》，出自苏属地方自治筹办处：《江苏自治公报类编·批牍类》第523册，文海出版社1988年影印本，第18期，第46页。

③ 苏属地方自治筹办处：《江苏自治公报类编·讲义类》第521册，文海出版社1988年影印本，第44—47期，第411—425页。

④ 《批嘉定县详西门乡调查户口完竣并录呈宣示日期公布及选举传单由》，出自苏属地方自治筹办处：《江苏自治公报类编·批牍类》第523册，文海出版社1988年影印本，第7期，第15页。

⑤ 《第二次报处成立各镇自治职员一览表》，出自苏属地方自治筹办处：《江苏自治公报类编·图表类》第521册，文海出版社1988年影印本，第67—69期，第183—195页。

约，惟副议长不过议长之代理，既用单记自宜分次先选议长”[①]，不仅如此，而且当选人的道德品质也为时人所看重，以副议长为例，史载：“据该邑监生沈谷人禀请，副议长倪存仁因奸占产等情事关风俗，虚实均应究澈，且地方自治尤不容此等品行悖谬之人滥厕其间，仰该县严切查明，限十日内具复核夺，倘或瞻徇，一经本处复查明确定惟该县是问。”[②] 由此看来，苏属自治筹办处对这类事情颇为重视，严令当地县府认真办理，然而遗憾的是，由于史料的局限，我们不能看到处理的结果。

有关选民事宜，一方面，当时选民调查出现一定的困难，为此，官府严加督促，史载：“详折具悉所称民智未开，尽有合格选民未皆开报，因之遗漏。不知此次调查非寻常具文可比，未便任令错漏，现值选举伊迩，仰即会同各士绅等妥慎办理，仍按定期宣示，俾遗漏错误者得以续补更正，仍克日分别造册送处核办，毋违切切。”[③] 另一方面，人们对选举的有效性也颇为重视，以岳家龙是否当选为例，筹办处明确批示：“岳家龙姓名当时既漏未列册，且该议事会于十月十七日办理选举，迄今已逾，声明更正其限期，自不能作为当选有效，仰即转饬知照缴。”[④]

第三，选举回避与道僧不得选举。

为保证选举公正，选举回避成为一项重要原则，例如：章程规定，“父子兄弟以弟避兄。本项为防议决之偏徇而设，惟不使父子兄弟并为议员之故。本章程明定子弟当避，则子弟纵得巨多之票数，父兄之票苟及格即宜谢选”[⑤]。不仅如此，道僧不得参与选举也成为一项原则，史载：“查僧道不得选举及被选举为自治职员系部章所定。该县文生徐承德一再以习法两字为道

---

① 《讲义·章程解释》，出自苏属地方自治筹办处：《江苏自治公报类编·讲义类》第521册，文海出版社1988年影印本，第47期，第423页。

② 《批崇明县监生沈谷人禀为自治议长倪存仁因奸占产叩请斥革究办由》，出自苏属地方自治筹办处：《江苏自治公报类编·批牍类》第523册，文海出版社1988年影印本，第37期，第141页。

③ 《批靖湖厅祥报厅属自治调查选民情形造具总数清折由》，出自苏属地方自治筹办处：《江苏自治公报类编·批牍类》第523册，文海出版社1988年影印本，第17期，第40页。

④ 《批武进县祥岳家龙姓名漏未列册可否援照自治章程第十六条第五款作为当选有效请示遵由》，出自苏属地方自治筹办处：《江苏自治公报类编·批牍类》第523册，文海出版社1988年影印本，第49期，第191—192页。

⑤ 苏属地方自治筹办处：《江苏自治公报类编·讲义类》第521册，文海出版社1988年影印本，第46期，第422页。

士代名，与姜宝璜辩护，业经本处驳斥复敢插身健讼，实属不知自爱。仰该县传谕申斥，毋再多事。”[①] 由此看来，这一原则在实践中还是得到了一定的遵守，并非一纸空文。

第四，选举事端。

在清末江苏地区乡镇自治活动中，选举事端层出不穷，现举出以下三例。

例一：“劣绅”被举。史载：“据该县金山卫孙祖康等禀控该乡筹备公所副所长李邦瀚各节。查该乡筹备公所各项职员去年十一月间，业由本处饬令开折具报在案，至今未据覆到，究竟李邦瀚是否已派为该乡筹备自治公所副所长，是否迭经该管府县访拿。又查该乡士绅去年禀请筹备自治时，即系李邦瀚首列，孙祖康、邹体仁等亦均随同署名，现复来处控告，其中有无别情，仰该县逐一查明。”[②] 筹备处十分重视当选的领导层人员，为此，尽管接收到地方士绅的控告，仍然饬令该县认真查实，彻底弄清事情真相。

例二：当选人辞职。史载：“查谢绝当选，以章程二十二条列举事由为限，所称甲级不应选者，多系公正士绅，自必热心乡里，应由该县敦劝应选以维大局。至该县所称该当选人等辞职原由，系因当选人中有一二不类致羞与伍，又不肯诉讼，相率告退等语。所称不类者究系何人，虽无人起诉，其足为诉讼事实自必有据。该县任地方之责，照章有申请撤销自治职员之权，岂得含糊其词，听其滥厕。仰即克日详细逐一查明，禀候本处核夺以重选举，毋稍祖延。”[③] 当选人辞职严重损害了当时镇乡选举的形象，为此，苏属筹办处督促该县严加盘查，以弄清事实真相，维护乡镇自治的权威。

例三：“辞董事而就议员”之争。史载：“查此案已于前该议事会呈复，陆燦昕辞董事而就议员曾据声明，系为冯经芳、倪成仁等排挤所致，此次沈之俊以为陆燦昕不当退为议员，仍系从前排挤故态，该议事会成立以来攻击之风至今未息。且自治章程并无辞退董事不得仍为议员之规定，凡章程未经

① 《批南汇县文生徐承德禀挟嫌诬讦续求访辩由》，出自苏属地方自治筹办处：《江苏自治公报类编·批牍类》第523册，文海出版社1988年影印本，第35期，第119页。

② 《批华金二县金山卫绅商孙祖康等禀劣绅被举请饬县撤销由》，出自苏属地方自治筹办处：《江苏自治公报类编·批牍类》第523册，文海出版社1988年影印本，第35期，第122页。

③ 《批丹阳县禀请批饬令甲级不愿应选之人各即应选不任推诿由》，出自苏属地方自治筹办处：《江苏自治公报类编·批牍类》第523册，文海出版社1988年影印本，第22期，第69页。

规定者即不能限制人意志之自由。”[①] 在乡镇自治的现实实践中，党同伐异、相互排挤成为不争的事实，上述案例即是其一。

总之，通过“劣绅”被举、当选人辞职、“辞董事而就议员”之争三个代表性实例，我们可以看出当时的镇乡选举是多么的复杂、生动，可谓耐人寻味而又难辨是非。

三　自治进程及其缘由

在自治机构得以建立、自治经费得以基本解决的前提下，乡镇自治的诸多事宜得以实施，从而推动了乡村自治的历史进程。

首先，镇乡自治提前办理。就地方自治的整体进程而言，乡村自治是州县自治的基础与前提，史载，“查筹办厅州县自治，以筹备乡镇自治为第一期”[②]，而“乡镇自治虽可提前办理，然必须按固有区域各归各办”[③]。

其次，从镇乡公所到镇乡事务所的历史转换。伴随着乡村自治事业的艰难推进、县级自治筹备公所的陆续建立，乡镇自治公所逐渐走向历史的终结，而代之以镇乡事务所。

最后，乡镇自治进展缓慢及其原因。在清末乡村自治的历史进程中，乡镇自治呈现出进展缓慢的历史特点，以乡区划分为例，史载：“该县应即遵照办理，依限督率进行，此地方官职权所在，何致使乡区任意争执，致误定限，仰即将调查选举事宜，克日办竣，倘再延误，定将该县等记过。”[④]

究其原因所在，除自治争端过多、吏治腐败、经费窘迫等之外，尚有下述三个方面的因素。

其一，少数乡民对自治的仇视。时人指出，“只因川沙、南汇等处仇视自治，固由于乡愚的不明道理，然而小民无知，未见自治的好处先受捐税的影

---

① 《批崇明县祥据城议事会议员沈之俊禀陈理由请核示由》，出自苏属地方自治筹办处：《江苏自治公报类编·批牍类》第523册，文海出版社1988年影印本，第48期，第177—188页。

② 《批长元吴三县申送县自治筹备公所正副所长衔名清折由》，出自苏属地方自治筹办处：《江苏自治公报类编·批牍类》第523册，文海出版社1988年影印本，第47期，第183页。

③ 《批嘉定县祥覆外冈等厂设立自治事务所未经县中批准请核示由》，出自苏属地方自治筹办处：《江苏自治公报类编·批牍类》第523册，文海出版社1988年影印本，第7期，第16页。

④ 《批武阳筹备城镇乡地方自治公所呈区域不定无从办理选举由》，出自苏属地方自治筹办处：《江苏自治公报类编·批牍类》第523册，文海出版社1988年影印本，第16期，第38页。

响，心中本不舒服，故容易受匪徒之煽惑，倘再经没行止的议员节外生枝，多方敲诈，恐怕激而生变，川沙就是前车之鉴”[①]。上述分析不无道理，如此之下乡民集体反抗即不可避免，虽然仅限于局部地区。

其二，土恶阻碍自治。在乡镇自治的现实实践中，地方土恶成为一种人为障碍，史载：“查此案已于该所长等前呈，阻挠自治请饬提土恶惩究。兹复据该所长等呈请，饬县惩究前来。仰该县按照所禀各节从严查究，毋任阻碍，一面仍将惩办情形覆处，不得稍事含糊切切。”[②] 由此可见，为完成政绩考核，地方政府惩治土恶而推行自治的决心还是十分坚定的。

其三，神权阻挠自治。在阻碍乡村自治的诸多不利因素中，神权的消极影响不容小觑，例如史载：“兹又据彭邦俊等以迷信神权阻挠自治禀控前来，在彭邦俊等无非冀充公所人员。仰即克日将该镇筹备事务所人员，逐一遴选公正士绅充任，以利进行而杜争竞，至王希璟等假神仙道术蛊惑乡愚，如果属实自宜禁止，应由该县一并查明办理切切。”[③] 由此看来，在清末广大乡村社会，封建迷信还是占有一席之地，乃至对局部地区的自治运动产生不利影响。

四　县府、绅士、耆民与乡镇自治

如果说乡村自治历史进程的描述是一种纵向考察，那么，县府、绅士、耆民与乡镇自治关系的探讨不失为一种横向思考。

诚然，一方面，苏属地方自治筹办处不失为江苏乡村自治中枢所在，掌控着乡村自治的方方面面，可谓责任重大；然而另一方面，县府作为官府在地方的代表，其作用同样不容小觑。现举例如下：例一，自治区域划分，史载：“查该县张堰镇区如何分划，并未经该县详报有案，今忽称杨成育等拟将吕巷划出，令其独立，亦未据该县详晰绘图前来。查定章分划镇乡须照向来

① 《敬告乡镇自治各职员》，出自苏属地方自治筹办处：《江苏自治公报类编·论说类》第522册，文海出版社1988年影印本，第53期，第531页。

② 《批吴县香山乡自治筹办事务所正所长等呈为土痞在押请饬县惩一儆百以疏窒碍而了调查由》，出自苏属地方自治筹办处：《江苏自治公报类编·批牍类》第523册，文海出版社1988年影印本，第46期，第182页。

③ 《批昭文县梅里绅士彭邦俊等禀迷信神权阻挠自治由》，出自苏属地方自治筹办处：《江苏自治公报类编·批牍类》第523册，文海出版社1988年影印本，第30期，第102页。

固有之区域，岂能就好恶以为出入，吕巷一处方里人口，未必有独立之资格。该县有监督之责，毋得任意偏徇致滋流弊，仰即确切调查，宜分宜合，各将区域四至、户口方里，绘图贴说，详请本处核夺，饬遵再行开办。”[①] 例二，自治职员遴派，史载：“禀悉筹办自治职员由县遴派，其公正与否、胜任与否，有地方官负其责任，为之监督。该生等所控既不指实，其人若深以遴派不及，于己为恨者迳向本处呈诉，殊属无谓，惟自治要政，筹备伊始用人宜慎，仰该县秉公查察。”[②] 在清末乡村自治运动中，县府有着很强的左右形势的能力，这对于乡村自治既是一种助力，又是一种限制。

如果说县府是乡镇自治运动的直接掌控者，那么，处于官民之间的各类士绅则成为乡镇自治运动的实际运作者。现举例如下：例一，士绅和平集议，史载：“是此案两造争端各有理由。特地方自治以本地之人办本地方之事，尤当以适合人情为主。仰常州府督同武阳两县，邀集城乡士绅，和平集议如何分划，务从妥协，勿起争端，仍将协议情形赶即报处。”[③] 例二，经费筹集，史载：“该县筹备自治公所经费，业经朱绅等共同议决，以积谷息款项下暂借济用，俟筹有款按年均还，尚属可行，仰即妥筹办理。”[④] 例三，改设城镇乡公所，史载：“即使禀请改设，亦必须将同意之镇乡士绅若干人，是否堪以协同办事及其衔名住所，均须详晰报明本处核夺。究竟是否将城厢公所改设城镇乡公所，仰该县会集城镇乡公正各绅通盘筹定，克日将详细情形明白禀复，以便核饬遵照。”[⑤] 通过上述三例，我们可以看出，士绅在乡村自治中的地位可谓举足轻重。从某种意义上讲，清末民初的乡村自治运动进一步抬高了士绅的社会地位，增强了其在乡村社会中的权势。

---

① 《批金山县详据杨成育等禀请更划镇区由》，出自苏属地方自治筹办处：《江苏自治公报类编·批牍类》第523册，文海出版社1988年影印本，第21期，第65页。

② 《批常熟县西北乡高锦繡等禀为筹办自治弄权见好环叩饬县照章重行整理由》，出自苏属地方自治筹办处：《江苏自治公报类编·批牍类》第523册，文海出版社1988年影印本，第52期，第209页。

③ 《批武阳筹备城乡镇自治公所开具说□由》，出自苏属地方自治筹办处：《江苏自治公报类编·批牍类》第523册，文海出版社1988年影印本，第6期，第5页。

④ 《批奉贤县筹备自治公所经费禀请拨借积谷息款由》，出自苏属地方自治筹办处：《江苏自治公报类编·批牍类》第523册，文海出版社1988年影印本，第7期，第12页。

⑤ 《批靖江县详送筹备城乡镇自治公所办事及调查选民细则并预定日期表分开清折照填表式呈请鉴核由》，出自苏属地方自治筹办处：《江苏自治公报类编·批牍类》第523册，文海出版社1988年影印本，第14期，第26页。

在清末江苏乡村自治实践中，县府与士绅分别起到了十分重要的作用，然而遗憾的是，普通民众的参与相对匮乏，甚至受到打压，以“耆民禀请”为例，史载：“汤家桥、东一场、东三场各都图，自应遵照前批迅予更正，不得割归厢界，兹据该耆民等禀称各节确难照准，仰即转饬知照。”①

总之，在清末江苏乡镇自治的历史进程中，自治机构的建立、自治经费的筹集无疑成为基本前提，之后，诸多乡村自治事宜陆续开展，乡治进程在艰难中得以推进，尤其是选区划分与镇乡选举不失为重心所在，而县府、士绅与耆民的参与更是乡村自治由政策变成现实的根本所在，由此，清末江苏乡镇自治的历史画面得以基本展现。尽管后人对其滞后性与彻底性不乏指责，然而在这一沿海地区乡村自治思想成功地转化为实践，在实践中得以进一步宣传，这已成为不争的事实。

第四节　清末珲春地区的乡镇自治

伴随着全国乡镇自治的逐渐兴起，尽管起步较晚，但是清末吉林珲春地区的乡村自治也有所进展，现略述如下。

一　自治机构与职员的设立

有关自治研究会，史载：“光绪三十四年，珲春地方绅士集合组设自治研究会，会址设于城隍庙，举全海为会长，何详成为副会长，研究自治范围内事务。”② 有关自治研究所，史载：“于光绪三十四年春，改自治研究会为自治研究所，遴选所长、教员、招考学员，于八月开课。宣统元年七月毕

① 《批昭文县耆民叶春等禀区域已定公叩批饬禁止变更以顺舆情由》，出自苏属地方自治筹办处：《江苏自治公报类编·批牍类》第523册，文海出版社1988年影印本，第14期，第170页。

② 李澍田：《珲春史志》卷一三《自治》，吉林文史出版社1991年版，第447页。

业。”① 有关自治研究分所，史载：“吉林省自治筹办处通饬，该自治研究所为厅自治研究分所，委派所长、教员，召集地方绅士四十名，按照吉林省定科目，并加授教育行政、警察两科，于宣统三年七月毕业。”② 有关自治研究所职员，史载：“光绪三十四年。监督、所长、副所长、教员、文牍。”③ 有关自治筹备所及其职员，史载：“宣统三年。珲春自治筹备公所职员表。监督、所董、副所董、参议。”④

二 自治经费的解决

在乡镇自治的历史进程中，如同全国一样，当地自治经费亦颇难筹集。史载：“不但边务垫饷无从筹还，即添设乡区一节亦因筹款维艰，遽难议设。”⑤ 尽管如此，自治经费还是按照自治章程予以征收，史载：“乡自治经费之范围，与城自治之范围一、二、三款相同。乡自治职成立，各就自治区内议定征收附捐、特捐捐目、捐率，咨经厅署公布实施。”⑥

三 自治区划分与自治区长

有关自治区的划分与自治区长，史料一：“城厢内外为首善乡，附城西北各屯名曰兴仁乡，附城西南各屯名曰崇礼乡，附城东北各屯名曰勇智乡，县城西南镇远堡八社名曰敬信乡，距城东北东沟五社名曰春化乡，县城西北各屯名曰德惠乡。绘画自治总分图为城乡与乡自治职行政之区划。”⑦ 史料二：“及后世官治愈专，民治愈微。方今吾国采取东西成规，举办地方自治划分区域。盖以地方贤俊之士讲求地方利弊，情伪易知，城政治之源本。于光绪二十四年春，裁嘎山达制，于各乡设自治区长。”⑧

由此看来，尽管相对全国地区而言，清末珲春边疆地区乡镇自治的开展

① 李澍田：《珲春史志》卷一三《自治》，吉林文史出版社 1991 年版，第 448 页。
② 同上书，第 449 页。
③ 同上书，第 453 页。
④ 同上书，第 455 页。
⑤ 《东三省政略》卷一“边务·珲春篇”，第 209 页。
⑥ 李澍田：《珲春史志》卷一三《自治》，吉林文史出版社 1991 年版，第 438 页。
⑦ 同上书，第 437—438 页。
⑧ 同上书，第 412 页。

不尽如人意，然而毕竟也开始了近代性质的演变，这无疑体现出清末我国乡村管理思想与实践历史演变的一般性与普遍性。

第五节　清末乡镇自治的空间特点

在初步探讨清末乡村管理历史演变空间差异的基础上，我们得以总结其近代演变的空间特点。尽管就宏观而言，不平衡性归属于区域性，但是仍然稍有差别，笔者将其细化为两个方面阐述，以利说明问题。

一　区域性

总体看来，清末我国乡村管理思想历史演变的区域性体现在以下三个方面。

第一，省际差异。通过上文多个省份的实证分析，这一特点可谓十分明显，总体而言，沿海发达省份由于地理位置优越而较早开始了乡村管理思想的近代演变，逐渐由“牧民”向“自治”转换，这尤以江苏为代表。

第二，省内差异。如同省际差别一样，省内乡村自治事务由于地域缘故而情况各异。具体而言：其一，临近政治中心之地，乡村自治开办较好，反之亦然。以广西为例，史载：“临桂附省，风气较开，程督较近，地方自治经饬提前试办，用作提倡，调查选举，次第就绪。该县与修仁县城镇乡议事会同时据报成立，开会议事秩序井然。”① 其二，“地多插花”之地行政区划紊乱，乡村自治相对难以开展。以贵州为例，史载：“贵州地多插花，或隔越在百里数百里外，或二壤本属一邑，中间一线为他境，或一线插入他境既断复

① 《广西巡抚张鸣岐奏广西第三届筹办宪政情形折》，宣统二年二月二十八日（朱折），佚名辑：《清末筹备立宪档案史料》下册，文海出版社有限公司1981年印行，第773页。

续，已续又断，区域分配稍有疏漏，则投票时动多困难。”[①] 其三，因地制宜而采取不同措施，以安徽为例，史载：“其乡镇自治，按照清单本属分年筹办，惟皖省少满五万口以上之镇，则宣统三年无镇之州县事将中辍，由咨议局议请乡镇自治提前办理。当饬司道折中定议，将乡镇自治一并办齐。其偏僻之乡或因事未能依限，准由绅董呈明展缓，统限宣统三年年底一律告成，业经分饬遵办。”[②]

第三，城乡差异。我国幅员辽阔，城乡差异甚大，体现在清末乡村自治中亦然。现举出以下两例：其一，以广西为例，史载：“乡镇初级审判厅，其成立当在宣统七年，惟城治乡镇情形、办法各有不同，临桂为附省首县急应提前办理，用资模范。”[③] 其二，以吉林为例，史载：“当此筹办伊始，除城自治职已先期成立外，其乡镇自治或正在筹措，或尚未举行，是镇总董及乡董并未发生，而镇乡区域势不能不另有管理选举之人，拟与城区仍照章以总董为选举管理员，其余未经成立之镇乡各区，则另设镇乡选举职务，专管该区选举事宜，以期上下机关承接灵敏，藉收臂指之效。”[④] 吉林地区的城区自治较为提前，而乡镇自治较为迟缓，此种历史情形下，镇总董或乡董的早日选举及其职能发挥就显得十分紧迫。

二　不平衡性

综观清末我国乡村管理思想的历史演变，我们不难看出，其凸显区域特征的同时，也呈现出一定的不平衡性。当然，二者实际上是一个问题的两个层面，彼此密切相连。

我国乡村管理思想的近代演变，最早出现在受到西方侵略势力影响的沿海地区，是随着近代沿海地区的被迫开放、海疆乡村社会的巨大变迁而

---

① 《贵州巡抚庞鸿书奏贵州第一年筹办宪政及现办情形折》，宣统元年二月初十日（朱折），佚名辑：《清末筹备立宪档案史料》下册，文海出版社有限公司1981年印行，第762—763页。

② 《安徽巡抚朱家宝奏安徽第四届筹办宪政情形折》，宣统二年八月二十六日（军录），佚名辑：《清末筹备立宪档案史料》下册，文海出版社有限公司1981年印行，第782页。

③ 《广西巡抚张鸣岐奏广西第三届筹办宪政情形折》，宣统二年二月二十八日（朱折），佚名辑：《清末筹备立宪档案史料》下册，文海出版社有限公司1981年印行，第775页。

④ 《吉林巡抚陈昭常奏吉林筹办府厅州县地方自治情形折》，宣统二年十一月十一日（军录），佚名辑：《清末筹备立宪档案史料》下册，文海出版社有限公司1981年印行，第755—756页。

逐渐发生的，之后，它经历了一个由沿海到内陆渐进性的演变过程。尽管如此，但这并不能掩盖其空间上的不平衡性，这种不平衡性表现在以下两个方面。

首先，这种历史演变较早发生在我国沿海地带、江南地带、北方政治中心地带，这三类地区乡村自治的开展较为先进。其一，沿海地区，史载："地方自治，欧洲各国办法大略相同，原以本地之绅民，集本地之款项，图本地之公益，情势既洽，措施较易。中国沿海各省近亦有议仿行者。"① 其二，江南地区，史载："江南地方交通最早，士绅智识开明，自奉明昭预备立宪，群情鼓舞，望治尤殷，诚如慈谕，急宜择地试办地方自治，以为人才历练之地，以速实行立宪之期。"② 其三，北方政治中心地带，史载："（广东）其应办省城及商埠等处各级审判厅，已饬臬司派员调查京师、奉天、天津开办成法，赶紧筹办。"③ 由此看来，相比之下，北方政治中心地区与江南地区更是走在了全国前列。

其次，沿海省份与内地个别省份的优先性。例如，史载："山东之绅董局，山西之乡社，中国亦已开其端绪。今国家诚宜考证中外，斟酌尽善，分省会府县乡邑等，各定以自治条章颁行全国。"④ 由此看来，尽管是内地欠发达省份，山西省却由于特殊的历史与社会条件，与沿海风气早开之山东省，在乡村管理思想近代演变的历史进程中保持了同一进度。从某种意义上讲，这更能体现出清末我国乡村管理思想历史演变的不平衡性。

---

① 《出使奥国大臣李经迈奏地方自治权限不可不明求治不宜过急片》，光绪三十三年四月二十二日（军录），佚名辑：《清末筹备立宪档案史料》下册，文海出版社有限公司 1981 年印行，第 718 页。

② 《两江总督端方等奏江宁筹办地方自治局情形折》，光绪三十四年正月初九日（军录），佚名辑：《清末筹备立宪档案资料史料》下册，文海出版社有限公司 1981 年印行，第 722 页。

③ 《两广总督张人骏奏广东第一年筹办宪政及第二年开办各事情形折》，宣统元年二月二十九日（朱折），佚名辑：《清末筹备立宪档案史料》下册，文海出版社有限公司 1981 年印行，第 766 页。

④ 陆宗舆：《立宪私议》，《东方杂志》1905 年第 10 期。

第五章　清末乡村管理思想历史演变后的国家与乡村关系

清末乡村管理思想的历史性演变源于近代社会的巨大变迁，适应政治国家控制乡村社会的需要，最终导致近代国家与乡村关系发生重大变革，这一点不得不引起我们的注意与思考，不失为这一历史问题的外延与完善。

第一节　传统国家与乡村关系的代表性观点

国家与乡村关系问题是古今人们探讨的一个重要话题，清人增韫曾经指出，“夫国家者一乡一邑之积，一乡一邑皆治，而国家不富强者未之有也”①。在回顾前人研究成果的基础上，笔者首先就传统国家与乡村关系的代表性观点简述如下。

一　国内代表性观点

在我国传统乡村社会研究的学术园地里，以广东、福建为基地而形成的

① 《浙江巡抚增韫条陈地方自治事宜三条折》，宣统二年十月十二日（军原），佚名辑：《清末筹备立宪档案史料》下册，文海出版社有限公司1981年印行，第753页。

中国华南学派颇有自己的学术特色，这以陈春声、陈支平、郑振满、王日根、黄珍德为代表。郑振满先生长期从事明清社会史[①]的研究，尤其是我国闽台地区，他提出了“国家内在于乡族学说”[②]。王日根先生是我国著名的明清史学者，长期致力于明清民间社会的研究，他提出了“共域”与“自域”学说，先生认为，“在中国传统社会管理中，有官民均可发挥作用的管理领域，如赋税的摊征、水利活动的开展、教育事业的建设等，我们姑且称之为‘共域’；同时也有官民各自开展自我管理的领域，我们姑且称之为‘自域’，包括官方的‘自域’和民间的‘自域’”[③]。就清朝末年的国家与乡村关系而言，黄珍德先生指出，“20世纪初年，国家对于乡村社会资源的索取在加剧，控制程度在加深。与此同时，农民不堪负担，不断掀起抗捐税斗争，给予正在走向现代化的国家以沉重打击，导致国家与乡村社会之间的关系迅速紧张。紧密化和对立化在清末新政时期国家与乡村社会之间出现了矛盾的统一”[④]。简而言之，华南地区学者在家族社会、官民关系方面凸显自己的研究特色。

在乡村社会史研究领域，与国内华南地区学者遥相呼应，以北京、天津、太原为中心的华北地区学者，也相继提出较为成熟的学术见解。兹以三位学者为代表：孙海泉先生在《清代中叶直隶地区乡村管理体制》一文中指出，清代中期赋役制度改革以后，乡村职役出现行政化发展趋势，国家政权与乡村社会的结合比以前更加紧密。[⑤] 任吉东先生在《近代获鹿县乡村治理模式浅析》一文中指出，近代获鹿县乡村中存在的多元化组织结构，及其按照村规自我管理的模式，既非官治社会又非伦理社会的国家和乡村社会之间的关系结构，由此形成了一种近似于理想化的初级和谐社会状态。[⑥] 李治安先生在《唐代县官与地方社会研究·总序》中指出，宋元明清时期国家支配基层社会的新模式，就是以官府为一方，士绅和宗族为一方，经过反复博弈磨合，

---

① 郑振满：《乡族与国家：多元视野中的闽台传统社会》，区域社会史比较研究中青年学者学术讨论会论文集，2004年8月。

② 同上。

③ 王日根：《明清时期社会管理中官民的“自域”与“共域”》，《文史哲》2006年第4期。

④ 黄珍德：《清末国家与乡村社会之间关系的变动》，《重庆社会科学》2007年第10期。

⑤ 孙海泉：《清代中叶直隶地区乡村管理体制》，《中国社会科学》2003年第3期。

⑥ 任吉东：《近代获鹿县乡村治理模式浅析》，《天津社会科学》2005年第6期。

共同组建起来的。[①] 简而言之，华北地区学者在乡村管理模式、管理体制方面的成果较为丰硕。

二　国外代表性观点

如果说中国学者对传统国家与乡村关系的研究已经十分深入，相继提出了许多有代表性的观点，那么外国学者也成绩斐然。兹以美国三位学者为例。

李怀印先生在《晚清及民国时期华北村庄中的乡地制》一文中指出，乡地制度使当地的权力格局既区别于华北多数地方涣散无力的自耕农社会，又不同于华南强大的士绅、宗族统治，应视作这一历史时期国家与乡村关系的第三种形态，[②] 不仅如此，这位汉学家还强调指出，国家政权与乡村社会之间，除了对抗的一面外，还有在日常治理活动中为了讲求实效而相互依赖、合作的一面。[③] 与上述观点恰恰相反，瓦特先生在《衙门与城市行政管理》一文中指出，长期以来的衙门城市化，割断了官吏和人民之间富有生命力的儒家式关系，标志着以县官为代表的国家行政管理与农村生活的最后分离。[④] 杜赞奇先生则认为，国家政策不仅有计划地改造了乡村，而且伴随着这些政策的推行，国家内卷化的力量也影响着乡村社会的变迁。[⑤] 在晚清时期，为了保护社区利益，乡村领导与国家政权及其代理人进行了长期而艰苦的讨价还价，即使受到财政与行政双重压力之时，他们与正统秩序仍保持一致。20 世纪，国家政权的深入所产生的正式与非正式压力是如此繁重，大部分乡村精英都竭力逃避担任乡村公职。[⑥] 简而言之，外国学者多从乡村制度、城乡关系与乡村精英等方面从事中国乡村社会的研究。

---

① 张玉兴：《唐代县官与地方社会研究·总序》，天津古籍出版社 2009 年版，第 12 页。

② 李怀印：《晚清及民国时期华北村庄中的乡地制》，《历史研究》2001 年第 6 期。

③ ［美］李怀印：《华北村治：晚清和民国时期的国家与乡村》，中华书局 2008 年版，第 4 页。

④ ［美］瓦特：《衙门与城市行政管理》，出自［美］施坚雅：《中华帝国晚期的城市》，中华书局 2000 年版，第 458 页。

⑤ ［美］杜赞奇：《文化、权力与国家——1900—1942 年的华北乡村》，江苏人民出版社 1996 年版，第 194 页。

⑥ 同上书，第 217 页。

第二节　乡村管理思想近代演变后的国家与乡村关系

伴随着东、西方列强的连续冲击，现代工业文明的传入与扩展，一改几千年来农业文明时代的发展惯性，近现代中国乡村社会逐渐发生根本性变迁，清末乡村社会管理思想的历史演变，尤其是它所导致的政治国家与乡村社会关系的变动即是重要体现。换言之，清末乡村管理思想的历史演变是一种表层现象，它所导致的近代政治国家与乡村社会关系的变动，则是一种深层次变革，可谓影响深远。

一　“统域”与“自域”理论假设的发展与完善

在反思学界诸多代表性观点的基础上，结合拙著研究，笔者试图进一步完善“统域”与“自域”的理论假设，[①] 以初步解答我国历史上政治国家与乡村社会的关系问题。

这里尚需指出的是：其一，“统域”与“自域”是在国家与乡村视域下提出的一种理论假设，它与王日根先生在明清基层社会管理视域下提出的“共域”与“自域”理论，既有联系又有区别，是后者的应用与拓展；其二，这里提出的“统域”与“自域”的理论假设，在时间段上延伸到了近现代，这是笔者先前提出的“共域”与“自域”理论假设的进一步发展与完善。

① 王亚民：《蓝鼎元的乡村治理思想与实践研究——乡村善治的历史解读》，光明日报出版社2009年版，第194—196页。

二 传统“统域”与“自域”关系模式图示

在我国长达两千多年的封建时代，政治国家对乡村社会的管理是通过县级官府的运作来实现的。县官（主要是县令与知县）为完成考成之责而依法施政，我们姑且将县官统而治之的领域称为“统域”；相对之下，承袭传统的惯习，在各种乡村首领的主导下更多地由民间社会自我运作、自我治理的领域，我们则称之为“自域”。在二者相互博弈的历史进程中，县官、乡绅或村首成为政治国家与乡村社会的主要中介。在实践层面，这一原始深层关系演化为官府与民众、国家与社会、中央与地方等一系列复杂的表层关系，并且随着时代的变迁、区域社会的转换、治理者的差别，尤其是历史悠久的地方文化的参与，乡村管理形态千差万别、多姿多彩。

在“县令之职，犹不下侵”① 的封建社会，在“统域”与“自域”关系模式下，政治国家与乡村社会既对立又统一，既交融又分离，形成一种宏观控制的关系、一种富有弹性的联系。

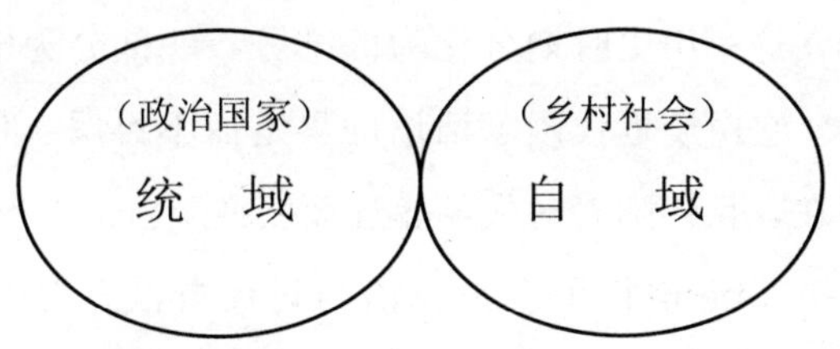

形态一：对立与分离

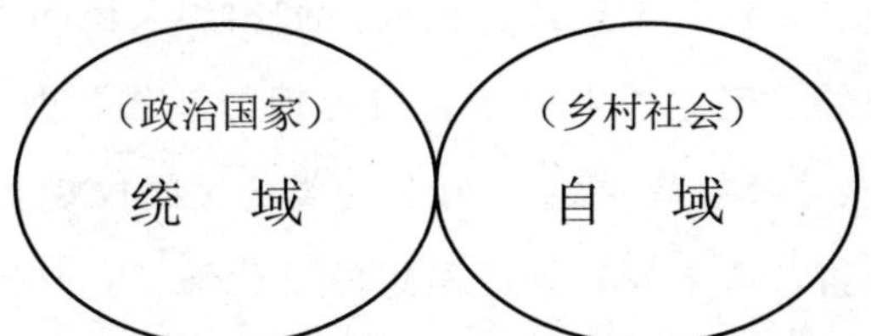

形态二：统一与交融

传统“统域”与“自域”理论假设示意图

---

① 顾炎武：《日知录》，卷八《乡亭之职》，《里甲》，上海古籍出版社 1985 年版。

这里需要指出的是，作为一个快速走向现代化的文明古国，这一历史传统理应得到现实的尊重，进而逐渐与现代乡村管理文化相承接、调适而融入其中。

三　近现代“统域”与“自域”关系模式图示

近现代以来，随着中国社会与文化的巨大变迁，新的思想资源与概念工具的出现，乡镇自治、村民自治逐渐上升为一种主流话语与民族认同，在社会生活中逐步予以推行。伴随着这一历史演变的大趋势，传统国家与乡村关系发生巨大变迁，国家权力日渐渗透于乡村，统域与自域的旧有关系模式被打破，演化成一种相对固定的联系。

就近现代国家与乡村关系而言，无论是乡镇自治还是村民自治，都不可能将整个民间自治包含其中，而仅仅涉及国家对乡村控制方面。作为国家法律规范下的乡镇自治与村民自治，逐渐从传统民间社会中分离、提升出来，成为政治国家约束、控制的一部分，它区别于继续游离于国家法之外的传统民间自治；相应地，乡村自治在这一历史时期分化为两部分，一部分为国家法规范下的乡镇自治或村民自治，它由于近代国家话语的界定而不再属于传统，另一部分承继了传统而继续存在，且伴随着时代的变迁而变换了自治形态。

尽管近现代中国相继推行了乡镇自治与村民自治，但是民间社会中的许多事情仍然是自我处理，仍然保留了诸多民间传统，亦即传统民间自治。例如民间的婚丧嫁娶、分家、仁兄弟的生成与活动、同学会的组建与互助、战友会的成立与解散、乡村武术组织、民间信仰组织、民间帮会、农村各类经济与文化会社组织等，仍主要由民众自我处理与运作，由其中的族长、“大知”“大哥”、会长、“师爷”、帮主、社长一类的民间权威主持。

从某种意义上讲，清末乡村管理思想的近代演变，是国家与乡村关系在新时期的一种调整，是国家认同乡村自治的一种历史性转换，它由农业文明时代国家对乡村“牧民”式的管理方式，转向了近现代国家管理乡村的“自治”模式。二者虽然表面上大相径庭，但就其本质而言却异曲同工，符合不同历史时代的国家利益，顺应了传统民间秩序，获得了政治国家与乡村社会的共识而得以在实践中逐渐推行。

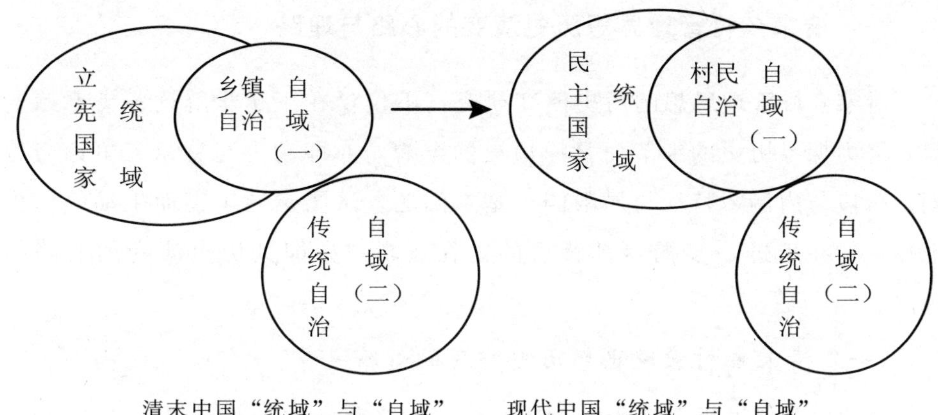

清末中国“统域”与“自域”　　现代中国“统域”与“自域”

近现代“统域”与“自域”理论假设示意图

结论与思考

尽管清末是长达268年清朝历史的尾声，但它却是我国历史发展的一个关键时期，我国的近代化在这一历史时期走向了一个新的台阶，而传统乡村管理思想的近代演变即是其一。

郑师渠先生使用“双重语境”，对这一历史时期予以了高度概括：“所谓双重语境，一是指《辛丑条约》订立后，帝国主义列强进一步控制了中国社会的政治、经济命脉，中国完全沦为半殖民地半封建社会；二是指中国社会的近代化发展进入了新的阶段。这集中的表现有三：1. 民族资本主义经济进一步发展；2. 新型知识分子群体形成；3. 资产阶级的自由、民主、平等思想空前传播。”[①] 在中国社会发展进入新的历史阶段之下，笔者就我国传统乡村社会管理思想的近代演变略作总结，就其现代启示予以初步思考。

① 郑师渠：《清王朝的最后10年》，《人民政协报》2010年9月27日，第11版。

一 清末乡村管理思想历史演变的心路与理路

清末乡村管理思想的历史演变研究，不仅仅在于初步解读各类原始资料，努力探寻历史的细节而复原历史的全貌，亦即动力与背景、争论与趋同、阶段与内涵、特征与局限四个基本问题，试图走向丰富而生动的历史现场；还在于进一步揭示其背后的内在逻辑，亦即其历史演变的心路与理路。

（一）清末乡村管理思想历史演变的心路

文化自觉与思想变迁密切相关，民族的文化自觉是其思想变迁的前提，而思想变迁则进一步加深了民族文化觉醒的深度与广度，这体现在清末我国乡村管理思想历史演变的进程中。

“文化自觉”一词，由我国著名的社会学家、人类学家费孝通先生提出，先生认为，“中国人要在跨文化对话中占据主动地位，首先需要认识我们自己的文化，也就是说要实现‘文化自觉’，只有这样，才谈得到让人家来认识我们和我们认识人家。我们有责任用现代科学的方法来完成‘文化自觉’的使命，继往开来，建设现代的中华文化，为人类的明天做出贡献”①。先生还指出，“我说‘文化自觉’这个概念可以从小见大，从人口较少的民族看到中华民族以至全人类的共同问题。其意义在于生活在一定文化中的人对其文化要有‘自知之明’，明白它的来历、形成的过程，所具有的特色和它的发展趋向，自知之明是为了加强对文化转型的自主能力，取得适应新环境、新时代文化选择的自主地位”。先生进一步指出，“在和西方世界保持接触、进行交流的过程中，把我们文化中好的东西讲清楚，使其变成世界性的东西，首先是本土化，然后是全球化。我们一方面要承认我们中国文化里边有好东西，进一步用现代科学的方法研究我们历史，以完成我们‘文化自觉’的使命，努力创造现代的中华文化；一方面要了解和认识他人的文化，学会解决处理各种不同文化接触的问题，为全人类的明天做出贡献”②。

从深层意义上讲，近代中国文化的变迁不失为一种文化自觉，是危机

① 费孝通：《弘扬优秀文化传统，实现文化自觉》，《中华文化论坛》1998 年第 4 期。

② 费孝通：《文化自觉的思想来源与现实意义》，《文史哲》2003 年第 3 期。

之下逐渐觉醒的中华民族对中外文化的冷静思考与理性选择。例如：面临亡国灭种的危难，梁启超指出，“敌无日不可以来，国无日不可以亡，数年以后，乡井不知谁氏之藩，眷属不知谁氏之奴，血肉不知谁氏之俎，魂魄不知谁氏之鬼”[①]。他进一步指出，“吾爱孔子，吾尤爱真理；吾爱先辈，吾尤爱国家；吾爱故人，吾尤爱自由”[②]。对此，郑师渠先生评价说，“梁启超强调‘国民之自觉’‘民族精神之自觉’‘中国人之自觉’‘民主精神之自觉’，等等，说到底是反映了他自身的自觉，即对于中国问题的重新审视。他对借以唤醒全体国民自觉心的中坚力量认知的变化，也同样反映了这一点”[③]。这体现在清末乡村思想文化领域，则表现为中国乡村管理传统文化与近代西方民主、民权、分权、自治文化的碰撞、交融与整合，其结果导致我国传统乡村管理思想发生近代性沿革，经历了一个由文化自觉到价值认同的思想历程。

清末，我国乡村管理的历史转换不单单是一种思想历程，它还与当时的文化自觉与民族认同密切相关。这方面有学者指出，文化自觉作为学术概念是这些年才有的，但是作为一种实践自近代以来就已有之，在晚清时期已经有所表现。[④] 另有学者指出，甲午战争以后，中华民族的政治自觉与文化自觉同时出现。[⑤]

在这一历史的进程中，一方面是中华民族逐渐走向觉醒而引发的诸多重大历史事件；另一方面则是近代思想文化背景下国人对自身与周围世界的冷静思考，这无疑更加激发起民族的觉醒，乃至发展成为文化上的自觉与全民族的认同，外现为一场全国范围的运动。清朝末年，我国乡村管理思想从“牧民”到“自治”的历史演变即是其一；从推动近代演变的内外诸种力量所构成的一个完整的动力系统，到社会各界有关中西、古今自治文化的争论与趋同，再到两个阶段的历史演进，尽管不乏时代局限，却经历了一个由文化自觉到价值认同的思想历程，近代乡村自治渐渐为觉醒后的国人所认可，日

① 梁启超：《南学会叙》，出自《梁启超全集》第1册，北京出版社1999年版，第139页。

② 梁启超：《保教非所以尊孔论》，出自《梁启超全集》第2册，北京出版社1999年版，第770页。

③ 郑师渠：《社会的转型与文化的变动：中国近代史论》，商务印书馆2006年版，第235页。

④ 熊月之：《从晚清政局变动看文化自觉的重要性》，《毛泽东邓小平理论研究》2012年第1期。

⑤ 高翠莲：《试论清末中华民族的政治自觉与文化自觉》，《黑龙江民族丛刊》2008年第4期。

后逐渐发展成为一场乡村建设运动，直至今天仍为当代中国所密切关注而努力地探索与改善。概而言之，从文化上的逐渐自觉到民族的渐趋认同，成为清末我国乡村管理思想历史演变的心路。

（二）清末乡村管理思想历史演变的理路

在近现代中国乡村社会发展史上，从“牧民”到自治，从乡里自治到乡镇自治，从孝治到法治，从专权治理到分权合治的历史演进，成为一种不可逆转的客观大势。相应地，封建国家专权治理下传统自然型乡里自治、清末君主立宪外壳下近代过渡型乡镇自治、社会主义国家民主共和制下当代选举型村民自治，三种自治形态之间形成了某种规律性的历史联系，不失为我国乡村管理思想历史演变的一种理路。

清末中国虽然提倡并推行乡镇自治，但是由于半封建半殖民地的社会形态，以及君主立宪的外壳与上下脱节的社会现实，乡镇自治仅仅是一种过渡性历史现象，一种社会思潮的传布，并没有在现实中有效地推行，带有迂回性、曲折性、初始性的历史特征。尽管如此，但是清末出现的乡镇自治思想，毕竟为社会主义村民自治的出现打下了一定的基础。而牧民时代的传统乡里自治，则成为现代村民自治的历史源头，客观上发挥着潜移默化的正面效应；进而言之，现代行政村之下村、组两级治理的村民自治，不失为传统乡里自治的现代形态，二者可谓异曲同工，最终实现政治国家对乡村社会外部的宏观控制。

二　清末乡村管理思想历史演变的现代启示

从清末乡镇自治的发轫，到民国乡镇自治的推进与反复，直至演变为今天的村民自治，这一历史沿革实际上贯穿于整个近现代中国的乡村建设之中。进入 21 世纪，大多持“强化论”的学者呼吁，在维持现有的“乡政村治”格局下强化乡镇，他们既不主张把乡镇政府改为县府派出机构，也不认为乡镇可以自治，代表人物有潘维、冯飞、金太军等。[①] 但是目前的学术界，许多学者认为应该顺应历史发展大势实行乡镇自治，代表人物有徐勇、于建嵘、

① 许才明：《乡镇治理模式：观点辨析与近期选择》，《求实》2011 年第 8 期。

陈思、谢子平、朱宇、南刚志等。[①]

通过对清末乡村管理思想历史演变的整体研究与纵向考察，在反思各家学说的基础上，我们一般认为：一方面，就中国特色的乡村社会管理而言，我们不能放弃国家对乡村宏观控制的优良传统，坚定支持与落实党的民主集中制原则，这是中国历史上统一的多民族国家长期存在的根本原因所在；另一方面，面对近现代乡村社会的巨大变迁，我们也应该积极融入到世界民主自治的洪流中去，大力推进社会主义村民自治建设，更有效地实现人民当家做主，使其成为民主共和之基础。如此，从国家与乡民的双重路径加强现代中国的乡村管理，这对于破解带有时代主题的“三农”问题无疑会起到一定的积极作用。

进而言之，我国村民自治的未来走向应是三层治理结构，亦即服务村民自治的指导性、监督性乡镇政治体制，官治与民治相互调适的管区中介机制，村民普选的两委自治模式。此种情形之下，介于乡镇政府与村委会之间的管区，即成为村民自治与乡镇官治有机对接的重要平台，可谓官方代表与民间权威的公共活动领域，不失为未来村民自治走向的重要试点领域。我们不应该急于向乡镇自治过渡，而应脚踏实地从事村民自治建设，民主的基础夯实了，自然能向更高的自治形态过渡，历史发展的阶段性不可违背，即使是农村城镇化快速发展的今天。有关这方面的历史教训，有学者指出，“清末新政时期的地方自治层次较高，以省为自治单位，由于各种复杂因素的影响其整体水平显得比较低下”[②]；另有学者指出，“清末地方自治的明显特征是内容上的完整性和实施上的冒进性”[③]。

这里尚需指出的是，理论自觉最早为已故社会学名家郑杭生先生所提倡，

---

① 徐勇：《精乡扩镇、乡派镇治：乡级治理体制的结构性改革》，《江西社会科学》2004 年第 1 期；于建嵘：《乡镇自治：根据和路径》，《战略与管理》2002 年第 6 期；陈思：《中国乡镇自治必然性的理论辨析》，《江汉论坛》2011 年第 3 期；谢子平：《后税费时代我国乡镇体制改革的初步思考》，《中共中央党校学报》2006 年第 4 期；朱宇：《中国乡治发展“三步走”的战略构想》，《学习与探索》2005 年第 4 期；南刚志：《中国乡村治理模式的创新：从“乡政村治”到“乡村民主自治”》，《中国行政管理》2011 年第 5 期。

② 马宝成：《清末新政时期的地方政治参与》，《东岳论丛》2000 年第 2 期。

③ 汴修全：《清末地方自治新论》，《安徽史学》2001 年第 2 期。

是对学术传统的再认识，对中国经验的再提炼，对学术流派的再创造过程，[①]不失为学术自觉更深层、更系统的升华；无论是理论自觉还是学术自觉，都自始至终贯穿着传统文化与现代价值、西方文化与中国文化的探讨与思考。在历史的实证研究、前人学说以及传统与现代思考的基础上，笔者尝试性地提出了“统域”与“自域”的理论假设，以及我国村民自治未来走向的“三层治理结构”理论构想，意在继承我国“以史为鉴”的优良传统，形成对中国乡村自治文化的再认识，对中国乡村治理经验的再提炼。这无疑有利于立足中国文化本位，彰显我们的文化传统，只有这样，我们才能更好地参与国际交流，消除西方话语霸权，让“中国声音”占据一席之地；我们觉得，这既是理论本土化的一次尝试，亦不失为理论自觉的一种努力。

最后尚需强调指出的是，离开本民族历史传统与文化自觉，当今社会主义中国乡村社会管理创新的实现将成为一句空话。这方面，我们的先人曾经指出，“重建一新的社会构造（新的社会组织），须有待于实际生活的逐步开展，其主要的是经济上要进步，而如何使经济进步，则又必靠第一段所说的有其适宜的政治环境”[②]，“至于创造新文化，那便是乡村建设的真意义所在。所谓乡村建设，就是要从中国旧文化里转变出一个新文化来”[③]。如此，在当今社会主义新农村建设实践中，在深刻总结成功与失败经验而上升为理论指导的同时，我们理应积极汲取我国历史悠久的乡村社会管理文化的智慧，主动吸收东、西方各国先进的现代管理文化，为当今中国特色社会主义乡村自治的未来发展做出思维上的贡献。

① 郑杭生：《走向理论自觉的农村社会学》，出自钟涨宝、陆益龙、杨发祥：《2014年中国社会学年会·农村社会学论坛论文集》，武汉大学，2014年，第1—3页。

② 梁漱溟：《乡村建设理论·引言》，邹平：乡村书店1939年版，第2页。

③ 梁漱溟：《乡村建设大意》，出自《梁漱溟全集》第1—8卷，山东人民出版社1989—1993年版，第611页。

附录一　图说：清末乡村管理思想的历史演变

第一阶段：传统乡里自治时期的乡约亭

一　圣谕“封平约亭”

乡约在中国：乡约亭在中国古代乡村社会秩序的构造中发挥了重要作用

二　乡约亭全貌

乡约亭：位于东山村中心，始建于明朝万历年间，属于玉林市级保护文物

三　绿舟乡约（门匾）

古代“司法所”的乡约堂

“乡约当遵”（门匾）

四　一饭千秋

康熙十二年（1673），立乡约

五　乡约书院

（一）广东仅存的乡约书院

（二）菁茂乡约书院

第二阶段：清末乡镇自治

一　自治公所全貌

二　清末自治宣传刊物

大清郵政掛號認為新聞紙類

湖南地方自治

白話報

每月發行一次

宣統二年二月分

第壹期

三　清末乡村自治立法合影

第三阶段：社会主义村民自治

附录二　明清时期我国基层官制的量变与质变[①]

目前，尽管学界对传统县官制度不乏探讨，[②] 然而这些成果所关注的历史时期大都不包括晚清，尤其是缺乏明清时期我国基层官制历史变迁的专门探讨。鉴于此，在前人研究的基础上，拙文粗略勾勒出了明清时代基层官制从量变到质变、从县官到镇官历史变迁的轨迹，指出了传统县官制度的合理性内核，及其对当今镇（乡）官制度的借鉴作用。

一　明至清中期县官制度的渐进性发展

我国传统县官制度形成于战国时期，主要由县官的铨选、任用、致仕、品级、待遇、管理等诸多方面的制度规范构成。明至清中期，传统县官制度经历其最后一次渐进性发展，亦即我国古代基层官制的最后一次量变。

（一）县官的铨任、致仕制度

明代，“进士为一途，举贡等为一途，吏员为一途，所谓三途并用也”[③]，不仅如此，而且朝廷以出身高低而分别任用：“外官知州、推官、知县由进士选。外官推官、知县及学官，由举人、贡生选。”[④] 清沿明制，史载：“定制由科甲及恩、拔、副、岁、优贡生、荫生出身者为正途，余为异途。其由各

① 王亚民、王明阳：《明清时期我国基层官制的量变与质变》，《南都学坛》2012 年第 2 期。

② 这方面代表性的成果：鹿谞慧：《中国县官制度沿革述略》，《文史哲》1991 年第 2 期；刘鹏九：《中国古代县官制度初探》，《史学月刊》1992 年第 6 期；刘鹏九、王家恒、余诺奇：《清代县官制度述论》，《清史研究》1995 年第 3 期；刘鹏九、王家恒、余诺奇：《古代县官的待遇制度考略》，《南都学坛》1997 年第 5 期；魏光奇：《清代州县官任职制度探析》，《江海学刊》2008 年第 1 期。

③ 张廷玉：《明史》卷七一《选举三》，中华书局 1974 年版，第 1715 页。

④ 同上。

途入官者，外则知州、推官、州县教授，由进士除授。内阁中书、国子监学正、学录、知县、学正，由举人考授及大挑拣选。小京官、知县、教职、州判，由优、拔贡生录用。”① 乾隆初年，“定汉教习选取新进士，不足于明通榜举人考充。期满进士用主事、知县，举人用知县、教职”②。值得注意的是，晚清县官的铨任有较大变化。史载：“光绪三十一年，直隶总督袁世凯等奏停科举摺宽筹举贡生员出路一条，‘请十年三科内优贡加额录取。己酉选拔如旧，朝考用京官知县。督、抚、学政三科内考选学贡通算学、地理、财政、兵事、交涉、铁路、矿务、警察、外国政法之一者，三年一次，保送若干名，略视会试中额两三倍。赴京试取者用主事、中书、知县’。诏议行。”③ 明清时期，县官的入仕方式还有皇帝直接任命以及捐纳等。

明清时期，县官回避制度不仅内容广泛，其中包括亲属回避、籍贯回避、师生回避与科举回避等，而且日趋严密。以明代亲属回避为例，史载：“内外管属衙门官吏，有系父子、兄弟、叔侄者皆从卑回避。”④ 地域回避方面，明人顾炎武指出，“今之选人动涉数千里，风土不谙，语音不晓”⑤。清代又进一步规定，“不同省而离原籍在五百里以内的也必须回避”⑥。

明清两代，县官任期差距较大。明代规定知县的任期为 9 年，⑦ 但实际上满三年或六年也可称考满。史载，“洪武二年，诏府州县正官三年一考课。知县二考无过者升知州”⑧，“凡在外有司府州县官三年考满，先行呈部”⑨。清代县官的实际任期较短，据民国《内乡县志》载：“明代 60 任县官，平均任期为 4.5 年；清代历 113 任县官，平均任期只有 2.5 年。”⑩ 就全国而言，

---

① 《清史稿》卷一一〇《选举五》，中华书局 1977 年版，第 3205 页。

② 《清史稿》卷一〇六《选举一》，中华书局 1977 年版，第 3113 页。

③ 同上书，第 3109 页。

④ 《明会典》卷二《钦定四库全书》吏部十三，政书类，上海古籍出版社 1987 年版，第 15 页。

⑤ 顾炎武：《日知录集释》卷八，选补，黄汝成校点，上海古籍出版社 2006 年版，第 495 页。

⑥ 黄本骥：《历代职官》“概述”，上海古籍出版社 1980 年版，第 74 页。

⑦ 张廷玉：《明史》卷七一，《选举三》，中华书局 1974 年版，第 1722 页。

⑧ 《明会典》卷一四，出自《钦定四库全书》吏部十三“政书类”，上海古籍出版社 1987 年版，第 143 页。

⑨ 同上书，第 141 页。

⑩ 转引自刘鹏九《中国古代县官制度初探》，《史学月刊》1992 年第 6 期。

瓦特先生估计清代县官平均任期为三年，[①] 然而，除去其谈到的诸如守丧、疾病、纪律处分、提升等原因所占用时间，县官平均任期大约是2.5年。当然亦有特例，如康熙年间著名知县缪燧，“任定海前后二十二年”[②]。

县官的退休又称致仕，不同于前朝70岁退休的规定，明洪武十三年（1380年），朝廷“命文武官60以上者皆听致仕，给以诰敕。自愿告退官员不分年岁，俱令致仕”[③]。清律规定，“凡官老疾者则休致”[④]，“其年老有疾恋职不去而被议者，则勒令休致，罢其职而存其衔”[⑤]。

（二）县官的品级、待遇与管理

明清知县一般为正七品，特例中的一种是恩加，例如，“钦加同知衔（正五品）知内乡县事会稽章炳焘”[⑥]。再一种是位置重要的京县知县，其品级为正六品。最后一种情况是曲阜知县，由于孔氏家族地位特殊，其嫡传子孙出任知县，品级是正六品。

明代县官官俸较低，“制禄之薄，断自元始，明代承之，遂相沿袭”[⑦]。乃至“今日贪取之风，以俸给之薄而无以赡其家也”[⑧]。清代县官俸禄，“知县四十五两，若以知县论之计每月支俸三两零，一家一日粮食安饱，兼喂马匹，亦得费银五六钱，一月俸不足五六日之费，尚有二十余日将忍饥不食乎”[⑨]？为解决这一历史性难题，清朝雍乾年间推行了针对外官的养廉制，这一举措为人们所认可。史载：“耗羡之制行之已久，征收有定，官吏不敢多取，计已定之数与未定以前相较，尚不逮其半，是迹近加赋而实减征也。且火耗归公，一切陋习恶习皆革除，上官无勒索之弊，州县无科派之端，小民

---

① John R. Watt：The District Dagistrate in Late Imperial China，Columbia：Columbia University Press，p. 59，1972.

② 赵尔巽：《清史稿》卷四七六，中华书局1977年版，第12977页。

③ 《大明会典》卷一三《续修四库全书》第789册，上海古籍出版社1995年版，第229页。

④ 《钦定大清会典》卷一一《续修四库全书》第794册，上海古籍出版社1995年版，第114页。

⑤ 同上。

⑥ 出自（现存古迹）河南内乡县衙大堂题记，大清光绪二十二年（1896）二月十七日。

⑦ 《清末筹备立宪档案资料》上，中华书局1979年版，第417页。

⑧ （明末清初）顾炎武、黄汝成：《日知录集释》卷一二《俸禄》，花山文艺出版社1990年版，第548页。

⑨ 蒋良骐：《东华录》，中华书局1980年版，第151页。

无重耗之累，法良意美，可以垂诸久远。”① 有学者认为，“养廉银使得官员薪俸有了根本性的增加，同时可以使用公费承担一定的管理责任，以及实施有利于当地的工程项目”②。

明代知县考绩分为考满和考察。考满者“目有三：曰称职、曰平常、曰不称职，为上中下三等，依职掌事例考核升降”③。对外官的考察称外察，明法典规定：县衙门以上长官每三年朝觐一次。④ 且“考满、考察，二者相辅而行”⑤。清代知县考绩称大计，系根据“考以四格”“纠以六法”的原则行事。所谓“四格”是指，“一曰守（有清、有谨、有平），二曰才（有长、有平），三曰政（有勤、有平），四曰年（有青、有壮、有健）”⑥。在考核程序上，“大计举劾注考，例由州县正官申送本府、道考核，转呈布、按复考，督抚核定，咨达部、院”⑦。清代知县有功而交吏部核议以定功赏等级谓之“议叙”，“凡议叙之法有二：一曰记录，其等三；二曰加级，合之，其等十有二”，⑧ 知县有政绩才能记录，有记录才能加级，有记录、加级方可加衔，这是清代的特点。

明代，“洪武十年七月，诏遣监察御史巡按州县”⑨，“十三道监察御史，主察纠内外百司之官邪。而巡按则代天子巡狩，所按藩服大臣、府州县官诸考察，举劾尤专”⑩。就督抚而言，史载：“兹命尔等巡抚郡县，务宣德意、安抚民人，扶植善良。应有便民之事，悉具奏闻。”⑪ 特别值得注意的是，明代设置了别具一格的特务监察体系，如当时的东厂“稽访谋逆、妖言、大奸

---

① 《清史稿》卷一二一《食货志二》，中华书局 1977 年版，第 3534—3535 页。

② 曾小萍：《州县官的银两·前言》，中国人民大学出版社 2005 年版，第 4 页。

③ 张廷玉：《明史》卷七一《选举三》，中华书局 1974 年版，第 1721 页。

④ 《大明会典》卷一三《朝见考察》，《续修四库全书》第 789 册，上海古籍出版社 1995 年版，第 219 页。

⑤ 张廷玉：《明史》卷七一《选举三》，中华书局 1974 年版，第 1721 页。

⑥ 《钦定大清会典》卷一一《续修四库全书》第 794 册，上海古籍出版社 1995 年版，第 117 页。

⑦ 赵尔巽：《清史稿》卷一一一，中华书局 1977 年版，第 3226—3227 页。

⑧ 《钦定大清会典》卷一一《吏部》，清光绪二十五年敕撰，清宣统三年商务印书馆石印本，第 1 页。

⑨ 《明会典》卷七三，出自《钦定四库全书》吏部十三“政书类”，上海古籍出版社 1987 年版，第 1772 页。

⑩ 同上书，第 1768 页。

⑪ 孙承泽：《天府广记》卷二三“都察院”，北京古籍出版社 1984 年版，第 309 页。

恶等”[1]。清初以巡按作为监察地方的主要渠道，然“顺治十八年（1661年）罢各省巡按官”[2]。都察院十五道监察御史“掌纠察内外百司之官”[3]。因加有右都御史等衔，总督和巡抚亦有监察地方之权，如巡抚“掌考察布、按、诸道，及府州县官吏之称职不称职者，以举劾而黜陟之”[4]。清代巡查之道主要是监察地方，“凡一路之官吏不职、士民不法、冤枉不申、奸蠹不除、废坠不举、地粮不均、土地不阔等，道员皆得举行”[5]。

（三）县官缺制的完善

明代，中央依据不同标准确定知县的品级，以示县官缺的差别。其一，以产粮为标准，史载：“吴元年定县为三等，税粮十万石以下为上，知县从六品；六万石以下为中县，知县正七品；三万石以下为下县，知县从七品。”[6]其二，以事务繁简为标准，明朝将全国各县划分为事繁之县、事简之县，“才优者调繁，不及者调简”[7]。其三，或以地理位置为标准，将全国各县划分为京县、首县、倚县、属县；或以人口或面积为标准，将全国各县划分为大县、小县。上述划法虽然谈不上精细，却“至少在吏部铨选过程中有一定的等差划分，这样才会有调繁调简的任命差别”[8]，以至“其授绝域瘴乡之人，涕泣哀诉”[9]。

清代，县官缺制度更为完善。其一，中央依据县情将全国州县划分为四类，史载：“科臣吴国龙疏称，今天下州县分有四项：有土地荒芜，人户原逃亡，谓之荒残；有兵马常经过，差使常往来，逃人饷银常应解，谓之冲疲；有地土原成熟，户口原加额，谓之充实；有不近大路，从未残破，谓之简易。”[10] 其二，中央以重要程度为标准将全国州县划分为四类：“见

① 张廷玉：《明史》卷九五《刑法三》，中华书局1974年版，2331页。

② 赵尔巽：《清史稿》卷六《圣祖一》，中华书局1977年版，第166页。

③ 清乾隆官修：《清朝文献通考》卷八二《都察院》，浙江古籍出版社2000年版，第5603页。

④ 清乾隆官修：《清朝文献通考》卷八五《职官九》，浙江古籍出版社2000年版，第5617页。

⑤ 陈宏谋：《从政遗规》卷上《明职》，《续修四库全书》第951册，上海古籍出版社1995年版，第254页。

⑥ 顾炎武：《日知录集释》卷八《州县品秩》，黄汝成校点，上海古籍出版社2006年版，第465页。

⑦ 同上。

⑧ 柏桦：《明代州县政治体制研究》，中国社会科学出版社2003年版，第61页。

⑨ 沈德符：《万历野获编》“吏部”，中华书局1959年版，第289页。

⑩ 尹会一、郑端：《政学录》第1册，中华书局1985年版，第58页。

之员各省府州县，定为冲、繁、疲、难等缺，有四字相兼者，有三字者，有二字，一字者。”① 其中四字相兼者为“最要缺”，三字相兼者为“要缺”，二字相兼者为中缺，只占一字者为简缺。其三，清代县官缺亦有题缺、调缺、选缺等的划分。

清代厅州县题缺、调缺、选缺和数额

	题　缺	调　缺	选　缺	合　计
直隶厅	15	5	2	22
直隶州	29	26	12	67
散　厅	23	31	17	71
散　州	19	42	86	147
县	92	246	955	1293
合　计	178	350	1072	1600

资料来源：《钦定大清会典》（嘉庆朝）卷六“吏部”。

此外，中央依据地理位置，将全国各州县分为腹俸缺、边俸缺、沿海缺、沿河缺。

以县官的资历、能力、经验、品质等为主要参考，中央分别将其任命于不同类型的县（有的被派遣到省内候补），并推行灵活的升转政策，这就从制度上保证了县官职责的履行。以“边俸缺”为例：“边省内有烟瘴之缺，与内地情形不同，如必循照三年准调，五年准升，诚恐一时难得合例之人，若系烟瘴各缺，不必记俸，惟择才优与能耐烟瘴者升调。”② 如果“边俸腹俸相当，则先将边俸升转”③。

明至清中期，我国传统县官制度仍然不断完善，作为基层行政长官的县官仍握有行政、治安与司法大权，县官制度作为我国基层官制的性质并没有改变。

① 乾隆官修：《清朝文献通考》，浙江古籍出版社 2000 年版，第 5367 页。

② 《钦定大清会典事例》卷六〇《续修四库全书》第 794 册，上海古籍出版社 1995 年版，第 83 页。

③ 《钦定大清会典事例》卷六九《续修四库全书》第 794 册，上海古籍出版社 1995 年版，第 208 页。

二　从县官到镇官：晚清基层官制的质变

如果说明至清中期，我国传统县官制度经历了最后一次渐进性发展，亦即量变，那么晚清时代，伴随着强敌入侵而导致的社会巨变，我国基层官制也最终发生了根本性变革，亦即质变。

明代至清末，传统县官制度的弊端已是积重难返。史载："今郡县日夜从事，唯急催科、严勾摄、征夫马、饰厨传、钩隐衔奇、纳交要誉，以为首务，至于王政之本略不经意。"① 就县官监察制度而言，"府州县官左顾则罚俸至，右顾则降级至，左右顾则革职至"②，可谓人人自危。这方面有学者认为，"明代县制的弊端则远远多于优点，而且有些弊端是极其严重的"③。有学者指出，"清代州县行政在官员任用考核、机构设置、财政制度等方面存在诸多弊病，表现出欠缺合理化的前近代性质"④。值得注意的是，清中期后异途捐纳几成泛滥之势，造成了"名器不尊，登进乃滥，仕途因之淆杂矣"⑤ 的衰败局面，这对于履行县官职责乃至清朝统治影响深远。

此种历史情形之下，伴随着强敌的屡次入侵、晚清社会的巨大变迁、乡镇自治的兴起等诸种因素的共同推动，作为基层官制的县官制度，日益发生着诸多变异而走向历史的终结。

首先，基层官制性质的蜕变。

为照顾民意、适应近代化的需求，更是为了巩固自身统治的需要，1909年1月，晚清政府颁布了《城镇乡地方自治章程》："谨将城镇乡地方自治章程缮具清单，恭呈御览，凡府厅州县城厢地方为城，其余市镇村庄屯集等各地方，人口满五万以上者为镇，人口不满五万者为乡，凡城镇各设自治职如左：一、议事会，一、董事会。凡乡设自治职如左：一、议事会，一、乡董。城镇乡地方各设自治公所为城镇乡议事会会议及城镇董事会乡董办事之地。

① 《明经世文编》卷一九七，潘潢：《申明守令条格疏》，中华书局1962年版。

② 龚自珍：《龚自珍全集》，上海人民出版社1975年版，第34—35页。

③ 颜广文：《明代县制》，《华中师范大学学报》1990年第4期。

④ 魏光奇：《晚清的州县行政改革思潮与实践》，《清史研究》2003年第3期。

⑤ 赵尔巽：《清史稿》选举七，中华书局1977年版，第3233页。

自治公所，可酌就本地公产房屋或庙宇为之。”[①] 这一历史文件的颁布标志着晚清县制改革方案的正式出台，宣告了作为“基层官制”的县官制度的终结，取而代之者为从中衍生出的“镇（乡）官制度”。

从晚清政府基层官制改革的发轫，到民国时期新的基层官制的推进与反复，直至演变为今天的镇、乡基层人民政府，这一历史的沿革实际上贯穿于整个近现代中国的乡村建设中。

其次，县官行政、司法职能的分离。

近代社会发生巨变反映在县官职责上，人们普遍认为，传统独掌行政权和司法权等不利于县官施政，亦不利于地方社会建设。史载：“凡国家六部之所有事，悉从县令一身，虽有明哲之才不能为理。”[②] 因此，1907—1909 年，晚清政府相继颁布了《各级审判厅试办章程》《法院编制法》，从法律上宣告了初级审判厅的诞生。然而，这是一个难产的历史进程，1947 年地方法院方增加到 748 处，而且，“原由县政府或设治局兼理司法之组织，除新疆省外，亦已一律改设县司法处”[③]，至此，这一历史转变才基本完成。

“钱谷刑名”是古代县官的核心职责。近代县官与司法职权的分离、基层官制性质的蜕变，二者共同标志着建立在旧县制基础上的古代县官制度完全走向了历史的终结，取而代之者为从中衍生出的“镇（乡）官制度”。至此，我国基层官制发生本质性改变。

三　量变与质变、传统与现代的思考

由裂土分封到郡县开辟，再到乡镇制度的诞生，地方社会伴随着历史的演进，不断地变换着自身的面貌。明清时期，我国基层官制经历了从量变到质变、从县官制度到镇（乡）官制度的历史性变迁。

明至清中期，传统县官制度经历最后一次渐进性发展，尤其是有清一代，由于县官缺制的完善，县官制度在一定程度上实现了制度规定、职责实现与地方社会类型的统一，这正是这一时期县官制度的特点。尽管如此，由于社

---

① 故宫博物院明清档案部：《清末筹备立宪档案史料》下册，中华书局 1979 年版，第 727—738 页。

② 夏东元编：《郑观应集》上册，上海人民出版社 1982 年版，第 3703 页。

③ 《中华年鉴》上册，中华年鉴社 1948 年版，第 463 页。

会性质的延续，明至清中期县官制度的发展呈现出的是一种量变。晚清时代，县官制度的一系列弊端是其不能适应近代化的鲜明体现，更是以后发生变革并催生出新的基层官制的内在动力。这一历史时期，县官制度作为基层官制的终结是社会变迁下的必然产物，是一种历史的质变。

作为古代中国富有特色的基层官制，县官制度在历史上绵延流长，为中华文明的连绵发展提供了重要的制度支撑。尽管传统县官制度已经走向历史的终结，但是其合理性内核，亦即两千年来的实政实治的特性与国家和乡村中介的治理功能，仍为现代所需要。换言之，作为一种新的基层官制，当今镇（乡）官制度的完善与改革的成功，不仅需要学习西方的优秀文化、在实践中摸索成功的经验，也需要从我国历史悠久的县官制度中汲取营养。

附录三　乡村管理传统文化现代转换中的变与不变①

——以清代广东潮普地区乡村管理为解析中心

有清一代，“边海难治，闽粤为最。闽粤之难治，漳泉、惠潮（潮州）为最”②；尽管目前关于潮汕文化的研究已是硕果累累，然而仍缺乏清代广东潮普地区（潮州府所属潮阳县与普宁县）乡村社会管理的专门研究。我们觉得，在建设社会主义新农村的今天，探讨号称全国难治的潮普地区乡村社会管理，借以反思乡村管理传统文化现代转换中的变与不变，无疑具有一定的学术与现实意义。

一　中央政府对乡村社会的管理

由于海洋社会经济的快速发展，明清时期的潮州地区已发展成为全国富庶之地，为保证财源的稳定供给与政治上国家大一统的需要，清代中央政府加强了对这一海疆难治地区的管理，尤其是广大而分散的乡村社会。

（一）县衙设置与分而治之

“民非政不治，政非官不举，官非署不立，是三者常相为用矣。”③ 县衙处在政治国家与乡村社会的交汇点上，其自身完善与否对乡村社会的发展有

① 王亚民：《乡村管理传统文化现代转换中的变与不变》，《齐鲁学刊》2012年第1期。

② 邓传安、陈盛韶：《蠡测汇钞·问俗录》，《大哥》，书目文献出版社1983年版，第131页。

③ 成化《内乡县志·创设志》，转引自刘鹏九《清代县官制度述论》，《清史研究》1995年第3期，第37页。

着重要影响。

与前代一样，潮阳县衙的基本构成亦是三班六房，此外另设有号房、刑杖房、库房、承发房，实为“十房”之设。县衙内部官员主要包括知县、县丞、典史、教谕、训导等。① 值得注意的是：其一，清代如此大县竟没有“主簿”之设，却保留着“县尉”一职。② 其二，一县设有三个巡检司署：召宁、吉安、门辟，③ 巡检司署如此之多，由此可见中央政府对这一难治之地的高度重视。

普宁县为小县，县衙中自然不设县丞一职。但值得注意的是：其一，普宁县虽为小县（辖三都时），却设有云落巡检司署，④ 由此可知当地不易治理。其二，典史的职责。明代典史的职责是掌管文移出纳，清代则演化为稽查狱囚、负责监察。普宁县因为不设主簿、县丞等知县属官，典史的职务即显得较为繁重，其不仅带领众差役下乡办事，⑤ 而且也从事围捕海盗的行动。⑥ 其三，幕友之设，史载：“幕友不能平，劝申文与之辩。”⑦

为加强对潮阳地区的管辖，清初中央政府在前代分而治之基础上，进一步加以调整。

史载：“世宗嘉靖四年析潮阳置惠来。邑故所统地，民依险阻多逋，负宏治末，流贼劫掠。正德七年，巡按御史熊兰因耆民方宗珙等呈请，奏增县治以弹压之，至是分置惠来县。四十五年复析潮阳置普宁。而析潮之洋乌、泷水、黄坑三都置县，曰普宁。神宗万历九年，洋、泷二都复归潮阳。”⑧ 仅剩一都的普宁县引起了时人的关注，蓝鼎元指出，“但潮阳、普宁接壤，要害之处在贵山、泷水，不在洋乌。惟是绥靖地方必从吏治民生起见，则潮普割都分治之举确不可易。而贵山半都之宜割，洋乌大半之宜仍旧，尤确乎

---

① 光绪《潮阳县志》卷三《城池・署廨》，清光绪十年刊本，第 35 页。

② 蓝鼎元：《鹿州全集・鹿洲公案・山门城》，厦门大学出版社 1995 年版，第 433、435 页。

③ 光绪《潮阳县志》卷三《城池・署廨》，清光绪十年刊本，第 36 页。

④ 乾隆《普宁县志》卷五《职官志》，1933 年铅字重印本，第 229 页。

⑤ 蓝鼎元：《鹿州全集・鹿洲公案・闽广洋盗》，厦门大学出版社 1995 年版，第 397 页。

⑥ 蓝鼎元：《鹿州全集・鹿洲公案・葫芦地》，厦门大学出版社 1995 年版，第384 页。

⑦ 蓝鼎元：《鹿州全集・鹿洲公案・闽广洋盗》，厦门大学出版社 1995 年版，第 395 页。

⑧ 光绪《潮阳县志》卷二《疆域・沿革》，清光绪十年刊本，第 29 页。

不可易也”[①]。由于后一举措十分不利于地方治理，清初经中央批准，普宁县疆域再次调整，“至雍正十年，巡抚杨题准将潮阳之淢水一都八图，贵山之下半都五图，洋乌都之尾一设一图，俱割归普邑，共计一都一十四图，合黄坑一都一十四图，实有都四，为图二十有八”[②]。

（二）中央政府对地方知县的任用

乡村社会的治乱与县官群体的施政状况密切相关，史载：“牧令为亲民之官，一人之贤否关系百姓之休戚，故自古以来慎重其选。”[③] 以潮阳县为例，拙文从出身、任期、籍贯三个方面考察中央政府对知县的任用。

潮阳知县的出身有两个特点：其一，出身繁杂。有清一代，知县总共有12种出身，它们分别是供事、岁贡、拔贡、副贡、监生、增生、廪生、附生、生员、吏员、举人、进士，[④] 这在一定程度上反映出清代知县来源的多元化。其二，知县出身以举人、监生、进士为主。光绪《潮阳县志》所载120名知县，举人出身的有31人，监生有20人，进士有14人，其他出身均为数不多，其中无记载的有8人，出身从九品的一人，[⑤] 举人、监生、进士三者之和约占总数的65％。

值得注意的是，相比之下，潮普地区知县出身较低。据“康雍乾时期61县知县出身统计表”所知，三朝时期的61个县中，举人与进士出身的知县所占比例分别为40.3％、44.2％、52.5％，而潮普地区举人与进士出身的知县所占比例则为37.5％。据民国《内乡县志》载，清代河南省内乡县历任知县113人，除30人出身记载不详外，其余的83人中有进士16人，占20％；举人37人，占44％；其他监生、贡生、拔贡等30人，占36％。[⑥] 固然，出身高并不一定代表能力强，如清代普宁县十一名著名知县中，无一名进士，仅

① 蓝鼎元：《鹿州全集·鹿洲初集·论潮普割地事宜书》，厦门大学出版社1995年版，第63页。

② 乾隆《普宁县志》卷一《都图》，1933年铅字重印本，第107页。

③ 许乃普：《宦海指南·钦颁州县事宜》卷首，雍正八年三月四日上谕，光绪十二年荣录堂重刊本，第1页。

④ 光绪《潮阳县志》卷一四《职官》，第198—200页。

⑤ 同上。

⑥ 刘鹏九：《清代县官制度述论》，《清史研究》1995年第3期。

有两名出身于举人，其他分别出身于贡生、拔贡、供事、例监、吏员、岁贡。[①] 然而，这在某种程度上反映出中央对边疆的重视程度不如腹地，这无疑成为潮普地区社会难治的原因之一。

潮阳县志所载120名知县，从顺治八年（1651年）至光绪十年（1884年），时间跨度总计223年，这一地区知县的平均任期不到两年。与清代知县平均任期2.5年相比[②]，这一地区知县的任期较短。由此看来，虽然这一地区颇为难治，然而知县任期却明显短于全国平均水平，这种状况极不利于本地区的社会治理。时人指出，“欲尽吏职非久任不可”[③]，从某种意义上讲，这一地方社会的难治也有来自中央政府人为的因素。

有清一代，潮阳县有沿海背景的知县总共10人，分别来自浙江、江苏、广东与福建，其他绝大多数来自内陆地区，其中包括一些旗人，[④] 这固然是回避制度所致。然而值得注意的是：潮阳县最为有名的三位知县：蓝鼎元、吴均、臧宪祖均来自东南沿海地区，蓝鼎元是福建漳浦人，吴均是浙江钱塘人，臧宪祖是广东广宁人，而且蓝、吴二人位列《清史稿》“循吏传”[⑤]，成为有清一代的名宦。这似乎告诉我们，出身海疆地区的官员在沿海地区做官更容易政绩突出。

由此看来，虽然清代中央也在当地设县治理，然就知县的任用而言，措施反而不力，此种情形之下，潮普地区乡村社会难治也就不足为奇了。

二　地方基层官府对乡村社会的管理

在清代潮普地区，作为政治国家的象征与最基层的官府，县衙及其派出机构巡检司署行使着管理乡村社会的各项职能。

（一）县府对乡村社会的管理

县府在潮普地区推行都、图的行政区划，以利乡村社会的管理。潮阳县共“十三都图。县郭都九图，坊长六，民里三。附郭都七图，俱民里。峡山

① 乾隆《普宁县志》卷五《职官志·宦绩》，第250—252页。

② 王亚民：《海疆知县蓝鼎元的乡村治理研究》，厦门大学2007年博士论文，第31页。

③ 汪辉祖：《学治臆说》，中华书局1985年版，第9页。

④ 光绪《潮阳县志》卷十四《职官》，第198—200页。

⑤ 赵尔巽：《清史稿》卷四七七、四七八，中华书局1977年版，第13010、13060页。

都十九图，粮里六，民里十三。黄龙都十一图，粮里三，民里八”[①]。普宁县“都四、图二十八、社三。黄坑都十四图，上中下三社，就十四图分计四百乡寨。泧水都八图，计一百三十余乡寨。贵山都五图，计九十余乡寨。洋乌都一图，计三十余乡寨”[②]。由此看来，潮阳县粮里、民里划分明确，而普宁县又有“社”的设置。

为确保钱粮征收，两县都加强版籍管理，县志详细记载了户口、土田、赋役、科则等项事宜。当然，这一地区难治也与此有关，例如：潮阳县“时务惟在版籍混淆，地亩不清。有田无粮之弊，累靡终极”[③]。

潮普地区约保体系主要由约长、乡保与乡长组成，县府设籍对约保严格管理。史载：“按十三都约保名籍，吏唱马鸣山不到。余（知县蓝鼎元）佯怒曰：‘无礼哉，此不到者皆贼也，当捕至。’”[④]

当地约长有两点值得注意：其一，约长不仅设籍管理，而且由县府直接任免，趋于职役化。史载：“此梅花乡讼棍，无所不为者。曾充盐埠，贩私盐起家，复充约长，充保正，皆遭斥革。”[⑤] 学界对此也有关注，“在乡约的发展过程中民间性是一贯的，但与官府的关系呈现出日益密切的倾向”[⑥]，乃至“清政府则将其民间性转变为官方化、制度化”[⑦]。其二，“总约长”之设。史载：“魏令君（知县）以西南地方委之看守，号曰总约长，仕镇益骄横无所畏。”[⑧] 由此可见，总约长在当地乡村社会拥有很高的地位。

乡保设置因地区而异。例如：有学者指出，“（两湖地区）乡约一般按保而设，管辖区域基本相同，因此往往将两者合称为乡保”[⑨]，然而潮普地区的乡保、约长是按“都”而设，[⑩] 乡保是指一个人。史载：“遍询邻居陈孙典、

① 光绪《潮阳县志》卷四《乡都》，清光绪十年刊本，第 40 页。

② 乾隆《普宁县志》卷一《都图》，1933 年铅字重印本，第 107 页。

③ 蓝鼎元：《鹿州全集·鹿洲初集·潮阳县图说》，厦门大学出版社 1995 年版，第 249 页。

④ 蓝鼎元：《鹿州全集·鹿洲公案·仙村楼》，厦门大学出版社 1995 年版，第 425 页。

⑤ 蓝鼎元：《鹿州全集·鹿洲公案·蜃楼可畏》，厦门大学出版社 1995 年版，第 442 页。

⑥ 王日根：《论明清乡约属性与职能的变迁》，《厦门大学学报》2003 年第 2 期。

⑦ 杨国安：《明清两湖地区基层组织与乡村社会研究》，武汉大学出版社 2004 年版，第 75 页。

⑧ 蓝鼎元：《鹿州全集·鹿洲公案·仙村楼》，厦门大学出版社 1995 年版，第 423 页。

⑨ 杨国安：《明清两湖地区基层组织与乡村社会研究》，武汉大学出版社 2004 年版，第 75 页。

⑩ 蓝鼎元：《鹿州全集·鹿洲公案·仙村楼》，厦门大学出版社 1995 年版，第 425 页。

房族刘绍万、刘国来、刘文忠，乡保杨鼎显，则公喜肃守分。”① 由于约长、乡保合称为约保，这里的“乡保”一词可能是“保正”的另一称呼。此外，潮普地区乡村社会也有“水保”，史载：“过林八渡，为水保方东升所获，连舟擒捉以去。”②

有关当地“乡长”，史载：“次日回报，龙头乡并无其人。命曳下乡长夹讯之。乡长乃言。”③ 据乾隆《普宁县志》载，龙头为普宁县贵山都三图下的一个村。④ 由此看来，“乡长”即是“村长”。这一结论得到多处史料的佐证，如史载：“其人曰：‘须问乡长。’即遣役唤棉花村乡长。”⑤ 乡长管理一个村，相当于“甲长”，这说明当地可能是以村为单位进行保甲编制的。

为加强乡村管理，清朝十分重视社会教化。在落实这一政策方面，潮普地区可谓作出了表率。

虽然宗教管理机构僧会司、道会司都已久废，⑥ 然而当地仍保存着完整的教化系统，这主要包括县学、书院、义学、社学等组成的教育体系，名宦祠、乡贤祠、忠义孝悌祠、节孝祠、坊表、庙、坛等组成的祭祀空间，以乡饮酒礼为象征的“重民、亲民”仪式，等等。⑦ 不仅如此，而且县府一再加强乡约所的建设。如，普宁县“雍正八年奉文设立约所，乾隆二年复奉文又添设。今一在城隍庙，一在上社鲤湖隐陀庵，一在中社湖东花菓寺，一在中社大壩墟，一在下社新桥庵，一在下社广平墟，一在塘边公馆，一在溪东仔墟，一在贵屿寨双忠庙”⑧。一个小县乡约所达九处之多，由此可见县府对民众教化的重视。

此外，县令捐建、创建、与绅民共建的育婴堂、养济院、癞民所、养阡所等⑨，也兼有社会教化的功能。

---

① 蓝鼎元：《鹿州全集·鹿洲公案·忍心长舌》，厦门大学出版社1995年版，第421页。

② 蓝鼎元：《鹿州全集·鹿洲公案·仙村楼》，厦门大学出版社1995年版，第424页。

③ 蓝鼎元：《鹿州全集·鹿洲公案·闽广洋盗》，厦门大学出版社1995年版，第395页。

④ 乾隆《普宁县志》卷一《乡寨》，1933年铅字重印本，第111页。

⑤ 蓝鼎元：《鹿州全集·鹿洲公案·西谷船户》，厦门大学出版社1995年版，第415页。

⑥ 光绪《潮阳县志》卷三《城池·署廨》，清光绪十年刊本，第37页；乾隆《普宁县志》卷二《公署》，1933年铅字重印本，第134页。

⑦ 光绪《潮阳县志》，《目录》，清光绪十年刊本，第15页。

⑧ 乾隆《普宁县志》卷二《公署》，1933年铅字重印本，第135页。

⑨ 光绪《潮阳县志》卷八《寺观》，清光绪十年刊本，第113页。

（二）巡检司署对乡村专区的管理

有学者指出，“（清代）县级衙门并非皇朝统治的终点，巡检司署等基层官署是相当一部分州县中位于县级行政衙门与村落之间的重要行政官署”①，潮普地区即是如此。以潮阳县三个巡检司署为例（桑田巡检司顺治十七年被裁减，故不在计算之内），笔者从三个方面予以考察。

首先，辖区与品级。史载：“招宁巡检司署在县东招收都达濠城，门辟巡检司署在县北直浦都关埠，吉安巡检司署在黄龙都峡山埠。”② 三个巡检司均设在潮阳县“重地”，掌控着以都为辖区的乡村社会。品级方面，尽管县志中许多巡检没有官品记载，然而学界对此基本达成共识，其品级为从九品。③

其次，出身与任期。由于官品最小，三个地区巡检出身低微且多样化，其中包括吏员、司狱、贡生、监生、廪贡、附生、武生、供事等，然总体来看，当地巡检多出身于吏员与监生，籍贯遍布于大半个中国。④ 当地巡检任期自半年至十几年不等，然总体来看，任期三年左右者居多，而且越往清代后期，其任期越短。⑤

最后，司署与职权。巡检司署在人员配备上都是一样的，除长官巡检外，另有一名书吏，两名皂隶，弓兵若干。⑥ 巡检主要是维护辖区治安，“掌缉捕盗贼，盘诘奸伪，凡州县关津要害并设之”⑦，同时也调解民间纠纷，进行社会救济，教化辖区民众等，从而协助知县工作。例如：梅元“康熙二十一年为云落司巡检，至则编户口册，一街一巷必于隘口设栅，以街中人司之，计户值宿，周而复始。又令各举老成者命街长，使董一街之事。月之朔望集绅耆讲诵六箴，毕即按册躬履清查”⑧。

巡检司署不仅设在乡村管理的重点地区，有固定的治所与辖区；而且巡

① 贺跃夫：《晚清县以下基层行政官署与乡村社会控制》，《中山大学学报》1995 年第 4 期。

② 光绪《潮阳县志》卷三《城池·署廨》，清光绪十年刊本，第 36 页。

③ 刘子扬：《清代地方官制考》，紫禁城出版社 1988 年版，第 113 页。

④ 光绪《潮阳县志》卷十四《职官》，清光绪十年刊本，第 209—212 页。

⑤ 同上书，第 208—212 页。

⑥ 光绪《潮阳县志》卷九《赋役·经费》，清光绪十年刊本，第 130—131 页。

⑦ 嵇璜、刘墉等：《清朝通典》，浙江古籍出版社 2000 年版，第 2211 页。

⑧ 道光《广东通志》卷二五八，出自《续修四库全书》第 674 册，上海古籍出版社 1995 年版，第 393 页。

检作为知县属官的同时，也是朝廷命官，有朝廷封印与品级，有自己所属吏员、皂隶与兵丁，巡检与知县的关系近似知县与知府。我们觉得，巡检司署是潮普地区乡村管理中相对独立的最底层行政官署。潮阳一县设有三个巡检司署，仅有三都的普宁县也设有一处巡检司署，这使得官府统治延伸到“都”一级的乡村，由此可见官府重视这一地区的治理。当然就实际效果而言亦不尽然，例如史载：“群贼横行莫当，一日数犯不讳，善良受害何可胜言。半由潮属三年荒歉，亦半由吏治姑息成风。”①

三　民间社会的自我管理

尽管设有县衙与巡检司署，然而这种治理仅是官方为完成考成之责而对乡村社会进行的宏观管理，在广大而分散的潮普地区乡村社会里，民间权威以各种方式发挥着自治的功能。学界对此多有探讨，这里仅以“族议”“规约”为例。

乡寨是潮普地区村民的主要居住形态，普宁县“乡村人家皆鳞次环聚而处，曰某寨。寨虽小必有书馆，延师以课童子”②，潮阳县马氏“故巨族，其丁男两千有奇，分三寨鼎足而居”③。生活在这一地区的人们，来自不同的籍贯、信仰与时代，面临着来自陆海的各种威胁，这种情形之下，筑寨自保、聚族而居就成为历史的必然，相应之下，宗教内部自治性突出，这体现在“族议”的社会调理功能方面。

史载：“（知县）蓝鼎元方理堂事，见仪门之外有少妇扶老妪长跪其间，手展一楮戴头上，遣隶役呼而进之。则老妪郑氏年八十六矣。（经过蓝鼎元的严审），阿梅服曰：‘是也，阿梓乃我从兄之子，因去年十二月向我索找田价我不依，彼一时短见服毒图赖。族中李晨、李尚诸人劝我代为殡殓’。郑氏曰：‘原约两间房屋永为栖身，今拆去瓦桷，置我妇姑于何地？且公议赡养一年，今尚少四月，李阿梅遂昧良心乎？’”④ 在李阿梅遵守族中“公议”的情况下，蓝鼎元作出处理，“从宽令其（李阿梅）修屋给米，免行笞

① 蓝鼎元：《鹿州全集·鹿洲公案·贼轻再醮人》，厦门大学出版社 1995 年版，第 393 页。
② 乾隆《普宁县志》卷八《风俗》，1933 年铅字重印本，第 359 页。
③ 蓝鼎元：《鹿州全集·鹿洲公案·仙村楼》，厦门大学出版社 1995 年版，第 422 页。
④ 蓝鼎元：《鹿州全集·鹿洲公案·没字词》，厦门大学出版社 1995 年版，第 386 页。

杖，俱各和好如初”[①]。知县蓝鼎元对“族议”的维护无疑是对宗族裁决的一种尊重，这不仅使民间法则得到官方的认可，而且官府也可以省去许多不必要的麻烦。

在潮普地区乡村社会里，各种地方势力不仅显示出强烈的内聚性，而且张扬着浓烈的排外意识，这种历史上形成的民间心理认同，在官府看来，则是“负气喜争，好勇尚斗，睚眦小嫌即率所亲而哄，至以兵刀相格如临大敌。强者凌弱，众者暴寡，歃血拜盟之风村村仿效。世家大族轻蔑孤姓，呵斥之若童仆之不如”[②]。此种情形之下，协调各种力量的乡规民约就显得十分重要。

史载：“延长、埔上、塘子等乡，轮流以灌溉其田。八九月之间旱，江、罗两家侍强众紊规约，不顾朔日为杨家水期，恣意桔槔。杨仙友不服，操刀向阻，弟兄杨文焕、杨世香随之。罗明珠奔回告其乡老江立清，号召乡众荷戈制梃，环而攻之。众寡不敌，仙友歼焉。”[③] 在刑罚用尽的情况下，蓝鼎元巧用杨仙友的“幽魂”对质，最终找出了杀人凶手，蓝鼎元“即将江子千、江立清诸人，按律定拟，解赴大吏”[④]。一场严重的械斗命案最终告破，民间规约在官威之下继续得以遵守，乡村社会的用水秩序得以恢复。

四　中央与地方、官府与民众的对立与相得

在潮普地区乡村管理实践中，由于诸多历史与现实因素的相互影响与制约，官府与民众、中央与地方不时地上演着一幕幕既对立又统一、既相得又相补的历史话剧。

（一）中央与地方的对立与统一

潮普地区（普宁、潮阳两县）在广东省潮州府境内，属于山海一体下的边疆移民社会，人口众多，这种社会生态环境、海洋发展的历史传统、明清以来西方海上力量的外来影响等诸多因素，使得这一地区保持着“外倾式”

---

① 蓝鼎元：《鹿州全集·鹿洲公案·没字词》，厦门大学出版社1995年版，第386页。

② 蓝鼎元：《鹿州全集·鹿洲初集·潮洲风俗考》，厦门大学出版社1995年版，第295—296页。

③ 蓝鼎元：《鹿州全集·鹿洲公案·幽魂对质》，厦门大学出版社1995年版，第381页。

④ 同上书，第382页。

海洋发展的趋向。而政治国家的迁海、禁海、武装镇压等导致的逆反心理，又强化了地方社会反抗中央而走向海洋发展的倾向，乃至泛化为一种稳定的区域心理。在这一海疆乡村社会里，地方势力、海洋贸易与民间信仰三位一体形成与中央政府的对抗，酿成“难治”的历史格局。

在这方面，中央与地方对潮阳县西南地区控制权的争夺即是明证。史载：“马氏故巨族，仕镇豪雄犷悍尤为马氏之冠。捐资作太学生，自是俨然士林，群盗不复曰大哥而共称为马老爹矣。马老爹之名震潮郡，抚按承差、道府胥役皆潜与往来。拘之三十有四年不能获，或设法笼络之。彭令君以五都钱粮委之征收，仍攘窃如故且侵欺科派，无所底止。支令君赫然震怒，移檄守将亲诣仙村擒捕之，仕镇命三寨皆闭门据守，支令君愤恨不能已。上官左右皆马氏腹心，且反于支令君督过，不得不涣然冰释。仕镇威震惠潮，莫敢有萌擒捕之想者。魏令君以西南地方委之看守，号曰总约长。”[①] 由此看来，马仕镇依托强大的家族势力、士人的身份，通过广泛的社会交往，尤其是买通上司，其势力盘根错节，俨然发展成为一方割据力量，地方官府只能采取羁縻政策，暂时使得中央与地方利益获得统一，在形式上维持了国家大一统的政治格局。

虽然知县蓝鼎元利用计谋将其缉获，然而“经一年又逾两月，仍未咨革监生，而余（蓝鼎元）以奉参离任”[②]，出狱后的马仕镇有可能重新掌握潮阳西南地区的控制权，史载：“吾友很余（蓝鼎元）不将马仕镇扑杀，若使巨奸逸罚，则贵山都百里内外，遭其殃害无有已时，不知谁之过也。”[③]

（二）官府与民众的对立与相得

据史料记载，清代潮阳县120位知县中，被革职的有7位，分别由于贪婪、未完钱粮、荒淫贪酷、受累、贪污、鱼肉士民而激起变乱，[④] 其间，官府与民众可谓势不两立。与此相反，清代潮阳县出现的循吏共有八位[⑤]。毋庸讳言，“失职”知县与循吏分别治理下的乡村社会都不是历史的常态，长期

---

① 蓝鼎元：《鹿州全集·鹿洲公案·仙村楼》，厦门大学出版社1995年版，第423页。

② 同上书，第425页。

③ 同上书，第426页。

④ 光绪《潮阳县志》卷一四《职官》，第199页。

⑤ 光绪《潮阳县志》卷一六《宦绩列传》，第262页。

治理潮普地区乡村者，乃是占绝大多数的“中性”之吏。

此种历史情形之下，官民之间的相得与相补即成为一种必然。简述如下。

其一，以官治民。例如，臧宪祖“康熙二十一年由监生任潮阳知县，廉明慈惠，兴革悉当。时届户口紊乱无籍可考，民苦虚粮之累，宪祖编额维均，一清夙弊。滨海多斥卤地，民以肩挑为生涯，蠷丁屡夺之，宪祖为剂其平。又倡义塾，请豁免行追杂税”[①]。此外，臧宪祖在“康熙二十四年始建义学，康熙二十五年捐俸续建文庙，康熙三十年鼎建文昌庙”[②]。由此看来，知县臧宪祖施政期间，其乡村治绩主要有均钱粮、免杂税、治蠷丁、修建义学与文昌庙等，这些政绩涉及了知县传统的三大职责：钱谷之责、教化之责与治安之责，可谓以官治民的典范。

其二，民助官治。例如：在乡村社会教化实践中，知县蓝鼎元意识到，“余不佞不能家喻户晓，惟有随事诱掖树之风声，使知孝悌仁让，则所望于诸生助我者非细也”[③]。乡村建设方面，知县蓝鼎元深感官府力量的单薄，“有棉阳书院，于普岂可无文明书院。但土木之兴工程浩大，濬河筑塔，建高阁而开书院，自笑清俸无几，未免有蚊力负山之虞，余敢不与斯邑缙绅先生、好义乐施诸人士共之”[④]。上述事例鲜明地体现出民助官治的必要与必然。

其三，官民共治。在潮普地区乡村管理的实践中，官民之间合作共事较为常见。史载：“汪公临此，普邑既轻徭役、除积弊，厥绩有成。乃慨念学宫废坏，明伦堂未建，士子末由肄业于是。会商掌铎，彭公司训、潘公大加，创葺工财，佣值一切各出俸资，绝不以扰民，而民咸乐为之。使不日而告成，其间拮据经度，则彭公实任其劳。”[⑤] 教育是大事，也是地方官府治理乡村社会的重要手段。汪公上任以来相继推行一系列惠政，这使得百姓受益的同时，自己也树立起威信，接着本着有钱出钱、有力出力的原则，他又倡导官民共

---

① 光绪《潮阳县志》卷一六《宦绩列传》，第 261 页。

② 光绪《潮阳县志》卷一三“纪事”，清光绪十年刊本，第 175 页。

③ 蓝鼎元：《鹿州全集·鹿洲初集·重修潮邑义学碑记》，厦门大学出版社 1995 年版，第 197 页。

④ 蓝鼎元：《鹿州全集·鹿洲初集·请修补普宁形胜序》，厦门大学出版社 1995 年版，第 114 页。

⑤ 乾隆《普宁县志》卷一〇《艺文志·重建明伦堂并修学宫碑记》，第 403 页。

建学宫、明伦堂，这种官民合作的方式不仅解决了大兴土木的难题，而且使“民咸乐为之”。

有关官民合作治理领域，有学者提出了“共域”理论，“在官方自域与民间自域之外还存在着广大的共域，像纳税、孝悌、财产、婚姻、继承、偷盗等内容，因直接关系到国家的治理、社会的秩序、地方的治安，也是国法始终予以规范的。这些方面便属于官民‘共域’的部分，其中亦多体现出官民的共同参与”①。从某种意义上讲，这显示出今人对古代基层社会管理的反思与重视。

五　乡村管理传统文化现代转换中的变与不变

清代潮普地区乡村管理仅仅是一个个案，但也有一定的代表性。它不仅引领我们走向历史、检视传统，而且又使我们回归现实、反思现代，探求乡村管理传统文化现代转换中的变与不变。

明清时代，我国东南海疆之所以难治，其根本原因在于过于“自卫”的国家海疆政策违背了时代发展的大势，阻碍了近代化早期向海洋用力的外倾式发展，“难治”的深层意义是一种针对地方的国家话语，而潮普地区无疑成为这一时期整个东南海疆的一个缩影。在清代，潮普地区乡村社会里，尽管存在着中央与地方在海洋发展方面的抑制与反抑制，尽管存在着管理政策与管理实践方面的种种失误，尽管存在着为数不少的贪官酷吏，但是中央政府与地方基层政权仍然进行着一定程度的有效管理，尤其是四个巡检司署的设置，将国家政权对社会的管理深入“都”一级的乡村，可谓特殊地区特殊管理的典范；另外，在基层官府默认或有意引导的情况下，民间力量的积极参与使得官民之间实现了相得与相补的治理格局。为此，尽管清代潮普地区乡村社会颇难治理，但是始终未发生剧烈动荡，基本上保持了稳定发展。

“鉴于往事，有资于治道”，在社会主义新农村建设的今天，我们理应汲取历史经验，正确处理中央与地方、国家与乡村、官与民三种基本关系，在复杂多变的现实实践中，努力实现多种二元关系之间的相得与相补，努力实

① 王日根：《明清时期社会管理中官民的“自域”与“共域”》，《文史哲》2006年第4期。

现乡村社会管理传统文化的现代转换。我们一般认为，传统乡村善治的基本内核乃在于中央与地方、国家与乡村、官府与民众三种基本关系的良性运作，亦即中央、地方、民间三者之间的相得与相补。当今，尽管乡村社会已经发生了巨大变迁，乡村管理体制、结构、机制与模式与以往大相径庭，但这一基本内核仍然没变，此即乡村管理传统文化现代转换中的变与不变。当然，乡村管理传统文化的现代转换研究是一项复杂而系统的工程，上述不过是九牛一毛而已。

附录四　为何要重视清王朝的最后10年[①]

——以清政府“新政”为中心的考察

郑师渠

一　为何要重视清王朝的最后十年

从1901—1911年，是历时268年清王朝崩溃前的最后十年。

它以义和团运动的失败肇端，又以辛亥革命的爆发告终。为什么要重视清王朝的最后十年呢？

第一，可以从“社会转型”的概念说起。当下我们常说中国社会正处于转型期。如果我们注意到早在19世纪中叶，李鸿章等人即已提出了中国正处于“三千年未有之大变局”的预见，那么便不难理解，若从长时段看问题，1840年鸦片战争至今的中国历史，都处于社会转型的过程中，即从传统的封建社会转向现代社会，实现中华民族复兴的曲折而漫长的过程。19世纪中叶揭开了它的序幕，最近30年的巨变，则是登堂入室，展现其核心的历史华章，或者说中国社会历史变革正迎来百年的高潮。依此也可以说，170年的历史中，中国社会显然又内含着几个关键性的转型期，其中，20世纪的最初20年，从1901年到1919年，这个转型期影响至为深远，它包括了1911年清朝崩溃、民国建立和五四运动。两千多年的君主专制制度宣告结束，开启了共和的新时代。这是真正的历史巨变。长期以来我们对此估价不足。

第二，清王朝最后十年仍有其存在的合理性。对复杂的历史现象，不能仅仅强调其必然灭亡的命运，而忽略其存在本身所具有的“现实性”和“合

---

① 郑师渠：《为何要重视清王朝的最后10年》，《人们政协报》2010年9月27日，第11版。原题：《清王朝的最后10年》。

理性”，这会导致问题的简单化。经过义和团运动之后的清政府虽命悬一线，但它最终不仅仍延续了十年之久，而且深刻影响了中国历史的进程。历史是多样性的统一。辛亥革命的历史是清王朝与革命派诸多因素互动的结果；不研究前者，后者也不易说得清楚。

总之，强调清王朝的最后十年，就是要重视它如何应对身在其中的社会转型期复杂的局面及其得失。“化腐朽为神奇，心知其意，存乎其人”，这也有助于以史为鉴。这是个大题目，所以笔者加上一个副标题：“以清政府的‘新政’为中心的考察”。这里所谓的“新政”，是清政府最后十年所进行的一系列改革的总称。

二 怎样看待清政府推行“新政”的初衷

要理解这一点，需首先了解清王朝最后十年中国政治的大格局。1901年《辛丑条约》签订后，清政府虽得以维持自己的统治，但其所面临的时局，愈加复杂，风雨飘摇。从总体上看，其时中国政治的大格局，可以做这样表述：双重语境下，存在三种政治力量的搏击与较量。

所谓双重语境，一是指《辛丑条约》签订后，帝国主义列强进一步控制了中国社会的政治、经济命脉，中国完全沦为半殖民地半封建社会；二是指中国社会的近代化发展进入了新的阶段。这集中的表现有三：1. 民族资本主义经济进一步发展；2. 新型知识分子群体形成；3. 资产阶级的自由民主平等思想空前传播。三种政治力量：一是清政府，尽管其统治根基受到动摇，但仍执掌政权。二是以康有为、梁启超为代表的改良派，后称立宪派。康、梁虽在海外，但与国内联系广泛，尤其是清政府推行“新政”后，国内主张立宪派的势力十分活跃，海外的梁启超实成为他们的精神领袖，以各种形式指导前者，影响甚大。三是以孙中山为代表的革命派。孙中山于1894年成立兴中会，从此走上了反清革命的道路。1905年，他在日本建立同盟会，革命派的力量实现大联合，其影响更进一步迅速扩大。

三者的关系：清政府虽被削弱，但作为统治者掌握政权，仍处主动地位。其他两派虽同为资产阶级中的不同派别，但因主张民主共和与君主立宪宗旨不同，却势成水火，两派间曾为革命还是改良展开过激烈论战。清政府与革命党势不两立，它不容海外的康、梁，但与以后者为领袖的改良（立宪）派，却不无妥协的空间。正是这三派政治势力间的相互博弈，展现了晚清最后十年复杂而生动的历史画卷，令历史学家至今众说纷纭。

理解了这个大格局，我们就可以来看看清政府推行新政的初衷。在这样一种严峻的形势下，清政府该怎么应对呢？清政府打出的就是“新政”牌。1901 年 1 月 29 日，“庚子事变”中逃到西安的清政府发表“罪己诏”和改革的谕旨，宣布“新政”。4 月成立督办政务处，以庆亲王奕劻等总其成。清朝内部的臣工反应也很快，其中两江总督刘坤一与湖广总督张之洞，联名上了三道奏折，是为轰动一时的《江楚会奏》。它规划了新政内容，涉及政治、经济、教育、军事等方面，成为早期新政大纲。

清政府何以实行“新政”？怎样看其初衷？任何政权在危机来临的时候都不会坐以待毙，而亟谋应对才是政治的本能，无可厚非。关键在于是顽固不化地负隅顽抗，还是具有一定的历史进步性。正是在这个意义，我们强调，也必须实事求是地肯定清政府推行“新政”的初衷，即主观上有积极的一面：痛定思痛，力图跟上时代，变法图存。这也是清廷唯一可能的出路。在逃往西安的路上，西太后虽将“误国”的责任推给别人，但也坦承了自己的责任：“我总是当家负责的人，现在闹到如此，总是我的错头；上对不起祖宗，下对不起人民，满腔心事，更向何处诉说呢？”她以光绪帝的名义多次下“罪己诏”，并要求臣工就国事如何改革大胆进言。当时在她身边的岑春煊——后来是军机大臣，就曾回忆说，在路上，有一天西太后召对臣工，她突然提一个问题：国家蒙受了这么大耻辱，如何昭雪？当时很多人一下子回答不了，他回答说：雪国耻，要在自强。岑春煊还说，太后之所以提这个问题，是因为朝廷经过了“庚子事变”以后，知道内忧外患太严重了，再做表面文章没有意义了，所以回到北京以后，开始陆续推动各项“新政”。人穷则返本。事变创伤多少触动了西太后内心的世界，从而萌发了改弦更张、变法求存的念头。这是关乎存亡的理性选择，简单斥之为欺骗或假维新并不妥当。当然，这又非一人之想，时清廷内部及民间也多有进言求变者。是主客观多种因素的组合，终使清廷将“新政”提上议事日程。

清政府打出“新政”的旗号，效果如何？应当说，这个旗号果然牵一发而动全身，立即触动了各派政治力量的神经，迅速形成了社会热点，很快产生了有利于清政府的社会效果，使之摆脱了“庚子事变”后全然遭唾骂的被动境地，得以重新控制了局面。1901年年底，梁启超写了一篇文章叫作《维新图说》，他说几个月来“维新”成了社会上时髦的流行语，风行一时。无论是皇上、太后，还是官吏、士人、绅商，只要脑筋正常的人都不能接受守旧派、“守旧鬼”的称号。通过这篇文章可以看出几点信息：一是“新政”上谕产生了广泛的社会影响，故“维新”成了时髦语；二是把维新说成社会共识，也包含了皇上和西太后，等于为西太后摘去了“守旧鬼”的帽子；三是透露了当时清政府所面临的困局开始出现改观。

当然我们还注意到，这个“新政”上谕还专门谈到“新政”和前面的戊戌维新完全不同。它说，康有为所搞的戊戌维新“妄分新旧”，是乱法非变法。而此次“新政”，“严去新旧之名，浑融中外之迹”，才是真正变法。这不是无意中的节外生枝，西太后的政治用意很明显：这样一来，不仅突出了新政的合法性，而且把改革的旗帜抓到了自己的手中，可以名正言顺主导“新潮流”，从而变被动为主动，极大提升自己执政的道德高地。

清政府最后十年的所谓“新政”，可以分两期：从1901年启动到1905年是第一期，1905年到1911年是第二期。在第一期连续下了数十道法令，其改革虽存在种种弊端，但仍然肯定它是有实质性意义的。主要涉及行政机构改革、奖励工商业、军队制度改革和教育改革。例如教育改革，1903年清政府统一了全国学制，就是很有名的“癸卯学制”，建立了以小学、中学、大学三级学制为中心，再辅以实业教育和师范学堂这样一个完备的近代教育体系，影响至今。从动机与效果相统一的观点看问题，“新政”的实践本身也说明了其初衷所包含的合理性。但是，“新政”毕竟没有挽救清王朝最终崩溃的命运，应如何看待这一现象呢？

三　清王朝的崩溃：成也新政，败也新政

古今中外历史反复证明，改革从来都是有风险的。法国近代史学家托克维尔在谈到法国大革命的时候说，“对于一个坏政府来说，最危险的时刻通常就是它开始改革的时刻”，因为，“人们耐心忍受着苦难，以为这是不可避免

的，但一旦有人出主意想消除苦难时，它就变得无法忍受了。当时被消除的所有流弊似乎更容易使人觉察到尚有其他流弊存在，于是人们的情绪便更激烈；痛苦的确已经减轻，但是感觉却更加敏锐”。“改革不只是推倒了阻碍大革命的重重障碍，更重要的是向人民表明怎样才能动手进行革命，因而，改革为大革命做了准备”。足见社会改革的心理有两重性：一方面有惰性，另一方面，改革一旦启动，诉求一旦付诸实行，欲望就会加速强化，即失去耐心，急于求成。这是值得注意的社会历史现象。

现在我们反过来思考晚清的改革。清政府也可以说是“开弓没有回头箭”，“新政”既经发动，就不可能中止，关键就在于能否有效地控制因之新兴的各种社会力量，始终把控改革的主动权。这一点将决定其存亡。1905 年以后进入的第二阶段，“新政”的风险增加了，人们直接要求实行立宪，清政府显然在开始阶段没有料到这个必然的趋势。

1905 年以后出现立宪运动，有一个重要的原因。1904—1905 年，日俄在中国东北发生战争，结果是日本打败了俄国。这场战争对中国人影响甚深，国人从日胜俄败中得出两点结论：①日本人是黄种人，俄国人是白种人，亚洲的日本能打败欧洲的俄国，这证明西方长期以来所谓的黄种人是劣等民族，并没有根据，因之增强了自信心；②日本是君主立宪国家，俄国是专制国家，日本打败俄国，再次证明了只有走君主立宪道路，中国才有希望。在此背景下，立宪的呼声不断高涨，清政府被迫派五名大臣到国外考察东西方宪政，并在 1905 年 9 月初发布上谕决定要“仿行宪政”。预备立宪一经实行，各种新旧矛盾进一步凸显，局面更加复杂。这集中表现在以下两个方面。

其一，清政府内部权力之争加剧了。在清廷内部，预备立宪成了权力再分配的盛宴，明争暗斗激烈。这种权力之争，前期集中表现为袁世凯、奕劻与瞿鸿禨、岑春煊两派间的博弈；后期则表现为以摄政王载沣为代表的满族新贵与袁、奕两派间的博弈。1906 年 9 月，新官编制馆成立，由奕劻、孙家鼐、瞿鸿禨三军机为总其成，载泽、袁世凯等 14 名满汉大臣会同编纂。袁先于其中安插亲信，接着便运作使自己提出的方案获会上通过：合并内阁和军机处为责任内阁，设内阁总理大臣一人，左、右副大臣各一人，总理大臣总揽行政大权，下设11个部。方案的核心在责任内阁。袁想当总理大臣，为避嫌，授意他人提名奕劻充任，自为副大臣。袁想独揽大权的用心太露骨了，方案遭许多人反对。瞿鸿禨利用单独召见的机会，向太后说明责任内阁对她不利，将导致大权旁落。结果太后否决了袁的方案，而采用了瞿等人的方案。11月初颁布新官制，保留军机处和内阁，不设责任内阁，设11部，但各部大臣中满人占多数。不仅如此，陆军部成立，统一全国兵权，袁只好自动将除直隶总督以外的八项其他兼差一并辞去，所掌北洋六镇归陆军部，只留第二、第四两镇获准继续归其统辖督练。袁世凯不甘失败，他在接着开始的东三省地方官制改革中谋求安排亲信，结果又告失败。袁世凯、奕劻两次联手都没有成功，他们开始反击。首先，奕劻利用西太后对康、梁的恨意，进谗言说瞿鸿禨、岑春煊曾多次保举过康梁，有结党图谋不轨之嫌。太后疑，依劻言，将岑春煊调出军机处，派到两广当总督，不久又将之罢免。接着，瞿鸿禨也落入袁的陷阱，被开缺回籍。岑、瞿和袁、奕间的争夺，以前者彻底失败告终。

袁世凯、奕劻战胜了瞿鸿禨、岑春煊，刚稳住阵脚，次年年底光绪帝、西太后便先后去世，局势大变。3岁的溥仪继位，年号宣统，他的父亲载沣为摄政王。载沣想除去袁世凯，他以袁脚不好为由，将其逐回河南彰德老家养病。以载沣为首的一批满洲少年亲贵，便借官制改革，鼓吹中央集权，实则是满人专制。故他们不仅打击袁，而且竭力将汉人排除出中央权力。满汉争权，亲贵内部同样矛盾重重。奕劻虽保中枢地位，但已成虚名。载沣三兄弟独揽军权，载沣还要收地方兵权，督抚权力进一步削弱，中央与地方矛盾加剧。由上可知，本来富有意义的“新政”，已逐渐演化成了统治阶级内部争权夺利的权力之争。

其二，清政府和立宪派间的关系迅速恶化。“新政”的重要战略目的，就是安抚立宪派，以共同对抗革命党。但是，随着预备立宪后，立宪派进一步提出参政要求，而清廷的政策僵硬，应对失当，彼此矛盾日趋尖锐，关系迅速恶化。

“新政”上谕公布后，立宪派开始还是满意的，他们纷纷成立各种团体，准备推行预备立宪。但随后很快意识到，预备立宪缺乏时限，遥遥无期。所以他们要求明确立宪的日期。清政府受到压力，1908 年 8 月公布了《钦定宪法大纲》，答应以 9 年为期实行预备立宪。但是立宪派不满意，认为 9 年太长，要求尽快召开国会，先后举行了三次全国规模的请愿运动，令清廷陷入困境。清政府先是强硬抵拒，无效，请愿的声势愈大。第三次请愿活动终于迫使清政府作出让步，宣布要立即组织责任内阁，并于宣统五年（1913 年，较 9 年提前 4 年，但比立宪派要求 1911 年召开国会晚了两年）召开国会。同时申明“万不能再议更张”，有违者即以扰乱治安论处。奉天代表团十余人于 12 月中赴京，果然被军警押解回籍。请愿运动失败。1911 年 5 月建立责任内阁，奕劻为总理大臣，17 个内阁成员中，满族 9 人，其中皇族 7 人，故被称为皇族内阁。这无异于火上浇油，令立宪派彻底心寒。这时黄花岗起义刚刚发生，离武昌起义也只有五个月时间。立宪派开始分化，纷纷弃清廷而去，另谋取出路。

上述两方面矛盾的加剧，都是致命的。清廷内部绵延不绝的争权夺利，集中反映了统治集团的腐朽。风雨飘摇，都不能做到同舟共济，“新政”本是清王朝的续命汤，他们却将之变成了利益再分配的角斗场。统治集团的力量因内耗大大削弱了。“新政”的本意是要顺从民意，尤其首先安抚好立宪派，但现在对后者的要求简单打压，却变成了“为渊驱鱼，为丛驱雀”，将对方推入敌对者的行列，使自己陷入孤家寡人的境地。同时，二者互为因果，催生了另外一个更糟糕的结果，就是导致以载沣为首的一群满族少年亲贵执政，最终将“新政”的“续命汤”进一步异化成了清政府的“催命汤”。载沣等人既是利令智昏，又缺乏执行力、应变力，等到武昌的枪声响起，以载沣为首的这些满族亲贵手足无措，只好回过头，请自己的仇敌袁世凯出山，将政权拿去，268 年的清王朝也随之崩溃。

清王朝的最后十年，成也新政，败也新政。当它举起“新政”的旗帜，决计与时俱进，改革图存时，它为自己争得了延续政权的“现实性”与“合理性”；但是，它既无法制止内部争权夺利的腐败，又不能有效掌控“新政”的发展，使变法的初衷难以为继，它便失去了自身继续存在的“现实性”与“合理性”。清王朝虽延续十年，但其最后的崩溃仍无可避免。

四　结束语

清政府的“新政”失败了，原因在哪里？笔者认为至少有三点是可以提到的。

其一，缺乏深思熟虑和周密的改革方案，“新政”具有很大的盲目性和随意性。晚清推行“新政”，究其实质是承诺推进中国社会的近代化，尤其是要从根本上改革千年君主专制制度。但兹事体大，清朝君臣，无论是太后还是张之洞诸人，显然都缺乏足够的现代知识，也没有如同日本大久保利通、伊藤博文这样的富有现代性的能臣相辅佐。同时，尽管也要求督抚议奏、举行御前会议讨论，甚至派员出洋考察，但各个关键点上推出的方案，具有很大的盲目性与随意性。前期改革内容多为洋务运动、戊戌变法的延伸与扩充，变动不是太大，故较平稳；后期预备立宪，涉及政治制度的根本变革，深层矛盾凸显，应对显然缺少章法。所谓“大权统于朝廷，庶政公诸舆论”，似乎很经典，究竟如何解读施行，不清楚；制度设计新旧间如何衔接，无人知晓。结果无法预测风险，尤其是后期，越来越陷于被动，终至失控。

其二，缺乏强有力的中央集权，“新政”缺乏执行力。在当时的中国讲改革，难度极大，尤其需要强有力的中央集权力量来推行。此时清廷已成强弩之末，西太后个人强势，并不能代表中央强势，何况风烛残年，很快去世。中央最高层分裂，涣散无力。最终成孤儿寡母，懦弱无能之载沣诸人秉政，更形成了严重的内轻外重与大权旁落的危局。“新政”之最高领导层，软弱无能，一盘散沙，其难以持续，是不可避免的。

其三，阶级局限无法超越，“新政”难以为继。“新政”虽是清廷的变法求存，但它的近代化属性，要求统治者必须尊重民意，逐渐放弃阶级特权。清廷君臣恰恰无法超越自己的阶级局限，将“新政”变成了争权夺利的盛宴；结果不仅葬送了“新政”，同时也使自己与清王朝同归于尽。

清王朝最后十年，成也新政，败也新政，给了我们一个重要的历史启示：转型期的历史改革往往具有风险。由此，我们可以进一步引出以下两点教训。

一是转型期往往是社会大变革的关键时期，人心思变，孕育大希望，同时新旧矛盾交错，也潜伏大风险。它要求主持者必须有大魄力、大智慧，始终把握改革进程的主动权。“治大国如烹小鲜”，老子的话只具部分真理性。强调周密稳妥是必要的，但强调高瞻远瞩，洞察先机，把握主动权的雄才大略，同样是必要的。

二是转型期的大变革涉及社会利益的重新分配，乃是应有之义。重要在于，主持者必须具有崇高的使命感，超越小己私利，维护大局与公益，从而占据道德高地，以人格魅力，彰显改革的公信力。熊十力先生说，“英雄造时势，时势造民众”，这与毛主席的名言“政策决定之后，干部就是决定因素”异曲同工。足见：吏治腐败绝对是改革之毒药。

（本文为中国国家图书馆“国图讲坛”之“百年辛亥专题研究系列讲座”中的一讲，有删节）

参考文献

一　档案

[1] 佚名：《清末筹备立宪档案史料》，文海出版社 1981 年版。

[2] 中国第一历史档案馆、北京师范大学历史系：《辛亥革命前十年间民变档案史料》，中华书局 1985 年版。

二　公报

[1] 广东地方自治筹备处：《广东地方自治筹办处第二次报告书》（不分卷），清宣统二年铅印本。

[2] 苏属地方自治筹办处：《江苏自治公报》，清宣统二年铅印本。

[3] 苏属地方自治筹办处：《江苏自治公报类编》，文海出版社 1989 年影印本。

三　相关古籍

[1] 国学整理社：《诸子集成》，中华书局 1954 年版。

[2] 李小龙译注：《墨子》，中华书局 2007 年版。

[3] 叶春及：《惠安政书》，福建人民出版社 1987 年版。

[4] 陈襄、胡太初、王阳明：《州县提纲・昼簾诸论・阳明先生保甲法》，中华书局 1985 年版。

[5] 陈子龙等：《明经世文编》，中华书局 1962 年版。

[6] 汪辉祖：《学治臆说》，中华书局 1985 年版。

[7] 邓传安、陈盛韶：《蠡测汇钞・问俗录》，书目文献出版社 1983 年版。

[8] 徐栋、丁日昌：《牧令书辑要》，出自《续修四库全书》，上海古籍出版社 2002 年版。

[9] 蓝鼎元、蒋炳钊（点校）等：《鹿州全集》，厦门大学出版社 1995 年版。

[10] 赵尔巽：《清史稿》，中华书局 1977 年版。

[11] 顾炎武：《日知录》，上海古籍出版社 1985 年版。

[12] 朱杰人编著:《朱子全书》,上海古籍出版社 2002 年版。

四 近现代论著

(一) 近现代报纸论文

[1]《权书》,《知新报》第 109 册,1899 年 12 月 23 日。

[2] 梁启超:《论政府与人民之权限》,《新民丛报》第 3 号,1902 年 3 月 10 日。

[3] 明夷:《公民自治篇(续)》,《新民丛报》第 6 号,1902 年 4 月 22 日。

[4] 李振铎:《民权之界说》,《政艺通报》第 1 年第 15 期,1902 年 10 月 2 日。

[5]《山西崞县知县唐桂熏请办理公民局全稿》,《政艺通报》第 2 年第 4、5 号,1903 年 3 月 29 日。

[6] 梁启超:《答某君问法国禁止民权自由之说》,《新民丛报》第 25 期,1903 年 2 月。

[7] 功法子:《敬告我乡人》,《浙江潮》第 2 期,1903 年 3 月 18 日。

[8]《列强在支那之铁路政策》跋文,《游学译编》第 5 期,1903 年 3 月 13 日。

[9]《中国奴隶性平谈(续)》,《大公报》第 388 号,第 1—2 版,1903 年 7 月 21 日。

[10] 邓实:《中国地方自治论》,《政艺通报》第 3 年第 1、2 号,1904 年 3 月 1 日。

[11]《论整顿州县为变法之原》,《中外日报》,1904 年 7 月 18 日。

[12] 遯园:《论民族之自治》,《扬子江》第 3 期,1904 年 8 月 25 日。

[13] 陆宗舆:《立宪私议》,《东方杂志》第 2 年第 10 期,1905 年 11 月 21 日。

[14]《江苏学使唐奏立宪政策预大要折》,《政艺通要》第 5 年第 11、12 号,1906 年 7 月 6、21 日。

[15] 穆湘瑶:《上海地方自治研究会讲录》,《宪政杂志》第 1 卷第 2 期,1907 年 1 月 28日。

[16]《论民政司巡视东边各州县考察自治》,《盛京时报》第 350 号,1907 年 11 月 6 日。

[17]《地方自治研究会周岁大会纪事》,《盛京时报》第 139 号,1907 年 4 月 12 日。

[18] 沈亮启:《普及教育节省经费条议》,《东方杂志》第 5 年第 1 期。

[19]《中国大事记》,《东方杂志》第 7 年第 4 期。

[20]《解释地方自治之意义及分类》,《东方杂志》第 12 期,1908 年 1 月 28 日。

[21]《都察院代奏拣选知县曹克祗条陈教育普及及地方自治办法呈》,《政治官报》第 100 号,1908 年 2 月 9 日。

[22]《论官治与自治之界限》,《广东地方自治研究录》第 12 期,1909 年 6 月 7 日。

[23]《论国民宜有自治之精神》,《申报》,1909 年 3 月 28 日。

[24]《清谈》,《申报》,1910 年 3 月 12 日。

[25] 梁启超:《保教非所以尊孔论》,出自《梁启超全集》第 2 册,北京出版社 1999 年版。

（二）近现代著作

[1] 柳堂：《宰惠纪略》，清光绪二十七年笔谏堂刻本。

[2] 沈世铨、李勖：《惠民县志》，清光绪二十五年版。

[3] 陈炽：《庸书》，清光绪二十二年刻本。

[4] 新会江门自治研究社：《新会江门自治研究社章程》，十八甫维新印务局铅印本。

[5] 李鸿章：《李文忠公全集》，上海商务印书馆 1921 年版。

[6] 梁漱溟：《乡村建设理论》，乡村书店 1939 年版。

[7] 孙中山：《孙中山选集》，人民出版社 1956 年版。

[8] 翦伯赞编著：《戊戌变法》，上海人民出版社 1957 年版。

[9] 张枬、王忍之：《辛亥革命前十年间时论选集》，生活・读书・新知三联书店 1960 年版。

[10] 龚自珍：《龚自珍全集》，上海人民出版社 1975 年版。

[11] 黄兴：《黄兴集》，中华书局 1981 年版。

[12] 冯自由：《革命逸史》，中华书局 1981 年版。

[13] 夏东元编著：《郑观应集》，上海人民出版社 1982 年版。

[14] 康有为：《论语注》，中华书局 1984 年版。

[15] 王木式编著：《严复集》，中华书局 1986 年版。

[16] 梁启超：《饮冰室合集》，中华书局 1989 年版。

[17] 梁漱溟：《梁漱溟全集》，山东人民出版社 1989—1993 年版。

[18] 张之洞：《张文襄公全集》，中国书店 1990 年版。

[19] 胡适：《生命的流程——二十世纪中国作家身世录》，九州图书出版社 1997 年版。

[20] 冯桂芬：《校邠庐抗议》，中州古籍出版社 1998 年版。

[21] 苑书义、孙华峰、李秉新编著：《张之洞全集》，河北人民出版社 1998 年版。

[22] 樊增祥：《樊山政书》，中华书局 2007 年版。

[23] 梁漱溟：《中国文化要义》，上海人民出版社 2011 年版。

五　当代论著

（一）当代期刊论文

[1] 伍新福：《试论清代“屯政”对湘西苗族社会发展的影响》，《民族研究》1983 年第 3 期。

[2] 张雪慧：《清代海南黎族的土地典卖契刻》，《中国社会经济史研究》1985 年第 4 期。

[3] 王迪：《清末四川农业改良》，《中国农史》1986 年第 2 期。

[4] 钟祥财：《中国近代农业管理思想的演变》，《中国农史》1986 年第 3 期。

[5] 朱勇：《论清代江南宗族法的经济职能》，《中国经济史研究》1987 年第 4 期。

[6] 熊元斌：《清代浙江地区水利纠纷及其解决的办法》，《中国农史》1988 年第 3 期。

[7] 颜广文：《明代县制》，《华中师范大学学报》1990 年第 4 期。

[8] 崔永红：《清代雍、乾时期河西屯田述论》，《中国社会经济史研究》1990 年第 1 期。

[9] 刘志伟：《清代广东地区图甲制中的“总户”与“子户”》，《中国社会经济史研究》1991 年第 2 期。

[10] 王日根：《清代福建义田与乡治》，《中国社会经济史研究》1991 年第 2 期。

[11] 黄冬青：《试论李鸿章的洋务经济思想》，《青海师范大学学报》1991 年第 4 期。

[12] 铁山博：《清末“移民实边”政策初探》，《历史教学》1991 年第 12 期。

[13] 胡维革：《魏源与经世思想复兴》，《东北师范大学学报》1992 年第 6 期。

[14] 刁书仁：《清代吉林地区农业开发的特点》，《中国农史》1992 年第 1 期。

[15] 张杰：《清代辽东半岛的农业开发》，《社会科学辑刊》1992 年第 4 期。

[16] 熊元斌：《清代江浙地区农田水利的经营与管理》，《中国农史》1993 年第 1 期。

[17] 王天奖：《晚清时期河南地权分配蠡测》，《史学月刊》1993 年第 6 期。

[18] 芦苇：《清代海南的“黎乱”和清朝政府的“治黎”政策》，《广东社会科学》1993 年第 1 期。

[19] 吴强稼：《清代吉林围场与移民屯田》，《社会科学战线》1994 年第 6 期。

[20] 肖正洪：《清代陕南的土地占有关系与农业经营》，《中国经济史研究》1994 年第 1 期。

[21] 李辅斌：《清代直隶地区的水患和治理》，《中国农史》1994 年第 4 期。

[22] 熊元斌：《论清代江浙地区水利经费筹措与劳动力动用方式》，《中国经济史研究》1995 年第 2 期。

[23] 卫斯：《试论清代与民国时期我国对内蒙古西部地区甘草资源的开发》，《中国农史》1995 年第 1 期。

[24] 周宏伟：《清代两广耕作制度与粮食亩产的地域差异》，《中国农史》1995 年第 3 期。

[25] 衣保中、孙淑萍：《清代吉林地区“摊丁入地”考》，《吉林大学社会科学学报》1995 年第 6 期。

[26] 范正银、李华成：《光绪三十年第万县知县劝兴水利告示》，《历史档案》1995 年第3 期。

[27] 刘吴：《〈农言著实〉的农户经营管理思想》，《西北农业大学学报》1995 年第 1 期。

[28] 王文成：《清末民初云南农业政策述论》，《云南社会科学》1995 年第 6 期。

[29] 贺跃夫：《晚清县以下基层行政官署与乡村社会控制》，《中山大学学报》1995 年第4 期。

[30] 唐任伍：《论唐代的均田思想及均田制的瓦解》，《史学月刊》1995 年第 2 期。
[31] 刘平：《清末农村“民变”散论》，《江苏社会科学》1995 年第 5 期。
[32] 李建宁：《清代管理青海牧区的方略》，《青海民族研究》1996 年第 3 期。
[33] 王金香、程永平：《试论清代山西“摊丁入地”的几个问题》，《中国农史》1996 年第 3 期。
[34] 桂遵义：《试论魏源经世思想的演变和发展》，《安徽史学》1997 年第 3 期。
[35] 覃乃昌：《明清时期广西对水稻品种资源的开发和利用》，《广西民族研究》1997 年第 2 期。
[36] 刁书仁：《略论清代东北八旗牧厂地的开放》，《社会科学战线》1997 年第 4 期。
[37] 季云飞：《清代台湾民间械斗与清政府的对策》，《台湾研究集刊》1998 年第 4 期。
[38] 卞利：《清代前期江西赣南地区的押租制研究》，《中国农史》1998 年第 3 期。
[39] 常青、吴文博：《清初辽宁地区官庄旗地状况初探》，《辽宁大学学报》1998 年第 5 期。
[40] 何瑜：《清代海疆政策的思想探源》，《清史研究》1998 年第 2 期。
[41] 费孝通：《弘扬优秀文化传统，实现文化自觉》，《中华文化论坛》1998 年第 4 期。
[42] 段自成：《略论清代乡约领导保甲的体制》，《郑州大学学报》1998 年第 4 期。
[43] 王金洪、郭正林：《王阳明的乡村管理思想及实践体系探析》，《华南师范大学学报》1999 年第 4 期。
[44] 张明锁：《衔接好村民自治与乡镇行政管理》，《中国行政管理》1999 年第 4 期。
[45] 陶勉：《清代鸭绿江右岸荒地开垦经过》，《中国边疆史地研究》1999 年第 1 期。
[46] 刘建青：《论垦首制对清代台湾社会结构演变之影响》，《福建论坛》1999 年第 3 期。
[47] 李令福：《清代黑龙江流域农耕区的形成与扩展》，《中国历史地理论丛》1999 年第3 期。
[48] 周邦君：《包世臣多种经营农业技术思想》，《中国农史》2000 年第 1 期。
[49] 魏光奇：《清代直隶的里社与乡地》，《中国史研究》2000 年第 1 期。
[50] 魏光奇：《清代直隶的差摇》，《清史研究》2000 年第 3 期。
[51] 王建革：《清代华北的蝗灾与社会控制》，《清史研究》2000 年第 2 期。
[52] 徐浩：《论清代华北农业的粗放经营》，《清史研究》2000 年第 1 期。
[53] 李磊、田华：《清代新疆建省后的田赋制度》，《新疆大学学报》（社会科学版）2000 年第 3 期。
[54] 王先明、常书红：《晚清保甲制的历史演变与乡村权力结构》，《史学月刊》2000 年第 5 期。
[55] 吴桂龙：《晚清地方自治思想的输入及其思潮的形成》，《史林》2000 年第 4 期。

[56] 周琼：《高其倬治滇农业思想初探》，《思想战线》2001 年第 5 期。

[57] 常书红：《乡治思想的近代化变迁》，《浙江社会科学》2001 年第 6 期。

[58] 杨国安：《社会动荡与清代湖北乡村中的寨堡》，《武汉大学学报》2001 年第 5 期。

[59] 乌兰图雅、张雪芹：《清代科尔沁农耕北界的变迁》，《地理科学》2001 年第 3 期。

[60] 张建民：《碑石所见清代后期陕南地区的水利问题与自然灾害》，《清史研究》2001 年第 2 期。

[61] 王建革：《清末河套地区的水利制度与社会适应》，《近代史研究》2001 年第 4 期。

[62] 衷海燕：《清代江西的家族、乡绅与义仓》，《中国社会经济史研究》2002 年第 4 期。

[63] 陈丽娟、王光成：《明清时期山东农村集市中的牙行》，《安徽史学》2002 年第 4 期。

[64] 徐勇：《县政、乡派、村治：乡村治理的结构性转变》，《江苏社会科学》2002 年第2 期。

[65] 于建嵘：《乡镇自治：根据和路径》，《战略与管理》2002 年第 6 期。

[66] 孙海泉：《清代中叶直隶地区乡村管理体制》，《中国社会科学》2003 年第 3 期。

[67] 谢宏维：《生态环境的恶化与乡村社会控制》，《中国农史》2003 年第 2 期。

[68] 孙海泉：《清代中叶直隶地区乡村管理体制》，《中国社会科学》2003 年第 3 期。

[69] 饶伟新：《明清时期华南地区乡村聚落的宗族化与军事化——以赣南乡村围寨为中心》，《史学月刊》2003 年第 12 期。

[70] 魏光奇：《晚清的州县行政改革思潮与实践》，《清史研究》2003 年第 3 期。

[71] 费孝通：《文化自觉的思想来源与现实意义》，《文史哲》2003 年第 3 期。

[72] 潘清：《清代太湖流域水利建设述论》，《学海》2003 年第 6 期。

[73] 陈秋云：《清代闽浙苏地区的义田制度及当代启示》，《社会科学家》2004 年第 4 期。

[74] 赵珍：《清代西北地区的农业垦殖政策与生态环境变迁》，《清史研究》2004 年第1 期。

[75] 姚兆余：《清代西北地区农业开发与农牧业经济结构的变迁》，《南京大学学报》（社会科学版）2004 年第 2 期。

[76] 黄正林：《近代甘宁青农村市场研究》，《近代史研究》2004 年第 4 期。

[77] 王培华：《清代河西走廊的水资源分配制度》，《北京师范大学学报》（社会科学版）2004 年第 3 期。

[78] 崔永红：《论青海土官、土司制度的历史变迁》，《青海民族学院学报》2004 年第4 期。

[79] 陈韶华：《试析清末陶煦〈租核〉中的减租思想》，《中南民族大学学报》（人文社会科学版）2004 年第 3 期。

[80] 郑振满：《乡族与国家：多元视野中的闽台传统社会》，区域社会史比较研究中青年学者学术讨论会论文集，2004 年 8 月，山西省太原市。

[81] 张宇权：《试论晚清传统士大夫的乡村社会治理理念》，《广东社会科学》2004 年第4 期。

[82] 孙海泉：《清代赋役制度变革后的地方基层组织》，《河北学刊》2004 年第 6 期。

[83] 肖俊：《萧公权：会通中西古今的学术典范》，《学术界》2004 年第 5 期。

[84] 周亚、张俊峰：《清末晋南乡村社会的水利管理与运行》，《中国农史》2005 年第 3 期。

[85] 任吉东：《近代获鹿县乡村治理模式浅析》，《天津社会科学》2005 年第 6 期。

[86] 张志超：《略论英租威海卫时期威海乡村的社会控制》，《山东大学学报》2005 年第4 期。

[87] 邱捷：《晚清广东的“公局”——士绅控制乡村基层社会的权力机构》，《中山大学学报》2005 年第 4 期。

[88] 佳宏伟：《水资源环境变迁与乡村社会控制》，《史学月刊》2005 年第 4 期。

[89] 王圣诵：《近代乡村自治研究》，中国政法大学 2005 年博士论文。

[90] 任吉东：《近代获鹿县乡村治理模式浅析》，《天津社会科学》2005 年第 6 期。

[91] 赵世瑜：《分水之争：公共资源与乡土社会的权力和象征》，《中国社会科学》2005 年第 2 期。

[92] 苏全有、闫喜琴：《论光绪年间河南的民间救济》，《天府新论》2005 年第 4 期。

[93] 白丽萍：《清代两湖平原的社仓建设》，《武汉大学学报》（人文社会科学版）2006 年第1 期。

[94] 王日根：《明清时期社会管理中官民的“自域”与“共域”》，《文史哲》2006 年第4 期。

[95] 郑大华：《魏源的“师夷长技以制夷”》，《光明日报》2006 年 2 月 14 日，第 011 版。

[96] 王德庆：《清代土地买卖中的“除留”习惯》，《唐都学刊》2006 年第 2 期。

[97] 王日根、王亚民：《从〈鹿洲公案〉看知县对乡村社会的控制》，《华中师范大学学报》2006 年第 4 期。

[98] 邱捷：《知县与地方士绅的合作与冲突》，《近代史研究》2006 年第 1 期。

[99] 陈绍方：《清代地方乡村治理的传统特征》，《晋阳学刊》2006 年第 3 期。

[100] 倪根金、陈志国：《略论清代广东乡村的乞丐及其管治》，《清史研究》2006 年第2 期。

[101] 张金俊：《清代江南宗族在乡村控制中的作用》，《安徽师范大学学报》2006 年第3 期。

[102] 常建华：《乡约·保甲·族正与清代乡村治理》，《华中师范大学学报》2006 年第 1 期。

[103] 武沐、陈云峰：《清代河州穆斯林乡约制度考述》，《西北师大学报》2006 年第5 期。

[104] 潮龙起：《从清代保甲的社会控制看会党的滋生动因》，《云南社会科学》2006 年第3 期。

[105] 张金俊：《清代徽州宗族社会的道德控制》，《安徽师范大学学报》2007 年第6 期。

[106] 李晓方、温小兴：《明清时期赣南客家地区的风水信仰与政府控制》，《社会科学》2007 年第 1 期。

[107] 黄珍德：《清末国家与乡村社会之间关系的变动》，《重庆社会科学》2007 年第10 期。

[108] 郑超峰：《论乡镇有限自治》，《法制与社会》2007 年第 4 期。

[109] 段自成：《清代北方官办乡约与绅衿富民的关系》，《河南大学学报》2007 年第5 期。

[110] 魏光奇：《清代“乡地”制度考略》，《北京师范大学学报》2007 年第 5 期。

[111] 王亚民：《知县蓝鼎元与乡村社会的教化》，《中国社会历史评论》2007 年第 8 卷。

[112] 任吉东：《清代华北乡村治理研究》，《历史档案》2007 年第 2 期。

[113] 张健：《帝王农本思想对西汉盛世形成的影响》，《北京理工大学学报》2007 年第6 期。

[114] 谷更有：《乡治方式的传统与变迁——“唐宋乡村控制与社会转型”系列研究之一》，《郑州大学学报》2007 年第 1 期。

[115] 周茶仙：《朱熹乡村管理思想述论》，《安徽史学》2007 年第 2 期。

[116] 赵璐、朱丹琼：《论孙中山的进化思想及社会历史观》，《西北大学学报》2007 年第2 期。

[117] 邵晓芙：《清末乡村民变的社会影响》，《江西社会科学》2007 年第 5 期。

[118] 刘祥秀、郭平若：《清末屯垦政策在川边藏区的实施及其对环境的影响》，《西藏研究》2007 年第 2 期。

[119] 贾霄锋、王希隆：《明清时期土司制度与藏区少数民族的文化变迁》，《中国边疆史地研究》2007 年第 2 期。

[120] 王日根、张先刚：《从墓地、族谱到祠堂：明清山东栖霞宗族凝聚纽带的变迁》，《历史研究》2008 年第 2 期。

[121] 春杨：《清代民间纠纷调解的规则与秩序——以徽州私约为中心的解读》，《山东大学学报》（哲学社会科学版）2008 年第 2 期。

[122] 常建华：《清代宗族“保甲乡约化”的开端——雍正朝族正制出现过程新考》，《河北学刊》2008 年第 6 期。

[123] 何文平：《清末广东的盗匪问题与政府清乡——从社会治理看清朝统治的末势》，《中山大学学报》（社会科学版）2008 年第 1 期。

[124] 朱艳英：《明清时期国家对西南少数民族土地所有权的法律保护》，《思想战线》2008 年第 5 期。

[125] 梁勇：《清代四川的土地清丈与移民社会的发展》，《天府新论》2008 年第 3 期。

[126] 王东杰：《乡绅的建构与重构：方志所见清代四川地区移民会馆崇祀中的地域认同》，《历史研究》2008 年第 2 期。

[127] 宋玲：《从阿城档案看清代对东北旗人土地权利的保护》，《贵州民族研究》2008 年第 6 期。

[128] 张霞：《清末农业思想的近代转型：以农业发展为中心》，《江汉论坛》2008 年第9 期。

[129] 王先明：《变动时代的乡村政制与国家权力——20 世纪初年乡制变迁的时代特征》，《南开学报》2008 年第 3 期。

[130] 高翠莲：《试论清末中华民族的政治自觉与文化自觉》，《黑龙江民族丛刊》2008 年第 4 期。

[131] 施由明：《试析清代江西宗族的自治机制》，《江西社会科学》2008 年第 12 期。

[132] 陈学文：《明清江南巨镇王江泾镇的社会经济结构》，《浙江学刊》2008 年第 5 期。

[133] 田宓：《清代归绥地区的基层组织与乡村社会》，《中国社会历史评论》2008 年第 9 卷。

[134] 杨军：《浅析清代新疆乡约制度创设及司法职能》，《思想战线》2008 年第 6 期。

[135] 段自成：《略论晚清东北乡约》，《史学集刊》2008 年第 8 期。

[136] 王日根、王亚民：《从〈令梅治状〉看清初知县对乡村社会的治理》，《华中师范大学学报》2008 年第 1 期。

[137] 冯利兵、卜风贤：《清代农业减灾救荒思想研究》，《农业考古》2008 年第 1 期。

[138] 毕艳峰：《晚清科技兴农思想探析》，《湖南农业大学学报》2008 年第 3 期。

[139] 罗国辉：《孙中山三农思想评述》，《华中科技大学学报》2009 年第 1 期。

[140] 王广义：《论清代东北地区“乡约”与社会控制》，《史学集刊》2009 年第 5 期。

[141] 潘志成、梁聪：《清代贵州文斗苗族社会中林业纠纷的解决》，《贵州民族研究》2009 年第 5 期。

[142] 王亚民：《幕友蓝鼎元的乡治思想述论》，《齐鲁学刊》2009 年第 4 期。

[143] 刘道胜：《清代基层社会的地保》，《中国农史》2009 年第 2 期。

[144] 叶涛：《碧霞元君信仰与华北乡村社会》，《文史哲》2009 年第 2 期。

[145] 樊翠花、池子华：《清末反户口调查风潮与政府合法性危机——以江苏为中心的考察》，《江苏社会科学》2009 年第 5 期。

[146] 吴雪梅：《清代鄂西南土家族地区乡村社会的边缘化》，《华中师范大学学报》2009 年第 6 期。

[147] 郑小春：《徽州民间合约与乡村治理》，《安徽大学学报》2009 年第 1 期。

[148] 谢湜：《陈坤〈如不及斋丛书〉与晚清潮州社》，《中国社会历史评论》2009 年第10 卷。

[149] 周琼、李梅：《清代中后期云南山区农业生态探析》，《学术研究》2009 年第 10 期。

[150] 孟凡港：《清代前期甘肃的农业开发及其历史反思》，《兰州学刊》2009 年第 1 期。

[151] 陈金亮：《试论清政府治理福建民间械斗的措施》，《求索》2009 年第 11 期。

[152] 衷海燕：《清代珠江三角洲的水事纠纷及其解决机制研究》，《史学集刊》2009 年第6 期。

[153] 刘文华：《清代嘉兴府争田述论》，《古今农业》2009 年第 4 期。

[154] 吴雪梅：《国家、民间权威、族群：清代民族边缘地区乡村社会的权力关系——以鄂西南土家族地区为中心的考察》，《中南民族大学学报》（人文社会科学版）2009 年第 1 期。

[155] 曹斌：《清雍正朝田文镜对河南市集空间管理刍议》，《史学月刊》2009 年第 7 期。

[156] 韩敏霞：《明清时期西南地区基层行政组织形式》，《太平洋学报》2009 年第 6 期。

[157] 吴大旬、王红信：《从有关碑文资料看清代贵州的农业管理》，《中国农业大学学报》（社会科学版）2009 年第 3 期。

[158] 付永正、金圆恒：《清代后期甘肃河州地区土地买卖中的中人现象初探》，《湖北第二师范学院学报》2010 年第 7 期。

[159] 李姝：《清朝台湾农业定居社会的基层自治》，《现代台湾研究》2010 年第 4 期。

[160] 程方：《清代山东农业改制述论》，《齐鲁学刊》2010 年第 3 期。

[161] 程森：《国家漕运与地方水利——明清豫北丹河下游地区的水利开发与水资源利用》，《中国农史》2010 年第 2 期。

[162] 刘志伟：《清末香山的乡约、公局》，《中山大学学报》（社会科学版）2010 年第 3 期。

[163] 麦思杰：《土民、客人与乡绅：万历至乾隆的黄姚社会》，《民族研究》2010 年第 2 期。

[164] 李大海：《山地垦荒与社会变迁：清代黄龙山区地方开发史的再考察》，《中国社会经济史研究》2010 年第 2 期。

[165] 友珍：《清代至民国时期汉族移民在巴塘活动之面面观》，《西藏研究》2010 年第1 期。

[166] 王倩倩：《青海乐都境内堡寨与明清土司制度》，《青海师范大学学报》2010 年第1 期。
[167] 仇王军：《明清时期宁夏的民间信仰》，《宁夏社会科学》2010 年第 1 期。
[168] 张研、钱蓉：《清代知县剿匪面面观——以广东三知县剿匪故事为中心》，《安徽史学》2010 年第 3 期。
[169] 王明东：《清代云南赋税蠲免初探》，《思想战线》2010 年第 3 期。
[170] 常建华：《明清山西碑刻里的乡约》，《中国史研究》2010 年第 3 期。
[171] 张金俊、王文娟：《清代徽州宗族社会的组织控制》，《安徽师范大学学报》2010 年第 2 期。
[172] 常建华：《明清时期华北宗族的发展——以山西洪洞刘氏为例》，《求是学刊》2010 年第 2 期。
[173] 唐晓涛：《清中后期部落联盟的形成及其对地方社会的意义》，《清史研究》2010 年第 3 期。
[174] 吴欣：《宗族与乡村社会“自治性”研究——以明清苫山村落为中心》，《民族研究》2010 年第 1 期。
[175] 路伟东：《掌教、乡约与保甲册——清代户口管理体系中的陕甘回民人口》，《回族研究》2010 年第 2 期。
[176] 姚永辉：《自治与共治：清代川东北南江山区的墓祠》，《民俗研究》2010 年第4 期。
[177] 王亚民：《清初知县乡村治理特点研究》，《东岳论丛》2010 年第 6 期。
[178] 郑师渠：《清王朝的最后 10 年——以清政府的“新政”为中心的考察》，《人民政协报》2010 年第 9 月 27 日，第 C03 版。
[179] 陈思：《中国乡镇自治必然性的理论辨析》，《江汉论坛》2011 年第 3 期。
[180] 段自成：《清代西部地区少数民族乡约的推行及其原因》，《西南民族大学学报》2011 年第 9 期。
[181] 张金俊：《宗族组织在乡村控制中的运作逻辑》，《江西社会科学》2011 年第 2 期。
[182] 梁勇：《团正与乡村社会的权力结构》，《中国农史》2011 年第 2 期。
[183] 杨国安：《清代康熙年间两湖地区土地清丈与地籍编纂》，《中国史研究》2011 年第 4 期。
[184] 徐斌：《明清河泊所赤历册研究——以湖北地区为中心》，《中国农史》2011 年第 2 期。
[185] 刘伟、卜风贤、王乐：《浅析明清青海河湟地区的农业政策调整》，《农业考古》2011 年第 1 期。
[186] 陈鹏辉：《普适伦理：清代云南大理石龙乡规碑文化诠释》，《西藏民族学院学报》

（哲学社会科学版）2011 年第 4 期。

［187］杨银权：《表率·教化·守护：清代陕西士绅与地方社会秩序之维护》，《宝鸡文理学院学报》（社会科学版）2012 年第 2 期。

［188］周祖文：《清代存留养亲与农村家庭养老》，《近代史研究》2012 年第 2 期。

［189］郑振满：《清代闽西客家的乡族自治传统》，《学术月刊》2012 年第 4 期。

［190］龙天贵：《论清代绅士在国家农村治理中的角色变迁》，《广西社会科学》2012 年第7 期。

［191］许三春：《清以来的乡村医疗制度》，南开大学 2012 年博士论文。

［192］朱平、陈琪：《清代徽州宗族维护血缘秩序的主观努力》，《安徽史学》2012 年第3 期。

［193］胡恒：《清代福建分征县丞与钱粮征收》，《中国社会经济史研究》2012 年第 2 期。

［194］孟凡松：《赋役制度与政区边界——基于明清湘鄂西地区的考察》，《中国历史地理论丛》2012 年第 2 期。

［195］麦思杰：《风水、宗族与地域社会的构建》，《社会学研究》2012 年第 3 期。

［196］李晓龙：《清代珠三角的里社与乡村组织》，《中山大学研究生学刊》（社会科学版）2012 年第 2 期。

［197］王培华：《清代新疆的分水措施、类型及其特点》，《中国农史》2012 年第 3 期。

［198］杜静元：《清末河套地区民间社会组织与水利开发》，《开放时代》2012 年第 3 期。

［199］王妍：《从“异态”到“常态”——清中期巴县团练的角色转变与乡村社会》，《天府新论》2012 年第 1 期。

［200］赵黎君：《陈星聚的农本思想》，《农业考古》2012 年第 4 期。

［201］何卓恩：《“民本”与“民主”之间的晚清“民权”观念》，《甘肃社会科学》2012 年第 1 期。

［202］熊月之：《从晚清政局变动看文化自觉的重要性》，《毛泽东邓小平理论研究》2012 年第 1 期。

［203］郑松洁：《试析清代上海找价契约现象》，《法治与社会》2013 年 9 月（下）。

［204］魏光奇：《清代乡地职役人员问题考辨》，《北京师范大学学报》（社会科学版）2013 年第 1 期。

［205］杨彦杰：《百年鱼塭：清代东石蔡氏在台湾的鱼塭经营》，《台湾研究集刊》2013 年第 6 期。

［206］胡中生：《清代徽州家政与乡族社会的善治》，《安徽大学学报》（哲学社会科学版）2013 年第 2 期。

[207] 刘志鹏:《清末乡村自治立法的百年回顾与启迪》,《古今农业》2013 年第 4 期。

[208] 段自成:《论清代乡约职能演变的复杂性》,《求是学刊》2013 年第 2 期。

[209] 陆娓:《清代乡里调解制度研究》,《求索》2013 年第 11 期。

[210] 姚春敏:《清代华北乡村"社首"初探》,《清史研究》2013 年第 1 期。

[211] 邹文卿、高策:《清代山西旱灾规律及防治技术》,《科学技术哲学研究》2013 年第6 期。

[212] 翟一帜、岳谦厚:《清末民初晋东南"干草会"事件及其所反映的山西基层社会》,《中北大学学报》2013 年第 1 期。

[213] 黄忠鑫:《清代前期徽州图甲制的调整》,《清史研究》2013 年第 2 期。

[214] 陈铮、李云:《华南民族地区乡村土地典卖中的中保人——以清代至民国时期为中心》,《古今农业》2013 年第 2 期。

[215] 高晓波:《晚清官方参与下甘青藏区群体纠纷解决机制》,《云南民族大学学报》(哲学社会科学版)2013 年第 5 期。

[216] 杨群:《简论明末清初河湟地区穆斯林社会基层组织的演变》,《宁夏社会科学》2013 年第 3 期。

[217] 王亚民:《从〈巴县档案〉看知县对乡村的管理》,《历史档案》2014 年第 2 期。

[218] 陈云朝:《论清代乡村公共秩序的形成与维护——以新出徽州禁约合同为视角》,《中国农业大学学报》(社会科学版)2014 年第 3 期。

[219] 王守恩:《清代、民国晋中地区的村社》,《晋阳学刊》2014 年第 5 期。

[220] 蒋成:《师道立则善人多:论清代乡村塾师的教化实践》,《船山学刊》2014 年第 1 期。

[221] 王艳红:《明清皖江流域乡村水旱灾害及应对研究》,安徽师范大学 2014 年博士论文。

[222] 朱文广:《清代禁赌活动中的乡村自治》,《华南农业大学学报》(社会科学版)2014 年第 4 期。

[223] 吴承忠、韩光辉、舒时光:《清陕西内蒙古"黑界地"的由来与发展研究》,《西南民族大学学报》(人文社会科学版)2014 年第 5 期。

[224] 狄鸿旭:《论嘉庆朝白莲教起事中的湖北基层社会士绅角色》,《理论界》2014 年第4 期。

[225] 金志朋:《清末新政时期的兴农措施——以"湖南地方自治白话报"为中心的考察》,《农业考古》2014 年第 1 期。

[226] 吴佐美、薛政超:《明清乡村士绅之"懿行"研究——以湖南邵阳为中心》,《学理论》2014 年第 9 期。

[227] 杨天保：《论晚清民国的岭南宾兴组织与基层秩序——基于广西玉林地区的历史考察》，《广西社会科学》2014 年第 8 期。

[228] 王小龙、李冰：《“化外”与“化内”交织：清末广西龙脊壮族习惯法的权力结构》，《广西民族研究》2014 年第 2 期。

[229] 李小文、胡美术：《明清时期广西土司地区的里甲制度研究》，《广西民族大学学报》（哲学社会科学版）2014 年第 4 期。

[230] 张朔人：《明清时代南海疍民的分层流动与社会身份重构》，《古代文明》2014 年第3 期。

[231] 胡小鹏、王瑛：《试探明清时期西北蒙古裔土司的基层社会组织及其家族婚姻》，《民族历史研究》2014 年第 4 期。

[232] 潘春辉：《水官与清代河西走廊基层社会治理》，《社会科学战线》2014 年第 1 期。

[233] 岳云霄：《明清时期宁夏集市发展初论》，《农业考古》2014 年第 1 期。

[234] 魏静：《清代宁夏地区河渠灌溉特点及灌溉制度研究》，《甘肃理论学刊》2014 年第6 期。

[235] 王玉琴：《明清宁夏荒政评述》，《宁夏社会科学》2014 年第 4 期。

[236] 曹务坤、刘世红：《清代贵州田土纠纷解决制度及其借鉴意义》，《贵州民族研究》2014 年第 12 期。

[237] 李德英、冯帆：《清末社仓经首选任与乡村社会——以四川新津县社济仓为例》，《四川大学学报》2014 年第 4 期。

[238] 董雁伟：《清代云南水权的分配与管理探析》，《思想战线》2014 年第 5 期。

[239] 游欢孙：《清末民初江南县以下地方自治区域的划分》，《中国历史地理论丛》2015 年第 1 期。

[240] 王亚民：《简论清末乡村自治文化的培育》，《吉林师范大学学报》2015 年第 3 期。

[241] 申红星：《清前期豫北农村郭氏族人日常生活述略》，《农业考古》2015 年第 3 期。

[242] 施由明：《清代江西乡绅与乡村社会治理》，《中国农史》2015 年第 2 期。

[243] 黄鸿山：《晚清田赋加派与基层社会管理格局变动——以江苏“积谷捐”为中心》，《史学月刊》2015 年第 1 期。

[244] 胡茂胜：《清末民国士绅与江苏近代农业技术的推广》，《农业考古》2015 年第 1 期。

[245] 范金民：《清代雍正时期江苏赋税钱粮积欠之清查》，《中国经济史》2015 年第 2 期。

[246] 李华欧：《清代河南农业土地利用与作物种植》，《历史档案》2015 年第 3 期。

[247] 高晓波：《官方参与下晚清藏边汉藏民族土地纠纷解决机制》，《农业考古》2015 年第 3 期。

[248] 李良品、李思睿：《明清时期西南民族地区宗族组织的结构、特点与作用》，《广西民族研究》2015年第1期。

[249] 李良品、李思睿：《改土归流：国家权力在西南民族地区乡村社会的扩张》，《青海民族研究》2015年第2期。

[250] 周飞：《清代云南禁伐碑刻与环境史研究》，《中国农史》2015年第3期。

（二）当代著作

[1]《中华年鉴》，中华年鉴社1948年版。

[2] 戴炎辉：《清代台湾之乡治》，联经出版事业股份公司1979年版。

[3] 张岱年、程宜山：《中国文化与文化论争》，中国人民大学出版社1990年版。

[4] 张研：《清代族田与基层社会结构》，中国人民大学出版社1991年版。

[5] 柳诒徵：《中国文化史》，上海古籍出版社2001年版。

[6] 马小泉：《国家与社会：清末地方自治与宪政改革》，河南大学出版社2001年版。

[7] 胡志宏：《西方中国古代史研究导论》，大象出版社2002年版。

[8] 龚书铎：《中国近代文化概论》，中华书局2002年版。

[9] 杨国安：《明清两湖地区基层组织与乡村社会研究》，武汉大学出版社2004年版。

[10] 包成关：《西潮与回应——近四百年思想嬗替研究》，吉林人民出版社2004年版。

[11] 常建华：《清代国家与社会研究》，人民出版社2006年版。

[12] 郑师渠：《社会的转型与文化的变动：中国近代史论》，商务印书馆2006年版。

[13] 李宗桂等：《中华民族精神概论》，广东人民出版社2007年版。

[14] 郑大华、邹小站：《传统思想的近代转换》，社会科学文献出版社2007年版。

[15] 梁聪：《清代清水江下游村寨社会的契约规范与秩序》，人民出版社2008年版。

[16] 王亚民：《蓝鼎元的乡村治理思想与实践研究》，光明日报出版社2009年版。

[17] 王圣诵：《中国乡村自治问题研究》，人民出版社2009年版。

[18] 郑师渠等：《文化视野下的近代中国》，中国传媒大学出版社2009年版。

[19] 郑师渠：《中华民族精神研究》，北京师范大学出版社2009年版。

[20] 汪太贤：《从治民到民治：清末地方自治思潮的萌生与变迁》，法律出版社2009年版。

[21] 张先清：《官府、宗族与天主教：17—19世纪福安乡村教会的历史叙事》，中华书局2009年版。

[22] 张玉兴：《唐代县官与地方社会研究》，天津古籍出版社2009年版。

[23] 杨洪林：《明清移民与鄂西南少数民族地区乡村社会变迁研究》，中国社会科学出版社2013年版。

［24］王亚民：《清代知县与乡村管理资料整理与研究》，吉林大学出版社 2013 年版。

六 外国论著

（一）论文

［1］足立启二：《清代华北的农业经营与社会构造》，《中国农史》1989 年第 1 期。

［2］周腾吉之：《黑龙江的旗地政策》，靳国忠译，《黑河学刊》1989 年第 4 期。

［3］［美］瓦特：《衙门与城市行政管理》，出自施坚雅：《中华帝国晚期的城市》，中华书局 2000 年版。

［4］［美］李怀印：《晚清及民国时期华北村庄中的乡地制》，《历史研究》2001 年第 6 期。

（二）著作

［1］周锡瑞：《改良与革命：辛亥革命在两湖》，杨慎之译，中华书局 1982 年版。

［2］施坚雅：《中华帝国晚期的城市》，中华书局 2000 年版。

［3］杜赞奇：《文化、权力与国家：1900—1942 年的华北农村》，江苏人民出版社 2003 年版。

［4］李怀印：《华北村治：晚清和民国时期的国家与乡村》，中华书局 2008 年版。

［5］黄宗智：《中国乡村研究》，福建教育出版社 2010 年版。

后　记

东北迷人的初秋已经姗姗而至，2015年忙碌的暑假即将匆匆而逝。此时的“慈禧皇后”故里、“英雄之城”四平：时而秋高气爽，凉意适人；时而秋雨连绵，滋润万物大地；时而艳阳高照，安然自得。当然，更不用说浓烈醇香的东北小烧、酸香扑鼻的杀猪菜、热情好客的东北大哥与老妹了。笨拙而又劳累的我终于完成了初稿的写作，可以充分地享受一下关东风情了。东北话说：“老弟，喝点小酒，乐乐吧！”

拙著实际上是第一部专著《蓝鼎元乡村治理思想与实践研究》的上篇“幕友时期乡村治理思想”的延续与扩大，而第二部专著《清代知县与乡村治理资料整理与研究》，则是第一部专著的下篇：“知县时期乡村治理实践”的延伸与扩大，三者约略形成了一个研究上的体系。三部专著的相继问世，其结果并没有想象中那么理想，究其缘由所在，不是出于评职需要，就是为了结项任务，这无疑大大降低了著作质量。毋庸讳言，这不失为当今青年学者的一种常态，有悖于学术自由与学术独立的治学精神，盲从而又无奈！然而，三部拙著的相继出版，从历史人物、知县群体、管理思想三个视角，对清代乡村社会约略进行了具体而专门的研究，时间上从清初延伸至清末，在一定程度上丰富了清代乡村史研究的学术园地。同时，也扩大了我对清代乡村社会史的认识与理解，使得我逐渐深入这一神圣的学术园地，坚定了研究信心，奠定了研究基础。

拙著是在北京师范大学博士后报告《清末乡村管理思想历史演变研究》基础上撰写而成。拙著的顺利完成，首先要感谢我的博士后导师郑师渠先生，从开题到答辩，先生颇费心血，先生的教诲与帮助使我受益终身，先生曾经语重心长地说道："先有思路，再去查资料。"感谢两位导师组成员孙燕京先生、张昭君先生，他们分别是中国近代社会文化与晚清儒家思想研究的知名专家，其建议与忠告具体而详备，在学术教诲方面，我颇有一种淋漓尽致的感觉！我还要特别感谢三位评议专家郭双林教授、卢毅教授、李帆教授，他们亦是我的答辩组委员，郭双林先生又尊为答辩主席，三位先生从各个方面提出了诸多宝贵的建议，大到文章的结构，小至错字，这使得我大有感触，对学术有了更深层次的领会，也更加激起我对学术的热爱！

感谢北师大历史学院张皓院长、臧文旭老师，学弟岳亮与崔家田，感谢我的硕导李绍强教授的鼓励与教诲，感谢吉林师大薛柏成教授、张士尊教授、范立君教授、许淑杰教授、孙守鹏副教授、孙树彪老师、徐生急老师，感谢国家图书馆文献提供中心的工作人员、中国社会科学出版社编辑，他们从各个方面给予了我大力帮助。感谢家人对我的理解与支持，尤其是我的爱妻田凤艳与堂哥王要鲁。我要特别感谢我的博导王日根先生的慷慨作序，这是先生第三次为我作序，恩师每次作序均是倾尽全力，对我的学术研究予以总结性评价，指出我在学术方面的进展与不足，指明我未来的学术之路，令我感知、感恩，这激发起我对学术的高度自信，激发出我无限的工作动力，笨拙的我颇有"化腐朽为神奇"之感。

总之，正是有了这么多有爱心的人，时常疲惫的我才能坚持不懈，最终完成了拙著的写作，努力地追求学术的自由与自觉，走出世俗，走向神圣的学术殿堂。

清末乡村管理思想历史演变是一个十分复杂的学术问题，本着综合研究、突出问题与厘清线索的研究思路，在前人分散研究与解读各类原始资料的基础上，拙著试做综合性探讨与纵向考察，亦即梳理性研究，力图还原历史的原貌，揭示其背后的内在逻辑，思考其现代启示所在，尝试性地提出理论性假设。然而，由于时间仓促，尤其是学力有限，拙著整体上看既大又空，且十分粗糙，我颇有心有余而力不足之感！尽管如此，本着对学术的执着与诚敬之心，我坚定地相信，"治史永远是往复不已、从心头开始。历史永远在修撰中，永远在推陈出新”。但愿拙著能够像这位前辈所言，为晚清管理思想史研究贡献出微薄之力，以酬谢众多期待我的人们，尤其是日夜操劳而突然去世、年仅66岁的父亲！

王亚民

2015 年 9 月 1 日于吉林四平大禹加州湾 406 室